MICHELLE

14 conversații p

EDUCAȚIE
CU
BLÂNDEȚE

16

Michelle Icard

14 CONVERSAȚII PÂNĂ LA 14 ANI

Traducere de
LUCIA POPOVICI

UNIVERS

Coordonator colecție Ioana Chicet-Macoveiciuc
Redactare Ona Frantz
Corectură Silvia Mirea
Ilustrație copertă Roxana Soare
Tehnoredactare Constantin Niță

Descrierea CIP a Bibliotecii Naționale a României
ICARD, MICHELLE
14 conversații până la 14 ani / Michelle Icard ;
trad. de Lucia Popovici. - București : Univers, 2021
ISBN 978-973-34-1361-5

I. Popovici, Lucia (trad.)

159.9

FOURTEEN TALKS BY AGE FOURTEEN:
The Essential Conversations You Need to Have with Your Kids Before They Start High School — and How (Best) to Have Them
Autor: Michelle Icard

This translation published by arrangement with Harmony Books, an imprint of Random House, a division of Penguin Random House LLC

www.editurauniverse.ro

ISBN 978-973-34-1361-5

Tipar: ARTPRINT
Email: office@artprint.ro

Pentru Travis.

Nu am întâlnit niciodată pe nimeni care să fi adunat mai multe conversații interesante decât tine sau care să-i găsească pe oameni mai fascinanți. Îți mulțumesc pentru douăzeci şi şase de ani de conversații incitante, ciudate, profunde şi amuzante.

Mi-aş dori să mai avem un milion.

Și pentru Ella și Declan.

Vă iubesc. Oricând vreți să vorbiți,
sunt aici să vă ascult.
Aduc eu gustările.

INTRODUCERE

Cine sunt eu să spun asta?

Cel mai probabil, aţi ales această carte deoarece nu vă mai găsiţi cuvintele – sau, cel puţin, cuvintele care să aibă ecou la adolescentul tânăr din casa voastră care nu mai vrea să vorbească ori să asculte ce aveţi de spus.

Sunt aici să vă liniştesc.

Dar cine sunt eu să spun „Nu vă faceţi griji", „Va fi în regulă" şi „Puteţi avea conversaţii nemaipomenite, în ciuda stereotipurilor copleşitoare şi descurajatoare despre adolescenţii posaci şi detaşaţi"?

De şaisprezece ani încoace, lucrez cu elevi de gimnaziu şi cu părinţii lor. Desfăşor programe de *leadership* pentru elevii de gimnaziu, organizez conferinţe pentru părinţi şi copii şi coordonez un grup online de peste 6.000 de părinţi ai căror copii sunt la gimnaziu. Vă voi împărtăşi aici poveşti din munca mea, deşi am schimbat numele persoanelor şi datele lor, pentru a le respecta intimitatea. Scriu, de asemenea, pentru diverse publicaţii naţionale, iar prima mea carte, *Middle School Makeover: Improving the Way You and Your Child Experience the Middle School Years*, este un abecedar în ceea ce privește schimbările sociale și emoționale cu care vă veți confrunta atât voi, cât și copiii voștri atunci când vârsta de mijloc se va întâlni cu anii de gimnaziu sub același acoperiș.

Acesta este CV-ul meu, dar, poate mai important, sunt atrasă de această muncă, în parte, fiindcă îmi amintesc propria adolescență timpurie cu o claritate neiertătoare.

Mi-ar plăcea să spun că aveam frumusețea înnăscută, stilul și ținuta unei eleve populare de clasa a șasea. În realitate, purtam ochelari supradimensionați, aveam o combinație șleampătă de tunsoare castron cu chică încropită în fugă de mama și aveam nevoie disperată de un ortodont. În vreme ce altor copii de vârsta mea le ieșeau de minune lookurile inspirate de Madonna și Run-DMC, dulapul meu avea un iz puternic de Bea Arthur. Totuși, nu știu cum, nu-mi dădeam seama că alegerile mele sunt cu totul pe lângă. Până în clasa a opta, atinsesem un nivel al încrederii în propria-mi persoană care poate fi măsurat cel mai bine prin decizia curajoasă de a-mi prinde o broșă uriașă de una dintre bretelele de catifea reiată în ziua în care ni se făceau fotografiile pentru album. De ce colegii mei de clasă nu-mi copiau și ținutele fabuloase așa cum îmi copiau rezolvările la teste, asta nici eu n-am habar să vă spun.

Ideea este că lucrez cu adolescenți tineri deoarece știu prea bine cum e să fii marginalizat, și toți adolescenții, oricât de încrezători sau de populari ar părea că sunt, se simt marginalizați într-un fel sau altul. Același lucru este valabil și pentru părinții adolescenților. Chiar și familiile care par extrem de fericite pe rețelele de socializare vă vor spune că, uneori, copiii lor le dau sentimentul că sunt niște străini.

De asemenea, sunt o persoană căreia îi place să învețe. Încă din gimnaziu – perioada în care am simțit cel mai profund detaşarea atât de colegi, cât şi de familie –, studiez felul în care relaţionează oamenii. Devorez cât mai multe cercetări cu putinţă despre adolescenţi, dar sunt şi atentă în jur: la copiii cu care lucrez, la propriii mei copii adolescenţi, la prietenii lor, la prietenii mei, la personajele de la televizor şi la străinii de la magazinul alimentar, absorbind subtilităţile lucrurilor care merg şi care nu merg în cât mai multe situaţii sociale cu putinţă.

Această carte dezvăluie tot ce am învăţat despre ceea ce întreţine cel mai bine relaţia părinţilor cu copiii (chiar şi atunci când copilul vostru vă păcăleşte să credeţi că nu îşi doreşte o conexiune cu voi). Se străduieşte să vă ajute să discutaţi subiecte importante de viaţă, care vă vor înzestra copilul, în adolescenţă şi mai departe, cu încrederea, grija, abilităţile de adaptare şi trăsăturile frumoase de caracter de care fiecare generaţie speră că va avea parte următoarea.

Ajunge despre mine...
Mai multe despre această carte

De ce aceste paisprezece conversaţii? Fiecare subiect de discuţie explorează o calitate, o abilitate sau o viziune mai largă pe care toţi părinţii şi le doresc pentru copiii lor. Purtând de timpuriu aceste discuţii, veţi crea în mod activ premisele dezvoltării copiilor voştri în oameni cumsecade, sănătoşi, sârguincioşi, creativi, empatici şi de succes, înainte de a fi expuşi la distragerile şi experienţele mai ample pe care le aduce cu sine liceul.

În *14 conversaţii până la 14 ani* nu veţi găsi capitole separate dedicate ultimei găselniţe, fie că este vorba despre sexting, vaping, folosirea greșită a rețelelor de socializare sau oricare ar fi următorul subiect înfricoșător de la știri. Am decis să nu urmez această abordare, deoarece, dacă toate cele paisprezece conversații ar fi avertismente, n-ar mai fi foarte distractiv pentru nimeni, iar speranța mea este ca această carte să facă discuțiile mai plăcute și mai satisfăcătoare atât pentru părinte, cât și pentru copil.

Acestea fiind spuse, știu că mulți părinți vor căuta în cartea de față întrebări arzătoare, la obiect. „Cum să-i spun copilului meu să nu caute pornografie pe Google? Ajutor!" Firește că ar trebui să discutați cu copiii voștri despre problemele punctuale cu care se confruntă adolescenții tineri și nu vă voi lăsa de izbeliște. Pentru fiecare subiect mai larg, am inclus scenarii specifice, întâlnite frecvent, pe care le folosesc ca puncte de pornire pentru lecțiile mai ample ale capitolului. În capitolul intitulat „Discuția despre sexualitate", de exemplu, voi vorbi despre pornografie și veți găsi dialoguri despre întâlnirile amoroase din gimnaziu într-un exemplu, despre consimțământ în altul și despre bisexualitate într-un al treilea. În capitolul „Discuția despre impulsivitate", veți găsi conversații despre ieșirile nervoase la adresa unui frate și apoi despre tatuajele cu ac fierbinte (pe acestea le puteți personaliza ușor, adaptându-le la tendința de vătămare corporală care este la modă la școala copilului vostru, precum „provocarea radierei" sau „fripta"). Adevăratele provocări cu care se confruntă adolescenții sunt prezente sub multiple forme, în diferite capitole, ascunse printre lecțiile mai ample pe care vreți să le învețe copilul vostru.

Înțeleg că poate fi exasperant să încerci să convingi un copil de gimnaziu să te asculte. Deseori, cea mai bună variantă poate părea aceea de a *nu* vorbi. Am văzut mulți părinți de preadolescenţi care au încetat să mai vorbească cu copiii lor despre lucrurile importante fiindcă nu ştiu să discute eficient şi am văzut mulţi părinţi de adolescenţi cărora le este nespus de greu, după o distanţare îndelungată, să restabilească legătura cu aceştia. Aud cum părinţii se plâng de anii gimnaziali, fiindcă este perioada în care copiii încep să se îndepărteze şi să se gândească la cum vor să fie *independent* de părinţii lor. Şi aud cum părinţii liceenilor îşi fac griji cu privire la abilităţile adolescenţilor lor de a face alegeri corecte atunci când se află în pragul maturităţii şi au de luat decizii cu miză mare, care pot avea urmări tot restul vieţii lor. Nu vă faceţi griji. Cartea de faţă construieşte o punte între aceste etape ale vieţii de părinte, oferindu-vă un limbaj nou pentru a rămâne conectaţi.

Că tot veni vorba de limbaj, iată o dilemă ce ţine de vocabular: Cum numim aceste persoane cu care trăiţi acum? Sunt preadolescenţi, adolescenţi, adolescenţi tineri, copii, puşti? Răspunsul este „da" pentru fiecare termen, într-un mod inconstant şi imprevizibil. Între vârstele de zece şi paisprezece ani, dezvoltarea copiilor este fluctuantă. Ca părinţi, credem că evoluţia copiilor ar trebui să fie liniară şi că aceştia ar trebui să dobândească progresiv atribute importante, precum maturitatea şi responsabilitatea. În realitate, un pas în faţă e urmat de doi până la zece paşi înapoi. Într-o zi trimit mesaje fetei sau băiatului care le-a căzut cu tronc şi ţipă la voi să ieşiţi din camera lor, iar în ziua următoare se joacă cu jucării şi vă roagă să-i lăsaţi din nou să doarmă în camera voastră. Tocmai din acest motiv, sunt greu de etichetat. Veţi observa pe parcursul lecturii că folosesc toţi termenii pentru această grupă de vârstă interşanjabil, deoarece pur şi simplu nu există nicio metodă uşoară de a-i identifica cu precizie.

Trebuie să mărturisesc, este unul dintre lucrurile care îmi plac cel mai mult la persoanele de această vârstă.

Încă un lucru înainte să vă cufundați în restul cărții. Vreau să vă ofer o imagine pe care să o rețineți. Ați jucat vreodată squash? Poate fi înspăimântător la început. Implică gălăgie și sudoare, iar mingea zboară peste tot, în moduri imprevizibile și în mare viteză. Când ratează, începătorii se simt, în cel mai bun caz, jenați și rușinați. În cel mai rău caz, sunt loviți – iar asta doare. Dar, cu antrenament, squash-ul devine distractiv, cu ajutorul tuturor celor patru pereți ai terenului. Imaginați-vă că discuțiile voastre sunt partide de squash. Nu vă temeți de lipsa controlului. Simțiți-vă în largul vostru și lăsați mingea să salte în orice direcție, știind că aveți câțiva pereți exteriori care mențin o structură benefică. Care sunt pereții voștri? Ei bine, nu știu. Dar vă pot spune care sunt ai mei.

Încă de când copiii mei erau mici, am protejat cele patru sfere ale vieților noastre datorită cărora, cred eu, căminul nostru este un spațiu sigur: somnul, autonomia, iubirea necondiționată și demnitatea. Somnul este o nevoie de bază. Fără un somn bun, niciunul dintre noi nu este cea mai bună variantă a sa. Nu am fost un părinte deosebit de strict, dar am respectat cu sfințenie ora de culcare. Iar dacă situația devenea încordată, puteam să spun: „Hai să mergem la culcare și mai discutăm mâine“, ceea ce ajuta aproape întotdeauna. Și autonomia este importantă pentru mine. De obicei, le-am oferit copiilor mei libertatea de a alege, ca să poată gândi singuri, și, chiar și atunci când nu eram de acord cu alegerea lor, mă consola gândul că învățau cum să facă alegeri. Sarcina mea nu era să-i fac pe copiii mei să gândească sau să se comporte ca mine ori ca altcineva. Era să-i învăţ să gândească şi să se comporte independent. Cel de-al treilea perete este, pentru mine, iubirea necondiţionată. Orice s-ar fi întâmplat, le explicam clar copiilor mei că se bucură de sprijinul şi dragostea mea, chiar şi atunci sau mai ales atunci când erau neliniştiţi din cauza greşelilor şi alegerilor nepotrivite pe care le făcuseră. Iar în cele din urmă, vorbesc deseori despre faptul că toţi oamenii, nu doar rudele, au o valoare intrinsecă, pe care ar trebui să o cinstim în gândurile şi faptele noastre. Cu ajutorul acestor patru pereţi, am simţit că pot lăsa alte lucruri să decurgă mult mai liber. Pereţii voştri vor fi unici pentru familia voastră şi vă încurajez să vă gândiţi puţin la ei şi să discutaţi cu familia despre ceea ce înseamnă ei pentru voi.

Cum să citeşti această carte

Ştii cum să citeşti o carte. De la început la sfârşit, nu-i aşa? De obicei, da, aceasta este abordarea cea mai înţeleaptă. Asta dacă nu eşti părintele unui preadolescent sau adolescent tânăr, caz în care ai deschis probabil această carte într-o stare de panică, haos şi confuzie. Majoritatea dintre voi veţi sări direct la index, în căutarea unui anumit lucru, ceea ce vă va purta în mijlocul pustietăţii, dar exact acolo unde trebuie să fiţi. Prefer această abordare neortodoxă, deoarece zilele sunt scurte, listele de lucruri de rezolvat sunt lungi, iar uneori ai nevoie de un răspuns rapid. Dar îţi voi adresa o mică rugăminte: să-ţi găseşti suficient timp cât să citeşti primele trei capitole din partea întâi înainte de a ricoşa prin capitolele dedicate anumitor conversaţii (în orice ordine doreşti la acel punct). Partea întâi este scurtă, dar te va face să crezi în partea a doua, unde se află soluțiile la dilemele conversațiilor tale.

Odată ce ajungi la partea a doua, cartea devine un fel de „Alege-ți propria aventură". Poți citi capitolele *Cum să vorbești despre* în orice ordine, în funcție de subiectele cele mai pertinente pentru familia ta. Deși, dacă nu ai o problemă presantă pentru care ai nevoie de ajutor imediat, vei vedea că este mai ușor să le citești în ordine, din motivul evident că nu vei pierde șirul și pentru că am aranjat subiectele în așa fel, încât să le exersezi mai întâi pe cele simple, progresând spre cele mai nuanțate. Ești pregătit? Hai să începem.

PARTEA I

Cum să te pregătești să vorbești

CAPITOLUL

1

Este timpul să înveți o nouă limbă

Tu și copilul tău ați împărtășit mereu un limbaj special. Atunci când era doar un bebeluș, așa știai care plâns înseamnă „Mi-e foame" și care înseamnă „Trebuie să-mi schimbi scutecul". Așa ți-a fost imediat clar țipătul misterios „Bargdor!", neînțeles de bonă sau de bunici, atunci când fetița ta de doi ani își cerea cățelușul de pluș, pe Benjamin. Din ziua în care s-a născut, tu și copilul tău v-ați dezvoltat propriul vostru limbaj, împreună.

Până la gimnaziu.

În jurul vârstei de unsprezece ani, copiii încep munca normală și necesară de distanțare față de părinți. Pe măsură ce pășesc pe drumul lung către maturizare, primul și cel mai important lucru pe care îl fac preadolescenții este să înceapă să-și creeze propria identitate. Pe scurt, asta înseamnă să descopere cine sunt *separat* de tine.

Așa cum rolul limbajului este să lege grupurile între ele, rolul preadolescenților este să rupă legăturile. Deși procesul poate fi dureros, copiii care nu încep să-și afirme independența în adolescență au dificultăți în a stabili parteneriate sănătoase mai târziu în viață. Un element-cheie în evitarea relațiilor toxice sau codependente este ca fiecare persoană să aibă un sentiment puternic al propriei sale identități, însă asta se întâmplă doar atunci când le oferim tinerilor ocazia de a-și descoperi propriile stiluri, valori, interese și credințe. Deși ajută să știi că un astfel de comportament de separare este o etapă normală în dezvoltare și că nu e copilul tău ursuz sau încăpățânat fără motiv, poți resimți totuși acest comportament drept o respingere, una care devine și mai dificilă atunci când copilul tău începe să fie expus la o gamă mai largă de experiențe, multe dintre ele putând fi periculoase. Este normal să vrei să-l protejezi și să-l susții când trece prin toate acestea.

> Așa cum rolul limbajului este să lege grupurile între ele, rolul adolescenților este să rupă legăturile.

Protejarea și sprijinirea sunt lucruri greu de făcut atunci când copiii devin preadolescenți deoarece, de multe ori, unul dintre primele lucruri pe care le fac ei este să întrerupă comunicarea. Părinții, adesea orbiți de acest lucru, ridică vocea. Devin precum turiștii într-un teritoriu străin, care încearcă să afle cum să comunice cu localnicii. Ai văzut vreodată un adult frustrat care încearcă să se facă înțeles de un copil de doisprezece ani distant? Este obligat să repete același lucru iar și iar, din ce în ce mai lent și din ce în ce mai tare cu fiecare repetare. „Am. Spus. Să. LAȘI JOS. IPAAAAADUL!“ Repetițiile, tonul țipat sau vorbirea *mult* prea încetinită atunci când încerci să te faci înțeles de copilul tău de gimnaziu sunt echivalentul unui turist american în Italia, care adaugă un „ă“ la finalul cuvintelor. „Aș vreaă o pizza te rogă." Cu vorbirea asta nu rezolvi nimic și te mai și face să pari habarnist.

Așadar, cum împăcăm nevoia preadolescentului de a se separa de noi cu dorințele și obligațiile noastre parentale de a-l ști în siguranță, descurcăreț și conectat? Învățăm să vorbim un limbaj *nou*. Nu este un lucru intuitiv, însă va fi mai ușor decât crezi. Această carte îți va fi ghid și traducător.

De când am început să lucrez cu preadolescenții și cu părinții lor, s-au schimbat multe lucruri. În 2005, nimeni nu se gândea la rețelele sociale, iar cel mai interesant gadget pe care un copil putea pune mâna era un iPod Touch. Din anul 2000, cazurile de suicid au crescut cu 30%, cea mai mare creștere afectând fetele cu vârsta cuprinsă între zece și paisprezece ani. Până la vârsta de cincisprezece ani, aproape 30% dintre adolescenți au consumat cel puțin o băutură alcoolică. Rata *vapării* printre elevii de gimnaziu a crescut cu 48% în 2018. Diagnosticele de depresie clinică la adolescenți s-au înmulțit cu 37% comparativ cu 2005. Împușcăturile în școli au devenit un fenomen obișnuit, iar închiderea școlilor a devenit o practică obișnuită în viața copiilor din SUA. Dar, așa cum spune zicala, lucrurile cu cât se schimbă mai mult, cu atât rămân la fel. Deși viețile tinerilor adolescenți par mai complicate ca oricând, modalitatea de a-i ajuta rămâne la fel de simplă, de previzibilă și de fiabilă ca întotdeauna. Vorbește cu ei. Nu *către* ei, nu *spre* ei, ci *cu* ei.

Copiii cu care lucrez îmi spun același lucru. Își doresc ca părinții lor să vorbească *mai mult* cu ei despre aceste probleme. Așadar, ce-i împiedică pe părinți să facă acest lucru? Cu siguranță nu le lipsește dorința.

Să o luăm ca exemplu pe prietena mea Sonia, o mamă care lucrează și care s-a mândrit mereu cu relația ei apropiată cu fiica sa. Erau genul de duo care își are glumele sale, se bucurau în weekend de „timpul dedicat fetelor“ și vorbeau ca niște vechi prietene, fie în mașină, fie când participau împreună la un eveniment la școală. Însă, atunci când a ajuns în clasa a șaptea, Elaine a început să se îndepărteze de Sonia, petrecând mai mult timp departe de familie și respingând încercările mamei sale de-a face glume împreună. Atunci când Elaine a început să se grăbească să plece de la cinele în familie, să-și pună căștile în timp ce mergeau cu mașina și să refuze ofertele de-a i se face manichiura în weekend, Sonia a început să se îngrijoreze. „Mă ofeream să fac lucrurile care îi plăceau, așa cum făceam mereu împreună. Dar ea nu voia să facă nimic. I-am propus s-o las să-și cheme o prietenă. Dar a refuzat și asta.“ Sonia nu voia să renunțe la relația ei cu Elaine, așa că a început cu rugămințile. În final, soțul ei a comentat că Sonia „se poartă de parcă ar fi și ea la gimnaziu și încearcă să fie băgată în seamă de fata populară“.

Pe Sonia a îngrijorat-o atât de tare îndepărtarea fiicei sale, încât a instalat un program de monitorizare pe telefonul lui Elaine și i-a citit mesajele și discuțiile de pe rețelele de socializare. A găsit chiar și jurnalul lui Elaine, l-a citit fără ca ea să știe și a descoperit că un băiat cu un an mai mare decât Elaine îi ceruse acesteia să-i trimită o poză fără tricou, iar aceasta era nehotărâtă cum să-i răspundă. Sonia s-a trezit în impas, încercând să-și dea seama cum să-i spună lui Elaine că știe, fără să se deconspire și să piardă complet încrederea fiicei sale. Atunci a apelat la mine, simțindu-se pierdută și căutând sfaturi despre cum să procedeze.

Hank, un tată singur cu un fiu și o fiică, s-a trezit într-un impas diferit și a venit la mine atunci când fiul lui de treisprezece ani, Elijah, a fost prins consumând alcool la o petrecere.

Hank s-a simţit siderat atunci când l-a sunat părintele din locuinţa în care se ţinuse petrecerea. Hank discutase deschis cu copiii lui despre istoricul de alcoolism al familiei sale şi despre pericolele aduse de alcool, mai ales dată fiind moştenirea lor genetică. Hank era convins că Elijah s-ar fi gândit de două ori înainte să bea – mai ales la o vârstă atât de fragedă –, însă se pare că sinceritatea cu care-i destăinuise dificultăţile din familie nu îl oprise deloc. Dat fiind că Elijah nu a demonstrat că este capabil să gândească clar în ceea ce priveşte consumul de alcool, Hank a renunţat să discute mai mult şi a ales soluţia dură de a-l pedepsi pentru o perioadă de patru luni, sperând că Elijah va învăţa astfel lecţia necesară despre pericolele consumului de alcool.

Mulţi dintre noi înţelegem perfect aceste situaţii. Ne simţim respinşi, apoi îngrijoraţi, apoi prinşi într-un joc de şah cu copiii noştri, neştiind ce strategie să aplicăm ca să ieşim din colţ. Atât Sonia, cât şi Hank aveau nu numai o dorinţă adâncă de a se conecta cu copiii lor, ci şi informaţii valoroase de împărtăşit. Totuşi, în fiecare scenariu, atunci când încercările lor de a discuta au eşuat, ambii părinţi au schimbat viteza, sacrificând conversaţiile pentru ceea ce considerau ei a fi imperativul mai critic de a-şi păstra preadolescenţii în siguranţă, lucru pe care au încercat să-l facă printr-o monitorizare constantă. Hank şi-a ţinut fiul acasă, unde îl avea mereu sub ochi; Sonia a urmărit discuţiile online ale fiicei sale şi a spionat-o de-a dreptul, citindu-i jurnalul.

Uneori, limitarea lumii preadolescentului tău este cea mai bună modalitate de a-l ţine în siguranţă. Aceasta nu este o carte care refuză disciplina şi limitele. Dar uneori părinţii recurg la abordarea „Taci din gură“ deoarece simt că le lipsesc alte opţiuni viabile. Nu au încredere în copiii lor să ia decizii înţelepte, așa că le refuză ocazia de a lua *orice* decizie. Ironia este că, fără exercițiu, copiii nu învață să ia decizii înțelepte. Dat fiind că ei trebuie să treacă prin experiențe, bune și rele, din care să învețe, cel mai bun lucru pe care îl poate face un părinte este să îi ajute să evalueze, să proceseze și să reflecteze la ce funcționează și ce nu. Acest lucru se întâmplă doar prin discuții de calitate.

Cu alte cuvinte, Experiență + Discuție = Învățare Temeinică.

Această carte îți oferă o cale de a discuta cu copilul tău chiar dacă acesta a ajuns la o vârstă la care începe, în mod natural, să se împotrivească. De fapt, atunci când acest lucru începe să se întâmple este un semn că, mai mult ca oricând, este important să porți discuții pline de însemnătate cu el. Un lucru pe care îl aud în munca mea, mai ales de la părinții care nu sunt de acord cu abordarea mea, este „Datoria mea nu este să fiu prietenul copilului meu. Datoria mea este să mă asigur că este în siguranță". Acest sentiment merge adesea mână în mână cu un stil parental mai autoritar. Confundarea curiozității cu indulgența sau a empatiei cu nevoia de aprobare este o greșeală periculoasă.

> Cercetările și judecata proprie ne spun că acei copii care se simt în largul lor când discută cu adulți iubitori despre problemele lor sunt mai sănătoși, mai fericiți, mai rezistenți și mai pregătiți să obțină succese în viitor.

Cercetările și judecata proprie ne spun că acei copii care se simt în largul lor când discută cu adulți iubitori despre problemele lor sunt mai sănătoși, mai fericiți, mai rezistenți și mai pregătiți să obțină succese în viitor.

Pe măsură ce citești, vei afla cum să depășești cele mai frecvente obstacole în comunicarea cu preadolescenții: vei ști care conversaţii sunt cele mai importante, vei găsi o cale de a începe fără a te enerva sau a speria copiii, aflând ce să spui şi ce expresii să eviţi, făcându-i să se implice în conversaţie şi încheind conversaţia într-un mod care să-i facă să şi-o mai dorească şi cu alte ocazii. Să-i ţii pe copii în siguranţă înseamnă să porţi conversaţiile potrivite la momentul potrivit.

Karen, casnică şi mamă, care participă frecvent la întâlnirile mele lunare Michelle's Meet Ups (programe găzduite de mine în cadrul cărora părinţii îmi trimit dinainte întrebări anonime), este o mărturie vie a ce înseamnă parentingul prin conversaţii de calitate. Mamă a trei copii cu vârste între şaisprezece şi opt ani, a venit iniţial la mine pentru a-mi cere ajutorul cu copilul ei cel mai mare, Aidan, un băiat timid, de care nu s-a simţit niciodată la fel de apropiată ca de ceilalţi copii. Ea şi Aidan au avut puţine interese comune în timpul copilăriei lui, aşadar ea se simţea adesea mai degrabă şofer şi bucătar decât prieten sau confident.

Pentru Karen a fost o uşurare să afle că o discuţie de calitate cu Aidan nu trebuie neapărat să semene cu discuţiile pe care le are cu ceilalţi doi copii. Probabil că nu se vor lungi la cină, râzând împreună şi petrecând clipe emoţionante în timp ce mănâncă burgeri şi cartofi prăjiţi. Conversaţiile scurte au fost momentul de cotitură al relaţiei lor. A început cu mesaje, purtând cu el conversaţii complete, deşi condensate, despre orice, de la notele de la şcoală la dinamica familiei. Odată ce s-a obişnuit cu tiparul şi previzibilitatea acestor discuţii prin mesaje cu mama lui şi a căpătat încredere că acestea nu vor fi moralizatoare, că vor fi succinte şi echilibrate, Aidan s-a arătat deschis să discute cu ea şi despre alte lucruri în afară de ce a gătit pentru cină, atunci când se aflau în aceeaşi încăpere.

Aidan este acum în anul doi de liceu și Karen simte că anii de muncă investiți în dezvoltarea abilităților lor de conversație au dat roade. „Aidan vorbește acum cu mine despre foarte multe lucruri. Îmi spune multe despre problemele prin care trec prietenii săi. E plăcut să știu că are suficientă încredere în mine, încât să-mi spună." Aceasta încredere este un semn bun, semnul că Aidan poate vorbi cu Karen nu doar despre ceea ce se petrece în viața altora. Dacă se va regăsi într-o situație în care să aibă nevoie de părerea unui adult, probabil că Aidan va simți că mama lui și-a dovedit capacitatea de a fi înțelegătoare și îi va veni ușor să discute cu ea despre propria lui situație.

Un model scurt pentru conversații

Îți amintești cartea *1-2-2 Magic*? Ne-a schimbat viețile deoarece folosea o gamă largă de situații nebunești în care te poate pune un copil mic, apoi prezenta un model simplu de numărare pentru fiecare scenariu, prin care să faci copilul să te asculte. Pare aproape imposibil că s-a putut scrie o carte întreagă despre cum să numeri până la trei înainte de-a lua o măsură drept consecință pentru neascultarea instrucțiunilor, însă, văzând modelul aplicat tuturor scenariilor cu care ne confruntăm zilnic („Nu, nu poți să mănânci acadeaua", „Ți-am spus să te încalți", „Nu-l mai lovi pe fratele tău"), am observat că până și provocările parentale care ne încearcă cel mai mult răbdarea pot fi rezolvate cu o soluție consecventă și simplă.

În același mod, discuțiile cu un preadolescent despre pornografie, vapare, privilegii sau excludere socială nu necesită reinventarea roţii de fiecare dată. În schimb, trebuie doar să reţii un acronim simplu, un principiu de ghidare în discuţiile cu tinerii pe care eu îl numesc „BRIEF". B vine de la *bazele paşnice*; R este pentru *relaţionare*; I declanşează etapa de *interviu* a conversaţiei; E îţi aminteşte să transmiţi *ecoul* lucrurilor pe care le auzi; şi F este punctul în care poţi oferi *feedback*. Aplicarea acestei structuri la conversaţii, deşi pe subiecte dintre cele mai diferite, le va oferi o oarecare uşurare acelora dintre noi care nu ştiu de unde să înceapă – sau chiar când să încheie – astfel de subiecte dificile.

Modelul pe care îl folosesc pentru a încuraja discuţii pline de sens este menit să distrugă barierele şi să încurajeze participarea, mai ales cu timp, încredere şi experienţă.

Ar trebui, de asemenea, să menţionez un lucru pe care noi, părinţii, avem tendinţa să-l uităm atunci când vorbim cu preadolescenţii. O conversaţie este foarte diferită de o prelegere şi, pentru a funcţiona, necesită participarea voluntară a două sau mai multe persoane. Poţi forţa o prelegere, dar nu şi o conversaţie.

> O conversaţie este foarte diferită de o prelegere şi, pentru a funcţiona, necesită participarea voluntară a două sau mai multe persoane.

Din acest motiv, s-ar putea să citeşti câteva dintre mostrele de conversaţii din această carte şi să crezi că par puţin cam prea uşoare, sau că adolescentul nu ripostează suficient. Am făcut asta intenţionat. Dacă copilul ripostează, nu e momentul pentru o conversaţie de calitate.

Hai să vedem cum funcţionează modelul BRIEF utilizând un scenariu în care un părinte descoperă că preadolescentul său îi ascunde notele proaste.

Pune BAZELE paşnice

I-am întrebat recent pe cei din grupul meu online de parenting ce simt că le este cel mai dificil atunci când vorbesc cu un copil de gimnaziu despre ceva important. Rezultatele au fost aproape unanime: să înceapă! Cel mai probabil, un preadolescent te va opri imediat, va scăpa de tine, va fi repede de acord cu tine doar ca să încheie conversaţia sau pur şi simplu nu va înţelege ce vrei.

Părinţii sunt adesea atât de îngrijoraţi de cum va reacţiona copilul lor, încât se conving singuri să nu abordeze subiecte dificile, sau fac opusul şi încep brusc, fără un plan. Având în vedere acest lucru, sfătuiesc mereu părinţii să înceapă paşnic. În practică, asta înseamnă să începi cu o observaţie impasibilă. Dacă, de exemplu, trebuie să porţi o conversaţie grea cu copilul tău despre faptul că îţi ascunde notele proaste, ai putea începe cu această observaţie impasibilă: „Vasăzică, se pare că a venit carnetul de note – am văzut că notele tale nu sunt cum ne aşteptam".

Un alt mod paşnic de a începe ar putea fi să întrebi copilul dacă îţi poate explica situaţia: „Notele tale sunt diferite de cum mă aşteptam. Tu te aşteptai la ele? Simţi nevoia să-mi spui ceva?"

Propunerea unei discuţii programate, astfel încât copilul tău să nu se simtă luat pe nepregătite, este, de asemenea, o introducere paşnică: „Astăzi a venit carnetul de note şi cred că ar trebui să discutăm despre ele. Preferi să discutăm înainte de cină sau după?"

Îi aud adesea de la părinţi opunându-se acestei strategii cu replica „Eu sunt părintele. N-ar trebui să fiu nevoit să-i fac pe plac copilului". Este adevărat că vor exista momente în care poţi şi ar trebui să vorbeşti direct şi să preiei conducerea, însă asta nu reprezintă un început plăcut al *fiecărei* conversaţii. Cu cât foloseşti mai rar abordarea directă, cu atât cresc şansele să vezi cum copilul tău stă drept, lasă telefonul şi te ia în serios atunci când o faci. Păstreaz-o pentru clipele când simţi că are impactul cel mai mare. O abordare indirectă în cazul acestor conversaţii îţi oferă şanse mai mari de-a scoate de la copil câteva cuvinte de început atunci când simte că miza e mică, iar după aceea, odată ce tăcerea a fost spartă cu câteva cuvinte, va fi mai uşor să controlezi ritmul discuţiei decât dacă ai fi început la viteză maximă.

Aşadar, începe paşnic şi apoi taci şi aşteaptă să umple copilul tău tăcerea.

RELAȚIONEAZĂ cu copilul tău

Cu excepţia trolilor de pe internet, nimănui nu-i plac conversaţiile care încep în contradictoriu. Preadolescenţii au tendinţa să intre în defensivă şi majoritatea dintre ei nu pot încă să citească bine expresiile faciale, nici să interpreteze tonalitatea vocii, de aceea presupun adesea că eşti furios, chiar şi atunci când nu este cazul. Pentru a trece de acest lucru, începe cu cea mai simplă propunere de pace: înţelegerea experienţei sau a perspectivei copilului tău, chiar dacă îţi este dificil.

Atunci când copilul îţi ascunde notele proaste, cuvinte precum *minciună*, *integritate*, *lene* şi *eşti pedepsit* îţi vor sta probabil pe vârful limbii. Mai bine *respiră*. Copilul tău, suficient de isteţ încât să continue minciuna, a fost şi suficient de isteţ încât să-şi dea seama că s-a dat de gol atunci când a venit carnetul de note la semnat. Acum se simte probabil speriat, anxios și rușinat. Nu-ți face griji că poate nu-ți merită empatia după ce este clar că te-a păcălit. Gândește-te care este scopul. E treaba ta să-l înveți să facă lucrurile mai bine și nimeni nu învață la capacitate maximă atunci când este speriat, anxios și rușinat.

Iată câteva modalități prin care poți relaționa cu copilul tău ca să-l faci să asculte restul discuției:

- „E dificil când trebuie să fii sincer până la urmă, dar mi se pare că mereu ajungem să ne simțim mai bine când încetăm să ascundem lucruri de oamenii care vor să ne ajute."
- „E greu. Sunt sigur că simți o mulțime de emoții acum. Nu-ți face griji. Împreună putem afla ce să facem mai departe."
- „Îmi amintesc de vremea când am început să iau note proaste și mă simțeam groaznic să fiu codașul clasei. Va fi nevoie să muncești mult ca să-ți ridici iar notele, dar cu sprijin și concentrare o poți face."

INTERVIEVEAZĂ pentru a aduna informații

După cum se spune, există trei versiuni ale fiecărei povești: a ta, a mea și adevărul. Este timpul să înțelegi mai bine versiunea de adevăr a copilului tău și va fi mai probabil ca acesta să fie sincer cu tine, deoarece i-ai arătat că ești un aliat, sau cel puțin o persoană cu autoritate care este empatică. Acum ai ocazia să adresezi întrebările arzătoare. Acesta nu este momentul să încerci să-ți prinzi copilul cu minciuna sau să-i dai o lecție. Privește-o drept o misiune neutră, de descoperire a informaţiilor. Joacă rolul unui procuror bun, deşi puţin detaşat, care nu are o miză în acest caz, dar care trebuie să adune informaţii din toate părţile.

- „Când ţi-ai dat seama că notele tale încep să scadă?"
- „Care crezi că au fost principalele motive ale acestei scăderi?"
- „Te-ai gândit să vorbeşti cu mine despre asta?"
- „Ce te aşteptai să se întâmple atunci când primeam carnetul de note?"

Transmite ECOUL a ceea ce auzi

Fiecare pas din modelul BRIEF te pregăteşte pentru următorul, toate conducând la ultimul şi cel mai important pas, cel în care oferi feedback, însă oricine a încercat să înceapă o conversaţie cu feedbackul ştie că nu merge bine de obicei. Din acest motiv, etapa ecoului este parţial validare, ajutându-te să-i deschizi mintea copilului tău ca să devină sensibil la sugestiile (sau cerinţele) din etapa următoare, şi parţial verificarea înţelegerii, ca să te asiguri că ai înţeles corect informaţiile în acest stadiu. Iată câteva exemple de transmitere a ecoului.

- Începe cu „Sună de parcă" sau „Înţeleg că": „Sună de parcă ţi-ai dat seama că-ţi scad notele, dar ai simţit că te poţi descurca singur".
- Rezumă elementele-cheie: „În regulă, deci ai crezut că notele tale sunt încă bune, aşa că te-a luat şi pe tine prin surprindere".
- Foloseşte-i cuvintele într-o întrebare: „Am dreptate că după părerea ta e în principal vina profesorului?"

Oferă FEEDBACK

Acesta este momentul pe care l-ai așteptat. Etapa de feedback este cea în care ai ocazia în sfârșit să oferi sugestii, îndrumare sau să setezi reguli noi dacă ai nevoie de o rezolvare mai fermă. Am observat că preadolescenții răspund cel mai bine la feedback atunci când îi întrebi dacă sunt deschiși la acesta; totuși, pot exista ocazii în care nu poți aștepta să-ți ceară copilul îndrumarea și trebuie să stabilești limite clare. În acest caz, nu întreba. Doar prezintă regulile în mod clar.

Feedbackul ar trebui să fie legat în mod direct de problema pe care ai descoperit-o prin intervievare și transmiterea ecoului. Nu adăuga alte probleme pe care le ai cu copilul, pentru ca discuția să nu degenereze în „Ei bine, nu-i vorba doar despre note, camera ta e un dezastru, ești răutăcios cu sora ta, pe mine nu mă respecți..." Atunci când ești supărat pe cineva, e tentant să intensifici cearta incluzând cât mai multe exemple care să ilustreze că respectivul greșește și tu ai dreptate, însă este nedrept și contraproductiv.

În scenariul prin care am trecut, să spunem că ai descoperit următoarele lucruri în timpul interviului: copilul tău și-a dat seama că notele îi scad, a crezut că poate rezolva problema singur, apoi, deși a urmărit tutoriale de matematică online, nu a putut corecta problema, s-a panicat și a îngropat-o. Feedbackul poate suna astfel:

- Rezumă greșeala principală și spune-i cum să o evite data viitoare. „Apreciez faptul că ai vrut să rezolvi singur problema, însă, dacă ceri ajutor mai devreme, vei obține rezultate mai bune. Data viitoare, mă aștept să mă anunți imediat ce încep să-ți scadă notele, ca să găsim un plan prin care să le poți crește iar înainte să se adune.

Gândește-te la asta ca la un joc de baschet. E mult mai greu să revii după o diferență uriașă în repriza a patra decât să-ți schimbi modul de joc la începutul meciului."

- Dacă se poate, ai putea să începi prin a întreba copilul dacă este pregătit pentru feedback, apoi să-i oferi îndrumări. „Ești dispus să asculți ce cred eu?" Pauză. „În regulă, trebuie să ne concentrăm la cum să te scoatem din această situație. Haide să facem un plan împreună. Spune-mi ce crezi ca trebuie să se întâmple mai întâi, iar apoi îți voi zice părerea mea."

- Dacă simți că măsura în consecință trebuie să fie rapidă și fermă: „Poate că ai ținut acest lucru secret atâta timp încercând să eviți o pedeapsă mai mare, dar acum te afli în situația în care va trebui să-ți petreci timpul liber crescându-ți notele. Dacă ai fi abordat problema mai devreme, poate că ai fi scăpat cu un singur weekend în care să lucrezi ca să ajungi la zi. Acum, te așteaptă mai multe weekenduri de lucru suplimentar și pregătire. Până când vom vedea că ai recuperat toate lucrările lipsă și că notele tale reflectă mai mult efort, vei sta acasă în fiecare weekend și vei lucra la masa din bucătărie, unde te pot monitoriza".

Observație: În primele etape ar trebui să fi stabilit un raport care să-i aducă liniște copilului și, pe măsură ce se obișnuiește cu această metodă, s-ar putea chiar să devină surprinzător de vorbăreț. Discuțiile lungi sunt grozave, însă îmi place că acronimul *brief* înseamnă „scurt". Este mereu mai bine să începi și să termini rapid – având mai multe conversații scurte pe un subiect – decât să vorbești atât de mult, încât copilul să nu te mai audă sau să te întrerupă atunci când reiei același subiect o săptămână mai târziu, deoarece se teme că-i faci morală.

Odată ce ai terminat, schimbă subiectul rapid. „Oricum, asta e o temă de gândire. Deci ce faci în această după-amiază?" Sau „Bine, cred că am încheiat subiectul. Îți mulțumesc că ai discutat cu mine. Ai văzut c-a apărut clipul de prezentare al noului film de la Marvel?"

Cu cât exersezi mai mult conversațiile BRIEF, cu atât vei vedea cum copiii tăi sunt mai deschiși și au încredere să vorbească despre orice cu tine.

Ce-i așa urgent de trebuie să porți aceste conversații înaintea vârstei de paisprezece ani?

Una dintre cele mai mari schimbări în parentingul din ultimul deceniu este modul în care teama de tehnologie a invadat procesul decizional al părinților. Îngrijorați de pedofili, copii răutăcioși, stimă de sine scăzută și abilități sociale atrofiate, noi, părinții, jucăm adesea în defensivă, în loc să dezvoltăm o ofensivă parentală puternică. Avem tendința să ne temem de spațiul străin în care cresc copiii noștri și confundăm abilitatea noastră de a-i monitoriza în mod constant cu abilitatea lor de a se apăra singuri. Desigur, monitorizarea și protejarea nu sunt același lucru. Dacă aștepți să-ți prinzi copilul înainte să cadă în groapă, ratezi

> Ar trebui să ne gândim la vârsta de paisprezece ani ca fiind noul optsprezece. Începând mai devreme [aceste conversații], părinții au timp să-i învețe pe copii în loc să-i bombardeze cu informații.

nenumărate ocazii să discuţi despre apariţia unor gropi noi, neaşteptate, şi despre cum să le ocolească. Instalarea celui mai nou program spion nu păstrează copilul în siguranţă. Nu face decât să te alerteze când a greşit. Adevărul este că discuţiile de modă veche nu au fost niciodată mai importante ca în această eră digitală.

Atunci când creşti copii, timpul are tendinţa să-ţi fugă printre degete. Într-o clipă au opt ani, iar în următoarea termină liceul. Stabilirea intenţiei de a începe aceste paisprezece conversaţii înainte de vârsta de paisprezece ani este o modalitate de a controla timpul şi de a face loc discuţiilor importante pe care trebuie să le porţi cu copilul tău. Aceste discuţii nu pot aştepta. Mai mult decât atât, ar trebui să ne gândim la vârsta de paisprezece ani ca fiind noul optsprezece. Părinţii încep adesea să intre în panică la mijlocul ultimului an de liceu şi îşi bombardează copiii cu lecţii de viaţă despre siguranţă, independenţă, responsabilitate, *pe lângă* cum să spele rufele fără să-şi micşoreze hainele preferate. Între timp, spre finalul liceului, adolescenţii sunt adesea acaparaţi de cererile de înscriere la colegiu şi apoi alunecă în lenevirea de la final de liceu. Începând mai devreme, părinţii au timp să-i înveţe pe copii în loc să-i îngroape în informaţii.

Dar argumentul cel mai important pentru purtarea acestor conversaţii până la vârsta de paisprezece ani are legătură cu creierul în dezvoltare al copiilor noştri. Cercetările ne arată că, în cazul băieţilor, vârsta de paisprezece ani este cea mai periculoasă din viaţa unui tânăr. Un studiu realizat asupra bărbaţilor cu vârste între 9 şi 35 de ani a descoperit că vârsta la care sunt asumate cele mai mari riscuri este 14,38. Nu s-a realizat un studiu similar şi asupra femeilor, însă, ştiind că fetele încep pubertatea mai devreme decât băieţii, ne-am putea întreba dacă nu cumva aceeași activitate cerebrală care cauzează creșterea impulsivității și asumarea de riscuri la băieți nu influențează și fetele mai devreme. În plus, creierul de adolescent începe să scape de informațiile pe care le consideră inutile începând cam din jurul vârstei de unsprezece ani. Decide ce să taie în funcție de ce folosește și ce nu. Asta înseamnă că trebuie să începi să testezi devreme și frecvent modalități de a purta conversații echilibrate, grijulii și raționale, pentru ca această abilitate să se cimenteze în creierul copilului tău. În sfârșit, știm că, de-a lungul adolescenței, copiii încep să se distanțeze de părinți pentru a demara procesul anevoios de creare a unei identități proprii de adult. Acei câțiva ani care precedă liceul sunt momentul ideal înainte să se îndepărteze prea tare, când încă mai sunt dispuși să-ți asculte punctul de vedere.

Asta înseamnă că gimnaziul este momentul perfect pentru a purta discuții BRIEF importante și repetate despre modalitățile de a face alegeri bune într-o varietate de circumstanțe. Ești pregătit? *¡Vámos! Allons-y! Challo! Auf Jetzt!*

Să învățăm un nou limbaj!

CAPITOLUL

2

Noul tău sac cu trucuri

Discuţiile cu un copil de gimnaziu sunt diferite de discuţiile cu o persoană de orice altă vârstă. Părinţii sunt adesea uimiţi de reacţiile de furie, iritare sau respingere pe care le au copiii lor chiar şi la încercările inocente de a-i întreba cum le-a fost ziua.

Nu este în întregime vina copiilor. Preadolescenţii încep să se îndepărteze în mod natural la această vârstă, iar recunoaşterea modului în care să lucrezi cu această tendinţă, în loc să lupţi împotriva ei, este un element-cheie într-o comunicare mai bună. După paisprezece ani în care am lucrat cu copii aflaţi la începutul adolescenţei, am adunat un sac cu trucuri care îţi vor schimba complet conversaţiile părinte/copil de acasă, iar acum îţi dau ţie acest sac. Aceste tehnici nu sunt specifice unui anumit subiect, aşa că poţi începe să le practici în toate discuţiile cu preadolescentul tău.

Nouă modalități de a-ți îmbunătăți toate conversațiile cu preadolescentul sau tânărul tău adolescent

1. Transformă-te în asistent de manager. Atunci când copiii încep gimnaziul, majoritatea părinţilor cred că este mai bine să strângă frâiele, deoarece adolescenţa timpurie expune copiii la o lume mult mai mare de riscuri posibile. Este adevărat, copilul tău va avea experienţe care te vor speria, şoca şi chiar jigni, dar rezistă tentaţiei de a intensifica controlul prea repede.

Ar fi fantastic dacă copilul tău ar răspunde noului său mediu cu grijă, o doză sănătoasă de analiză critică, echilibrul corect între curiozitate şi scepticism şi o conştiinţă de sine lucidă. Totuşi, creşterea este procesul de *dezvoltare* al acestor abilităţi. Fără oportunitatea de a exersa, copiii nu vor învăţa niciodată toate acestea.

În jurul vârstei de unsprezece ani, creierul copilului tău începe să facă schimbările fundamentale de care are nevoie pentru a deveni un creier adult, însă este nevoie de zece până la paisprezece ani pentru solidificarea acestor schimbări. Răbdarea este esenţială pentru voi amândoi. În această perioadă, cortexul prefrontal – responsabil de gândirea critică, rezolvarea de probleme, citirea expresiilor faciale şi analizarea riscului, printre altele – ia o pauză. Le spun copiilor că această perioadă este ca atunci când managerul magazinului lor preferat ia o pauză de prânz şi se duce în spatele magazinului să mănânce un sendviş, doar că această pauză de prânz durează zece ani lungi. Managerul n-a părăsit magazinul, dar nu este foarte atent. Acest lucru lasă magazinul expus la oameni care fură din el, îl vandalizează sau îi aduc daune permanente.

Atunci când managerul (cortexul prefrontal) ia o pauză, centrul emoţional al creierului (amigdala) ţopăie şi flutură din mâini, strigând „Alege-mă pe mine! Alege-mă pe mine!" la şansa de a evolua şi de a prelua controlul. Problema care apare aici este că amigdala e impulsivă, îi place să încerce lucruri noi, este pasionată de asumarea de riscuri, trăieşte o gamă largă de emoţii *intense* şi crede că ar fi foarte incitant să fie ea cea care ia decizii de data asta. Am lucrat cu toţii cândva pentru un astfel de manager. Uneori e distractiv. Însă, în majoritatea cazurilor, e imprevizibil, înspăimântător şi puţin prea aproape de pericol pentru a ne simţi confortabil.

De ce are nevoie acest magazin atunci când managerul nu lucrează?

Răspunsul este un bun asistent de manager. Accentul este pe asistent; nu este treaba asistentului să fie şef. Asistentul este acolo ca să sprijine managerul, să fie o pereche suplimentară de ochi şi urechi şi să-şi ofere ajutorul atunci când este nevoie. Asistentul loial este mereu dispus să susţină, însă nu are niciun interes în a prelua controlul.

Ia acum o pauză, închide ochii şi aminteşte-ţi cel mai rău manager pe care l-ai avut vreodată. Cum l-ai descrie? Descrierea pe care o obţin de la părinţii cu care vorbesc în mod frecvent este cam aşa:

- prea autoritar
- prost comunicator (inconsecvent, neclar, dezorientat)
- distant
- nerespectuos faţă de echilibrul muncă-viaţă personală; intruziv
- incapabil să ofere un parcurs clar pentru avansare
- deloc dispus să lase angajaţii să-şi corecteze propriile greşeli

- prea emoţional
- predispus la favoritism

Fără îndoială, răspunsul cel mai popular este:

- obsedat de micromanagement.

Întreabă un elev de gimnaziu ce îl deranjează la părinţii lui şi, cel mai probabil, vei primi aceeaşi listă de trăsături. În toate conversaţiile cu copilul tău de gimnaziu, ţine minte că eşti un set de ochi şi de urechi suplimentar şi o pereche de mâini care ajută, dar copilul tău trebuie să practice responsabilitatea crescută şi luarea de decizii, pentru a deveni un manager grozav. Vei face tot ce poţi pentru a-i oferi informaţii de bază pentru decizii, valori şi caracter, dar, în final, eşti... doar un asistent. Iată cum te-ai putea exprima în noul tău rol:

- „Cum te pot ajuta?"
- „De ce anume ai nevoie pentru a reuşi în asta?"
- „Sunt aici să te ascult în timp ce reflectezi la lucrul ăsta."
- „Ai vrea un feedback referitor la acest lucru?"
- „Te pot ajuta vorbind despre opţiunile tale?"

2. Pune-ţi „fruntea botoxată". În toţi anii în care am lucrat cu părinţii copiilor de gimnaziu, aceasta este modificarea despre care părinţii îmi spun cel mai adesea că le-a schimbat radical relaţia cu copilul. Această tehnică se bazează pe cercetările făcute la McLean Hospital, unul dintre spitalele universitare de la Harvard, unde doctorul Deborah Yurgelun-Todd, director al laboratorului de neuropsihologie şi neuroimagistică cognitivă, a realizat un studiu micuţ, dar de impact, asupra citirii expresiilor faciale.

Mai întâi, Yurgelun-Todd a băgat adulţii într-un aparat de rezonanţă magnetică şi le-a arătat fotografii cu feţele oamenilor. Apoi le-a cerut participanţilor să identifice ce simt oamenii din fotografii doar privindu-le feţele. În experimentul ei, adulţii au putut să identifice corect emoţiile de bază ale oamenilor „citindu-le feţele" în 100% din cazuri. Yurgelun-Todd a repetat apoi experimentul cu adolescenţi. Aceşti au putut identifica emoţiile cu acurateţe doar 50% din timp. Diferenţa? RMN-ul a arătat că adulţii îşi folosesc cortexul prefrontal pentru a citi expresiile faciale, în timp ce adolescenţii îşi folosesc amigdala, partea creierului care găzduieşte emoţiile şi ne ajută să decidem cum să răspundem la ele – de exemplu, provocând răspunsul la teamă: fugă, luptă sau încremenire. Trecerea la utilizarea cortexului prefrontal pentru interpretarea expresiilor faciale are loc abia între 20 şi 25 de ani.

Practic vorbind, ce înseamnă asta?

Deoarece nu pot citi cu acurateţe expresiile faciale, preadolescenţii şi adolescenţii sunt forţaţi să facă presupuneri referitor la ce simt ceilalţi. Cel mai adesea, atunci când văd pe cineva încruntat, presupun că este furios. Personal vorbind, ştiu că încrunt sprâncenele dintr-o multitudine de motive atunci când îmi ascult copiii. Uneori este modul meu de a arăta că sunt foarte atentă la ceea ce îmi spun ei. Alteori o fac deoarece ei îmi spun o poveste şi, în timp ce ascult, mă gândesc şi la alte lucruri şi încerc să nu uit despre acel e-mail de serviciu pe care am uitat deja de două ori să-l trimit. Uneori este modul meu de-a arăta empatie. Alteori este doar faţa mea de 48 de ani. Oricare mi-ar fi intenţia, copiii mei îmi citesc sprâncenele încruntate drept furie.

Gândeşte-te la un scenariu în care copilul tău intră pe uşa din spate după şcoală, îşi trânteşte rucsacul pe jos şi se îndreaptă spre camera cu televizorul. Îl oprești, nerăbdător să auzi cum i-a fost ziua.

– Bine ai venit acasă! Hei, cum a mers azi testul la mate? (În mintea ta, te felicițí că ți-ai amintit că testul a fost azi!)

– Uf! Nici n-am primit încă notele! De ce ești așa de furios?!

Hm. Nu este răspunsul pe care îl așteptai, nici cel pe care îl meritai. Probabil s-a întâmplat următorul lucru: atunci când copilul tău a privit în sus către tine, fie că ți-ai dat seama, fie că nu, erai puțin încruntat. Gândește-te: tocmai a venit după șapte ore de supraîncărcare senzorială și îngrijorare pentru felul în care îl privesc colegii, așadar copilul tău este, fără îndoială, epuizat. Atunci când ți-a văzut expresia facială, a tras imediat concluzia că întrebarea ta are la bază furia sau judecata. Variații ale acestui scenariu „Ce naiba am făcut? Doar am pus o întrebare" se petrec zilnic în familiile cu care lucrez în toată țara.

Emoțiile preadolescenților sunt complicate, dar această situație este de fapt ușor de evitat.

Începe să folosești ceea ce numesc eu „fruntea botoxată". Înainte de-a te întoarce să vorbești cu copilul tău de gimnaziu, mai ales în momentul în care copilul te ia pe nepregătite cu vești surprinzătoare sau supărătoare, amintește-ți acest sfat pe care-l dau părinților: prefă-te că ești o vedetă la o emisiune TV noaptea târziu și ți-ai injectat atât de mult Botox, încât nu-ți mai poți mișca fruntea deloc. Te vei simți ca un robot. Un „părinte din Stepford"[1]. Dacă faci asta, îți iese cum trebuie. Dacă te simți precum o căprioară în lumina farurilor, greșești. Vrei să arăți lipsit de emoții, nu șocat.

---

[1] Aluzie la romanul satiric *The Stepford Wives* (1972), de Ira Levin, în care soțiile casnice din orășelul Stepford, cu aspect și maniere perfecte și teribil de ascultătoare față de soții lor, se dovedesc a fi fost înlocuite cu roboți. (n.red.)

Poate vei avea sentimentul că e urât să transmiţi lipsa emoţiilor, dar preadolescentul tău o va vedea ca pe o eliberare – nu îl judeci deloc. Cu cât exersezi mai mult fruntea botoxată, cu atât preadolescentul tău se va deschide mai mult în faţa ta, ştiind că îi oferi o zonă sigură şi neutră în care să discute.

Mai există două motive bune pentru care să adopţi o mimică neutră atunci când vorbeşti cu preadolescentul tău. Primul este să nu-ţi interpreteze emoţiile drept furie *când de fapt nu eşti furios*. Nu sugerez că n-ar trebui să simţi sau să arăţi o gamă completă de emoţii sănătoase, inclusiv furie faţă de unele lucruri, atunci când se impune. Această tehnică este menită să te ajute să eviţi comunicarea greşită, nu să-ţi răpească umanitatea. Al doilea motiv este să creezi o deschidere ca să te asculte copilul tău. Atunci când eşti roşu la faţă şi răcneşti, copilul se grăbeşte să te ignore, afirmând că „exagerezi". Dacă poţi vorbi cu o faţă neutră, copilul tău nu are niciun motiv să nu te asculte.

3. Stăpâneşte arta de-a face pe prostul. Există o postare care circulă din când în când pe reţelele sociale, despre un afiş (fals) adresat tuturor adolescenţilor:

> *„Acţionează acum! Te-ai săturat să fii hărţuit de părinţii tăi proşti? Mută-te de acasă, ia-ţi o slujbă şi plăteşte-ţi singur facturile cât timp încă mai ştii totul!"*

Este amuzant pentru că e adevărat. E de asemenea adevărat că, deşi le lipsesc experienţa şi cunoştinţele noastre, adolescenţii au totuşi lucruri pe care noi nu le avem: o viziune nouă, un optimism fără sfârşit şi încredere în propriile lor abilităţi.

Ești poate deranjat de naivitatea adolescentină față de rezolvarea problemelor globale pe care le-am creat noi, adulții. „Oamenii care conduc guvernul sunt așa de proști! Pot tipări bani dacă oamenii n-au suficienți. Cum de nu v-ați gândit la asta?“ Sau de bravada adolescentină cu care își supraestimează în mod frecvent nivelul de abilitate și de experiență. Spune-mi, și copiii tăi cred că ar câștiga fluierând competiția American Ninja Warrior? Mâine? Fără antrenament?

Atunci când preadolescentul tău știe totul, fă pe prostul și pune întrebări, în loc să faci pe procurorul și să aduni dovezi ca să-i demonstrezi că greșește. Fii curios. Adresează întrebări exploratorii: Cum ar merge asta? Cum ar arăta? Ar putea să meargă ceva prost? Cum te-ai simți? Care este scenariul cel mai optimist? Care este cel mai pesimist? „Cum anume ai trece peste groapa de 1,82 metri în cursa aia cu obstacole Ninja, dacă anvergura ta este de numai 1,52 metri? Cum propui să recuperezi 15 centimetri pe fiecare segment de traseu?“

4. Arată-te dezinteresat. Poate îți mai amintești de vremea când copilul tău era mic și, în clipa în care te așezai cu o ceașcă de cafea fierbinte, luai în mână o carte sau începeai să pălăvrăgești cu un prieten,... copilul tău avea nevoie urgent de o gustare. Tot așa, elevii de gimnaziu sunt atrași de tine atunci când ești cel mai puțin disponibil. Din acest motiv, îți sugerez să pari cel mai puțin interesat atunci când vrei cel mai mult să vorbești.

Scenariul A:

Eu: *Deeeci... [bătând locul de lângă mine pe canapea] cum ți-a mers proiectul? Spune-mi tot!*

Copilul: *N-am chef să vorbesc acum. Sunt prea obosit.*

Scenariul B:

Eu: *Bună! Vreau să știu cum ți-a mers proiectul la școală, dar nu chiar acum. Trebuie să trimit câteva e-mailuri mai întâi...*

Copilul: *Stai! Înainte să te-apuci de asta, lasă-mă să-ți spun.*

Funcționează doar uneori, dar atunci când funcționează este incitant, deoarece te simți de parcă ți-a reușit cea mai măruntă escrocherie din *Ocean's Eleven* și ai scăpat basma curată.

5. Evită ambuscada. Preadolescenții jonglează mult în timpul zilei de școală – de la care temă trebuie predată la care profesor vrea ce și când și la unde să stea la prânz pentru a avea niscaiva (sau cele mai grozave) ramificații sociale. O zi din viața unui elev de gimnaziu este plină de arbori decizionali. Nu este surprinzător că, atunci când ajunge acasă, copilul tău are nevoie să se relaxeze. De aceea este posibil ca preadolescentul tău să se comporte de parcă i-ai ataca prin surprindere planul de relaxare atunci când nici nu intră bine pe ușă și tu îl întrebi cum i-a fost ziua.

Pentru a profita la maximum chiar și de discuțiile obișnuite, încearcă să-ți întrebi copilul dacă poți discuta cu el mai târziu, la un moment stabilit. Și mai bine, dă-i de ales între mai multe ore. „Sunt sigur că vrei să te relaxezi puțin. Mi-ar plăcea să aud cum ți-a fost ziua și să mă asigur că-ți faci temele la timp. Putem discuta zece minute după cină despre ce ai de făcut? Sau chiar la micul dejun, dacă azi ești prea obosit? Cum preferi?“

Pe lângă faptul că îi oferă copilului tău timpul necesar să se relaxeze, această abordare îi respectă și sentimentul de autoritate asupra propriului său program – lucru de care preadolescentul are parte destul de puţin în ziua de azi – şi se leagă de instrumentul anterior, aparenţa dezinteresului. Cu cât eşti mai puţin însetat de informaţii, cu atât copilul tău se va împotrivi mai puţin să vorbească cu tine.

6. Nu te grăbi. Creierul preadolescentului tău se hrăneşte cu agitaţie, iar atunci când amplifici emoţiile acasă ţipând, plângând sau implorând, copilul simte un puseu de satisfacţie (dar este şi distras, în mod convenabil, de la ceea ce spui). Atunci când, inevitabil, intri în conflict cu preadolescentul tău, să ştii că unul dintre cele mai bune instrumente ale tale este să câştigi timp. Spre deosebire de copiii mici, elevii de gimnaziu nu au nevoie de un răspuns imediat de la tine ca să fie capabili să înveţe din ce s-a întâmplat. De fapt, deoarece sunt atât de impulsivi, este benefic să îi înveţi cum să-şi încetinească reacţiile.

De exemplu, dacă preadolescentul tău se răţoieşte la tine că nu i-ai pus la pachet tipul de sendviş potrivit la prânz, i-ai putea spune ceva de genul: „Hmm, nici nu ştiu sigur cum să răspund la asta. Te anunţ eu peste câteva ore, după ce-o să am timp să mă gândesc". Ideea că nu răspunzi răţoindu-te şi că te duci să-ţi planifici următoarea mişcare ar trebui să-ţi sperie copilul cât să iasă din letargia lui egoistă. S-ar putea chiar să-ţi ceară scuze şi să te roage să-l ierţi. În funcţie de cât de des se întâmplă un astfel de lucru, ai putea decide să accepţi scuzele imediat sau să-ţi iei totuşi timp de gândire. Dacă te afli într-o situaţie care necesită aplicarea unei măsuri şi vrei să subliniezi gravitatea problemei, poţi adăuga: „Am să mă gândesc mult ce măsură să iau în consecinţă. Te anunţ eu". Nimic nu este la fel de eficient în a-ţi face copilul să se oprească şi să se gândească decât o pauză dramatică înainte de exprimarea unui verdict.

7. Apelează la *multitasking*. Poate fiindcă nu sunt foarte pricepuţi la citirea expresiilor faciale şi/sau fiindcă se simt prea emoţionali, şi astfel vulnerabili, atunci când vorbesc despre anumite subiecte, preadolescenţii par să fie mai deschişi la conversaţii atunci când nu-ţi pot vedea faţa. Părinţii spun adesea că cele mai bune conversaţii ale lor se petrec în maşină – cel puţin înainte ca telefoanele mobile şi căştile să acapareze acest spaţiu. De fapt, dacă nu ai stabilit deja reguli referitoare la telefon, te-ai putea gândi să transformi maşina într-o zonă fără telefoane, pentru a încuraja discuţii de mai bună calitate. Fie că merg cu maşina, joacă jocuri video, merg cu bicicleta sau gătesc împreună cu voi, copiii au tendinţa de-a se deschide atunci când fac mai multe deodată. Când lucrurile se agită, copilul intră în alertă, aşa că, din când în când, i-ai putea cere să stea în faţa ta în bârlog, cum făcea tatăl Ward Cleaver în serialul TV *Leave It to Beaver*, din anii 1950. Însă, în general, o discuţie faţă în faţă îţi va aduce, în cel mai bun caz, câteva aprobări din cap şi replici de câte un cuvânt. Băieţii în special par să răspundă mai bine atunci când sunt ocupaţi cu o activitate, aşa că pune-le ceva în mână sau mergeţi undeva atunci când ai chef de vorbit.

8. Nu vorbi deloc. Unii copii răspund mai bine la scris decât la vorbit. Poate că nu învaţă auditiv. Sau poate se simt mai puţin expuşi atunci când îşi pot pregăti răspunsurile, în loc să fie obligaţi să dea unul pe loc. Sau se îngrijorează că vă veţi interpreta greşit unul pe celălalt. Sau le place să se cuibărească în pat atunci când se gândesc la subiecte dificile. Dintr-o multitudine de motive valide, unii copii preferă mesajele, scrisorile sau jurnalele drept metodă de comunicare. Dacă este cazul copilului tău, poţi totuşi să ai discuţii grozave cu el și fără să vorbești. Unele familii cu care lucrez plimbă un carnețel spiralat între ei și copii, în care le adresează întrebări de la „Ce film vrei să vezi data viitoare?" la „Cum mai merge cu...?" Altele folosesc tehnologia în avantajul lor, pentru a purta discuții nostime și informative prin mesaje.

9. Desemnează un reprezentant. În final, nu trebuie să fii singurul care poartă toate aceste conversații cu preadolescentul tău. Este nevoie de o comunitate, așa că începe să-ți alegi reprezentanții. Roagă câțiva prieteni de încredere să intervină atunci când se ivește ocazia de-a aborda subiecte importante. Spune-i copilului că, dacă vrea vreodată să discute, ești disponibil, dar că sunt disponibili și mătușa Cathy, și prietenul tău cel mai bun, Joe, care au spus că și ușile lor sunt deschise mereu. Una dintre prietenele mele cele mai bune le-a trimis un mesaj ambilor mei copii atunci când au primit primul telefon mobil: „Bună! Sunt Sylvie! Salvează acum numărul meu în telefon și, dacă te afli vreodată undeva și nu-ți place ce se petrece acolo, trimite-mi un mesaj și vin să te iau – fără întrebări!" E un mod grozav în care copilul tău să dezvolte *acea* relație, să creeze încredere și să aibă o plasă de siguranță suplimentară.

În acest capitol am vorbit în linii mari despre comunicarea cu preadolescenții, dar nu vreau să simplific prea tare nuanțele și calitățile unice ale copiilor tăi. Poate ai un copil căruia îi place atunci când ești exuberant, care vrea să poarte conversații formale în care stați jos și îți povestește bucuros cum și-a petrecut ziua. Sau unul care vorbește atât de puțin, încât te temi că singurul mod în care vei afla ce se petrece în viața lui este dacă e suficient de grav încât să apară la știri.

Deşi studiul dezvoltării adolescenţilor ne oferă tendinţe pe care să le urmăm, tu îţi cunoşti copilul cel mai bine. Alege şi adaptează instrumentele care se potrivesc cel mai bine personalităţii copilului tău. (Chiar şi – mai ales – cele care i se potrivesc lui, dar nu şi ţie.) Şi ţine minte, copilul cu care vorbeşti astăzi va dori şi va avea nevoie de abordări diferite faţă de acelaşi copil cu care vei vorbi peste o lună, aşa cum fraţii vor avea nevoie de abordări diferite. Trebuie să devii un yoghin al comunicării pe parcursul acestor ani. Flexibilitatea şi deschiderea vor fi esenţiale în menţinerea comunicării pe parcursul tuturor acestor schimbări.

CAPITOLUL

3

Sabotorii conversației

În lecţiile mele de la colegiu, profesorii ne-au băgat în cap iar şi iar că, pentru a preda un concept nou, instructorul trebuie să comunice atât modalitatea corectă de a face un lucru, cât și pe cea greșită, pentru ca elevul să aibă puncte de reper la ambele capete ale experienţei. Probabil că faci acest lucru în mod natural atunci când îţi înveţi copilul o nouă abilitate tactilă. „Ţine cuţitul aşa când tai, nu aşa." Sau „Ţine bâta sus când aştepţi aruncarea. N-o ţine jos, aici". Oferim în mod instinctiv indicaţii despre cum se face corect și cum se face greşit atunci când folosim demonstraţii fizice, însă omitem adesea această etapă esenţială atunci când explicăm idei noi care sunt mai cerebrale, deci este totuși o etapă importantă în procesul de învăţare.

În acest capitol voi prezenta moduri în care adulţii deraiază adesea conversaţiile cu preadolescenţii, ca să ţii minte nu numai cum să porţi conversaţii mai bune, ci și ceea ce înrăutăţeşte conversaţiile. În partea a doua a acestei cărţi, te poți aștepta să găsești abordări și exprimări pentru evitarea fiecărui subiect, dar, deocamdată, hai să începem prin a-ți antrena urechea la câteva modalități mai generale și obișnuite de a-ți sabota cele mai bune intenții.

Doisprezece sabotori ai conversației care se aplică tuturor subiectelor

1. Nu interveni prea repede. Majoritatea părinților își fac griji pentru cum vor răspunde copiii lor la anumite subiecte, așa că plonjează într-o discuție ca și cum ar sări într-o piscină cu apă rece, sperând să treacă de partea grea și *apoi* să se obișnuiască. Însă, imediat ce faci valuri, copilul tău se ridică și fuge către masa cu gustări. În loc să *sari* direct în subiect, bagă-ți mai întâi degetele în apă. Acordă-ți ție și copilului tău timpul de a ajunge pe aceeași lungime de undă sau, cel puțin, în aceeași stare de a aborda o conversație, înainte să atingi un subiect sensibil. Imaginează-ți că stai la marginea piscinei cu copilul tău cel mai mic și agitat, pe care încerci să-l convingi să intre în apă. Cum ai face asta? Cu râsete? Încurajări? Distrăgându-i atenția? Susținându-l? Aceleași instrumente îți vor folosi aici.

2. Nu face presupuneri despre cum se simte, s-a simțit sau se va simți copilul tău. Preadolescenții tânjesc după autonomie și, dat fiind că emoțiile sunt personale și private, o iau drept un afront atunci când presupui că știi cum se simt. Faptul că spui: „Când vei fi mare, îți vei dori să fi făcut chestia asta altfel“ nu-i lasă copilului tău decât posibilitatea a) de a fi de acord sau b) de a discuta în contradictoriu.

Avertisment: La începutul perioadei de preadolescență, majoritatea copiilor sunt pregătiți de discuții în contradictoriu, așa că pune-ți centura. Adevărul este că un copil nu știe cum va vedea lucrurile atunci când va fi adult. Nu este complet cinstit să spui că *tu* știi cum se vor simți, iar dacă există un lucru pe care să nu-l poată suferi un preadolescent (vai de mine, sunt un milion), acesta este atunci când adulții susțin că îl cunosc mai bine decât se cunoaște el însuși. Înainte să faci presupuneri, începe prin a fi curios. Adresează-i întrebări reale și ascultă-i cu atenție punctul de vedere.

3. Nu fi vag. Preadolescenților le plac detaliile. Pe de o parte, limbajul vag lasă loc de interpretări, ceea ce conduce adesea la neînțelegeri și poate face pe oricine să se simtă indus în eroare sau prostănac. Pe de altă parte, preadolescenții sunt sensibili, însă poți evita îngrijorarea că le-ai putea răni sentimentele și pășitul cu grijă în jurul lor ca să eviți răspunsurile sensibile la încercările tale de conversație, dacă te sprijini pe fapte și pe cifre în loc de opinii și emoții. Pentru a face aceasta, poți fi nevoit să aduni informații înainte să intri direct într-un subiect. De exemplu, în loc să spui „Am auzit că vapatul a devenit foarte des întâlnit la gimnaziu și a scăpat complet de sub control. Este înfricoșător!", ar trebui să vorbești în cifre, nu despre emoții. „Am citit că numărul de copii de gimnaziu care au încercat să vapeze a crescut cu 48 la sută. Ți se pare o cifră corectă?"

Pe aceeași temă, odată ce copilul tău intră la gimnaziu, este timpul să renunți la generalități atunci când îi explici ceva legat de corpul lui și de funcțiile sale, inclusiv aspectele legate de pubertate și de sexualitate sănătoasă. Orice încercare de a limita jena vorbind în mod discret despre sex sau anatomie va fi în cel mai bun caz inutilă, iar în cel mai rău caz, periculoasă. În plus, dacă nu te vede drept o sursă corectă de informații, copilul tău nu va mai veni la tine. Bine ai venit, Google.

4. Nu vorbi în termeni absoluți. În contrast cu exprimarea prea vagă, uneori părinții se bazează pe termeni absoluți, pe cuvinte care nu lasă loc de interpretare, pentru a transmite magnitudinea unei idei. Avem tendința de a vorbi astfel atunci când simțim dorința profundă de-a fi luați în serios, însă afirmațiile care conțin termeni absoluți par adesea disperate. „Nu asculți niciodată!" este o acuzație jignitoare, chiar dacă vrea să spună „Simt nevoia să fiu auzit". Cuvinte precum *toată lumea, doar, complet, exact, întotdeauna* și *niciodată* pot agita spiritele deoarece de obicei nu sunt adevărate. Atunci când simte că exagerezi pentru a-ți transmite ideea, copilul își pierde încrederea că va fi tratat corect în acea conversație. Și conversația se încheie.

5. Nu vorbi indirect despre lucrurile de care ai nevoie. Foarte adesea, facem doar aluzii la nevoile noastre, fără a fi direcți. Poate că nu ne simțim îndreptățiți să ni se îndeplinească nevoile. Sau poate că nu am fost crescuți să ne susținem drepturile. Sau simțim cumva că este nepoliticos sau egoist să cerem direct ceea ce vrem. Gândește-te la această afirmație: „Îți petreci tot timpul liber cu prietenii și nu mai stai deloc cu familia". Ce vrei să spui? Ce vrei să-ți iasă din asta? Iarăși, nu lăsa conversația deschisă interpretărilor. În loc să formulezi o acuzație, cere ce vrei. „Putem petrece mai mult timp împreună săptămâna asta? Mi-e dor de tine! Dacă ai o oră liberă sâmbătă, mi-ar plăcea să ne jucăm cu mingea afară sau să facem orice-ți sună a distracție."

6. **Nu face amenințări.** De câte ori ai văzut un părinte disperat care îi adresează amenințări goale unui copil necooperant? „Dacă nu te OPREȘTI, îți iau toate lucrurile și plecăm de la piscină *imediat*!" Speranța părintelui este că, în fața unei amenințări cât mai dramatice, copilul se va cuminți – și repede! Între timp, tragi cu urechea, având deja certitudinea că nu vei reuși niciodată să oprești din a se distra un copil ud, sălbatic și imprevizibil, în timp ce ții în mâini cutia frigorifică, geanta de plajă, prosoapele și bagheta de înot.

Copilul știe și el asta. Amenințările goale îl învață că poate continua să te calce pe nervi, ignorând consecințele. Amenințările goale nu-mi plac deloc, dar nu sunt nici adepta amenințărilor puse în practică, deoarece o amenințare este ostilă, plină de furie și răzbunătoare. O consecință clar exprimată, pe de altă parte, este doar o realitate. Poate că este vorba despre stilul personal, dar am crezut mereu că o pauză fără să clipești, urmată de o șoaptă serioasă, este mult mai eficace decât un țipăt răsunător. [În șoaptă] „Ascultă-mă. Te-am rugat să te oprești și n-ai făcut-o. Dacă îți lovești fratele din nou, tu și cu mine vom sta unul lângă celălalt pe aceste scaune în următoarele treizeci de minute, timp în care eu îmi voi citi cartea și tu nu vei face nimic." Nu este o amenințare deșartă, părintele nu e și el pedepsit la grămadă și nici măcar nu e o abordare furioasă. Doar cât se poate de serioasă.

Dacă tot vorbesc despre amenințări, ar trebui să menționez o amenințare la care îmi spun părinții că apelează în clipe disperate și care mă îngrijorează foarte tare: amenințarea cu terapia. „Dacă nu încetezi acest comportament, va trebui să mergi la terapie!" Amenințarea cu terapia nu este diferită de amenințarea copilului cu un control fizic anual sau cu vizita anuală la dentist. Poziționarea oricărei îngrijiri medicale drept o pedeapsă este extrem de periculoasă.

7. Nu fi pasiv-agresiv. Acesta a fost pentru mine călcâiul lui Ahile. Dacă, la fel ca mine, te lupți uneori cu sentimentul că nu ești apreciat, s-ar putea să te trezești, într-un moment de slăbiciune, că te descarci printr-un comentariu pasiv-agresiv. Atunci când sunt capabilă să gândesc cu claritate, îmi dau seama că acesta este modul meu de-a mă purta ca o victimă, sperând, probabil, că-i va forța pe ceilalți să-mi vină în ajutor. (Doamne, e complet pe dos!) Dar nu este conștiința de sine un lucru uimitor? Recunoștința este importantă pentru mine, iar atunci când simt că oamenii pe care îi iubesc nu-mi apreciază eforturile, instinctul meu este de-a mă preface rănită, pentru ca ei să se simtă vinovați și *apoi* să mă aprecieze. Este un instinct îngrozitor și am învățat să mi-l reprim. Am mult mai multe șanse să primesc lucrurile de care am nevoie dacă le cer decât prin încercarea de-a orchestra o situație care nu face decât să-i deruteze și să-i îndepărteze pe oamenii cărora le pasă de mine.

Iată câteva comentarii pasiv-agresive pe care noi, ca părinți, am face bine să le evităm:

„Mai râzi și tu."

Sau orice versiune a acestei exprimări, care insinuează că cineva nu gustă o glumă. Dacă e o glumă bună făcută cu intenții bune, oamenii vor râde. Dacă nu, este sarcina celui care spune gluma să-și corecteze abordarea, nu este treaba recipientului să fie mai puțin sensibil.

„Bine."

Ca în „Bine, fă ce vrei". Sau „Nu, sunt BINE". Niciuna dintre acestea nu sună bine. Oamenii nu ar trebui să ghicească cum te simți. Dacă nu-ți vine să spui cum te simți, este în regulă să spui „Nu prea știu cum mă simt acum. Am nevoie de ceva timp ca să mă gândesc la asta". Poți, de asemenea, să exersezi exprimarea cu mai multă sinceritate a felului în care te simți scriind într-un jurnal sau luându-ți notițe pe o aplicație în telefon, ca să-ți explorezi și să-ți urmărești reacțiile reale.

„Nu exagera."

Este nedrept să faci pe cineva să simtă că și-a pierdut controlul sau să-l faci să se simtă rău pentru că a avut o reacție emoțională. Este adevărat că, măsurați pe scara emoțională a unui adult, preadolescenții exagerează uneori. Totuși, dacă folosești scara emoțională a preadolescenților, probabil că nu exagerează. Reacțiile sunt personale. Dacă nu vrei să încurajezi reacțiile emoționale ale preadolescentului tău, i-ai putea spune: „Se pare că ești foarte supărat și-mi imaginez că este neplăcut. Nici mie nu-mi place când mă simt așa. Îți recomand să-ți iei 20 de minute ca să [scrii în jurnal / plângi / alergi / faci un duș / fii singur] și apoi să revii, iar eu te voi aștepta cu o ceașcă de ceai, pregătit să te ascult".

„Cum vrei."

Atenție: Preadolescenții înțeleg lucrurile literal. Spune ceea ce vrei să spui, sau pregătește-te de-o surpriză! Odată, părinții mei erau atât de frustrați de incapacitatea mea de-a respecta ora de intrat în casă, încât au exclamat ridicând mâinile în aer: „În regulă, îți lăsăm ție decizia. În cazul ăsta, tu decizi care este ora rezonabilă la care să vii acasă". Au crezut că mă voi bucura să fiu tratată ca un adult și că astfel mă voi corecta singură. Știi încotro se îndreaptă povestea, nu-i așa? Am fost pedepsită imediat ce am venit acasă la ora 2 dimineața, în sâmbăta următoare.

„Cred că n-ai înțeles ce-am vrut să spun."

Am lăsat la urmă această exprimare deoarece mă enervează foarte tare. O citesc din când în când în discuțiile de pe internet, de la politică la parenting, însă copiii cu care lucrez îmi spun și ei că unii dintre profesori exprimă un sentiment similar prin „Am explicat asta deja și nu mă voi repeta". Astfel de comentarii presupun că te-ai exprimat extrem de clar și că ascultătorul nu-ți acorda suficientă atenție sau nu a fost suficient de inteligent încât să înțeleagă. Problema este că nu procesăm sau nu înțelegem toți informația în același fel. Ceea ce ție ți se pare perfect clar poate fi confuz pentru altcineva – deși ai explicat bine. Explicația ta, deși corectă, s-ar putea totuși să nu fie înțeleasă.

Dacă scopul tău este de a spori înțelegerea, ar trebui să încerci să fii cât mai flexibil atunci când îți explici raționamentul. Nu am trecut cu toții prin experiența nefericită de-a suna la serviciul cu clienții doar ca să ne citească cineva un text prestabilit ca să ne „explice" un lucru fără sens? Totuși, agentul continua să repete aceeași informație.

8. Nu te teme să impui limite. În general, vreau să abordezi aceste subiecte cu mintea deschisă și să vezi unde te vor duce. Acestea fiind spuse, vor exista clipe în care cuvintele tale nu se discută. Nu toate situațiile necesită o explorare profundă a motivelor, circumstanțelor și rezultatelor. Uneori, cuvintele tale trebuie să funcționeze drept o poartă de control. Folosește modelul BRIEF atunci când vrei să discuți cu copilul tău într-un mod care să susțină ameliorarea procesului decizional. Însă, te rog, nu folosi modelul BRIEF atunci când trebuie să te miști rapid și să transmiți limite clare, așteptări sau consecințe. Dacă copilul tău este în pericol, emoțional sau fizic, este timpul să te transformi în poarta de siguranță. Dacă este cazul, spune-i copilului de la început la ce să se aștepte. „Asta nu-i o conversație prin care să explorăm acest subiect, deși mi-ar plăcea să fac asta cu tine mai târziu, după ce voi avea timp să mă gândesc. În momentul de față, am nevoie doar să-ți ofer câteva informații pentru ca situația să nu se agraveze și/sau ca să fii în siguranță."

9. Nu te lăsa atras în lupta despre cine are dreptate. Preadolescenților le place să lungească unele conversații doar de dragul dezbaterii. În jurul vârstei de unsprezece ani, creierul copilului tău începe să treacă de la gândirea doar în termeni concreți la crearea de ipoteze. Așa se face că, la vârsta gimnaziului, copiii argumentează și dezbat prin firea lucrurilor, deși cu destulă nepricepere. Atunci când nu este de acord cu tine, copilul tău are tendința fie a) să tragă mai întâi o concluzie ilogică și apoi să adune o mulțime de dovezi irelevante care să-i susțină decizia, fie b) să atace în încercarea de-a te face să-ți aperi poziția. Atunci când dai înapoi, copilul avansează, iar tu te simți împins tot mai mult în colț. În dorința de a-ți face preadolescentul *să nu te mai bată la cap*, te vei apuca poate să cauți acea „dovadă" care îl va face să-ți accepte punctul de vedere. Nu te lăsa păcălit de aceste tactici. În loc să încerci să dovedești că ora 9 seara este o oră de culcare rezonabilă, poți spune pur și simplu: „Înțeleg că ești frustrat și că ți-ai dori să te culci la altă oră. Îmi pare rău că ești supărat. Ora de culcare nu va fi decalată. Dacă pot să te-ajut cu ceva ca să-ți fac orele de dinainte de culcare mai ușoare, te rog să-mi spui“. Caz închis.

10. Nu te plasa în centrul poveștii. Elevii de gimnaziu sunt cunoscuți pentru egocentrismul lor, însă dintr-un motiv bun. Una dintre etapele-cheie în călătoria unui tânăr spre a deveni independent (acum e un moment bun să-ți amintești că acesta este scopul!) este să-și dea seama cine este el *separat* de părinții lui. Cu cât un părinte insistă mai mult să rămână în centrul poveștii copilului său, cu atât este mai predispus preadolescentul la a încerca să se separe. Deși ai putea avea instinctul de a-ți trage copilul mai aproape atunci când începe să se îndepărteze, (ca să-l știi în siguranță! ca să-l faci să pună preț pe familie!), în gimnaziu cel mai bun mod de a-ți ajuta copilul să crească în siguranță și de a rămâne conectat este să-i oferi spațiu să exploreze și un loc sigur unde să se întoarcă. Copilului i se va părea nenatural să vadă că-ți prioritizezi propriul rol în povestea lui. De exemplu, dacă el îți mărturisește că cineva a fost răutăcios cu el la școală și tu îi răspunzi „Mă doare și pe mine când oamenii te rănesc“ sau „Și eu sufăr când tu suferi“, te poziționezi ca personaj principal. Intenția ta este de-a fi empatic, însă copiilor nu le place să-i vadă pe părinți apărând pe scena lor socială. Poți exprima empatie spunând ceva de genul „Sună dureros. Te pot ajuta cu ceva?“ Sau poți pur și simplu să asculți, este tot un mod excelent de a-ți arăta susținerea.

11. Nu folosi hiperbole. Hiperbola este o exagerare sau o supraestimare și este esențial s-o eviți ca pe ciuma bubonică. Hiperbola se furișează în conversații atunci când părinții doresc să acorde o importanță *suplimentară* unui aspect. Din nefericire, exagerarea are efectul opus, făcând situația să pară mai puțin credibilă. Cel mai adesea aud hiperbole atunci când părinții compară copilăria copiilor cu a lor. Știm cu toții că bunicii noștri erau nevoiți să urce dealuri în zăpadă pe drum spre școală și înapoi, nu-i așa? Echivalentul modern este „Ei bine, eu am crescut fără rețele sociale și *cumva* am supraviețuit. Vei supraviețui și tu". Dacă încerci să porți o conversație serioasă despre ce permiți și ce nu când vine vorba de rețelele sociale, tocmai ai bătut ultimul cui în sicriul conversației. Desigur (DESIGUR), copiii pot supraviețui și fără rețele sociale, cum au făcut-o și părinții lor. Totuși, supraviețuirea este un standard modest când vine vorba de creșterea copiilor.

Uneori, părinții spun astfel de lucruri ca și cum ar adăuga umor sau haz situației, deși consider că aceasta este o evaluare generoasă. În esență, cred că astfel de comentarii sunt menite să fie mici insulte. Cuvântul *cumva* din exemplul de mai sus sună ca și cum copilul este prea prost să-și dea seama că oamenii pot trăi, literalmente, și fără rețele sociale. Diminuează sentimentele reale ale copilului în legătură cu dorința de integrare, distracție și comunicare cu colegii. Deși poate nu ești de acord că rețelele sociale ajută la vreunul dintre aceste lucruri, sentimentele copilului tău sunt totuși adevărate pentru el. În final, învinovățește copilul pentru lucruri pe care nu le poate controla (copilăria părintelui sau momentul când a fost inventat Instagramul) și totul culminează cu un mesaj egoist: „De ce ai putea tu să ai nevoie de ceva ce eu n-am avut?" Ai grijă la efectul invers al hiperbolei.

12. Nu te lungi. Ce este mai important? Să ai ultimul cuvânt, să-ți clarifici și să-ți impui punctul de vedere, sau să închei o conversaţie atunci când cineva ar avea dispoziţia să revină la tine mai târziu, dacă are o întrebare sau altceva de spus? Cunoaştem cu toţii acea persoană care explică lucrurile prea în detaliu şi ne lasă hotărâţi să nu-l mai întrebăm niciodată nimic. Insistenţa de-a avea ultimul cuvânt îndepărtează mult persoana care speri să te asculte! Dacă mai ai un singur lucru de zis, poţi încerca următoarea abordare: „Am sentimentul că amândoi ne vom mai gândi la lucruri de spus pe acest subiect. Ce-ar fi să luăm o mică pauză şi să ne relaxăm, iar apoi să reluăm discuţia în câteva zile?" Apoi notează-ţi undeva ideea, ca să n-o uiţi.

Sunt multe de procesat, aşa că nu aştepta o fluenţă imediată. Într-adevăr, învăţarea unui nou limbaj este, în mod inerent, ciudată şi jenantă, ca să nu mai menţionăm faptul că te poate face să te simţi pierdut în traducere atunci când începi să comunici cu un vorbitor nativ. Îţi va reuşi. Este nevoie doar de timp şi de practică. Pe măsură ce înveţi să vorbeşti pe limba adolescentului tău, nu te mai gândi la conversaţiile eşuate. Vor fi zile în care vei încerca şi, pur şi simplu, nu-ţi va ieşi. Continuă să încerci. În final, te vei trezi că discutaţi împreună cu uşurinţă.

PARTEA A DOUA

Cele paisprezece conversații

CAPITOLUL

4

Cum să vorbeşti despre relaţia voastră părinte-copil

Fundamentul unor conversaţii mai bune îl constituie câştigarea încrederii şi stabilirea relaţiei. În acest capitol vei învăţa cum să stârneşti curiozitatea preadolescentului tău fără să rişti să pari disperat, cum să determini cantitatea potrivită de informaţii despre viaţa ta pe care s-o împărtăşeşti fără a spune mai multe decât e cazul, ce vrea cu adevărat preadolescentul tău să ştie din perspectiva ta şi cum să-i faci pe copiii introvertiţi să se deschidă mai mult.

Ţii minte când bebeluşul tău ţi se urca în poală, îţi lua uşor faţa în mâinile lui pufoase şi se uita curios în ochii tăi? Nu-ţi doreşti să mai facă la fel şi la vârsta de doisprezece ani (ar fi mai mult decât ciudat), dar cauţi, probabil, măcar o părticică din legătura pură şi tandră pe care aţi avut-o la începutul copilăriei lui. Cum ai ajuns de acolo aici, la momentul în care sunetul râsetului tău îţi face copilul să se

strâmbe, sau mâna ta, pusă ușor pe umărul lui, are efectul imediat al unei arsuri chimice? Și cum să ai conversații pline de miez la vârsta la care el este atât de tensionat și deconectat de tine?

Ușor nu e. Dar nici imposibil. Cu câteva mici ajustări în modul în care interacționezi cu preadolescentul tău, relația voastră se poate schimba ca să răspundă atât nevoii lui de independență, cât și dorinței tale de-a rămâne apropiați.

Mai întâi de toate, este timpul să faci acea trecere de la manager la asistent de manager pe care am prezentat-o în capitolul 2 (vezi pagina 35). N-am cuvinte să subliniez suficient importanța acestei schimbări din dinamica voastră.

În al doilea rând, acum este momentul să te prezinți din nou preadolescentului tău. Ești o persoană reală, cu interese și talente în afara sferei de părinte, și îți poți folosi aceste interese și talente pentru a crea un nou tip de legătură între voi doi. Acest capitol îți va oferi câteva idei prin care să începeți conversații care vă vor construi raportul de prietenie, înainte de-a aborda conversațiile de substanță care urmează mai târziu în carte.

Nu îți sugerez să încetezi să fii părinte și să devii prietenul copilului tău, ci mai degrabă să rămâi deschis la o schimbare importantă în relația voastră, una care vă va permite să vă cunoașteți unul pe celălalt într-un mod mai matur. O modalitate de-a înțelege acest lucru este să te gândești la felul în care evoluează în timp relația elev-student. Un educator de grădiniță are o relație foarte diferită cu copiii din grupa lui comparativ cu profesorul de liceu și elevii săi. Niciunul dintre ei nu ar trebui să fie cel mai bun prieten al elevilor, însă limitele relației se relaxează puțin. Lucrul cu elevii mai mari le oferă profesorilor oportunități de-a împărtăși mai mult din interesele lor personale, din umorul, umanitatea şi chiar defectele lor. Făcând astfel, le creează elevilor spaţiu să devină vulnerabili, iar în acest spaţiu are loc învăţarea cea mai valoroasă.

Democraţia familială evolutivă

Unii dintre voi au aplicat modelul acela de parenting franţuzesc: copiii voştri au crescut ascultându-i pe David Bowie şi pe Beatles, au luat cina cu voi savurând un curry delicios şi rulouri picante cu ton, v-au ascultat politicos în timp ce vorbeaţi cu prietenii despre evenimentele curente şi s-au integrat fără efort în interesele voastre preexistente. Majoritatea dintre noi şi-au propus într-o anumită măsură acest stil de viaţă înainte de-a avea copii, însă, cu timpul, ne-am trezit că suntem de acord ca, în locul lui, să fim ţinuţi ostatici. Probabil că s-a întâmplat imediat după noaptea în care ai reuşit în sfârşit să testezi noul restaurant care le place tuturor prietenilor tăi, unde, imediat ce ai intrat, copilul tău s-a plâns timp de 29 de minute de aşteptarea de 30 de minute, iar apoi a refuzat să-şi mănânce macaroanele cu brânză cele scumpe *deoarece aveau firimituri de pâine deasupra*. În momentul acela, ţi-ai dat seama că ar fi mai puţin dureros ca, de atunci înainte, să fii pur şi simplu de acord cu nevoile lui şi să le pui pe ale tale în aşteptare. Până într-o zi în care te pomeneşti la volanul unui minivan, plin tot de sclipici roz, fredonând muzică de copii pe *repeat* – la câteva ore după ce ţi-ai lăsat copiii la şcoală.

Odată cu gimnaziul, anii de tiranie trebuie să se încheie. Fie ca de azi să pornească marşul constant al familiei tale către democrație. Vei afla că acest lucru are două beneficii neașteptate. Primul, preadolescentul tău va învăța să coexiste cu alții în mod respectuos, să fie o gazdă bună și să îmbrățișeze o gamă mai diversă de experiențe. Al doilea, atunci când va înțelege că nu este centrul lumii tale, preadolescentul tău nu va fi revoltat sau indignat. Va fi *ușurat*. Atunci când simt această ușurare, tinerii adolescenți încep să se deschidă și mai mult față de tine. Permite-mi să explic.

Copiii vor ca tu să fii curios în ceea ce-i privește, nu dependent de ei

Laney, o fată din tabăra mea de vară de leadership pentru copii de gimnaziu, mi-a mărturisit că are impresia că majoritatea copiilor de la școala ei o antipatizează. Am discutat despre experiențele ei cu colegii și despre cum interacțiunile lor au făcut-o să se simtă ca un nimeni. În ultimul an, se simțise pierdută și singură la școală. Am întrebat-o dacă părinții ei luaseră în calcul transferul la o altă școală și a recunoscut că nu le spusese. Când am întrebat-o de ce, mi-a zis: „Mama s-ar întrista mult. Ar plânge foarte tare. Nu vreau s-o fac să se simtă și mai rău". Discutând mai mult, am înțeles că mama lui Laney este fanul ei numărul unu, că are puțini prieteni, o căsnicie care s-a încheiat prost și o dorință profundă de-a se asigura că Laney se simte adorată, dar și de a-și găsi fericirea indirect, *prin* ea. Cel puțin așa vedea Laney lucrurile. Or, aici, asta contează.

Preadolescentul tău vrea să știe că ești o persoană independentă și mulțumită, cu pasiuni, interese și prieteni care te țin ocupat și împlinit. Atunci când știe acest lucru, va înțelege că-ţi poate împărtăşi în siguranţă ce se întâmplă în viaţa lui, fără să se teamă de povara suplimentară a reacţiei tale emoţionale, în plus faţă de a sa. Dacă el ştie şi simte că eşti suficient de puternic să treci peste tot ce i se întâmplă fără a te lăsa tras la fund îi oferă copilului tău un sentiment puternic de siguranţă în aceşti ani zbuciumaţi. Şi pe bună dreptate, fiindcă pur şi simplu te vei epuiza dacă te implici emoţional în fiecare suiş şi coborâş al copilului tău în perioada adolescenţei sale timpurii.

Lucrurile mici contează cel mai mult

Conversaţiile cele mai pline de satisfacţii nu se încheie mereu printr-o epifanie, nici nu includ întotdeauna un moment de învăţare. Este la fel de important să mai iei şi pauză de la sarcina transmiterii de mesaje, fără vreun motiv mai măreţ decât satisfacerea simplei curiozităţi despre voi înşivă, stând la taifas. Apropierea vine adesea din dezvăluirea micilor detalii despre viaţa ta zilnică sau despre trecutul tău, pe care copilul nu le cunoaşte. Care este cea mai bună parte a zilei tale atunci când nu sunteţi împreună? Ce melodie îţi trezeşte cele mai puternice amintiri? Ce carte a avut cel mai mare efect asupra ta? Preadolescentului tău îi va prinde bine şi să-ţi cunoască defectele şi

> Copilul tău este pregătit să afle mai multe despre cine eşti în întregime şi, lăsând relaţia să evolueze astfel, te vei dovedi drept cineva în care poate avea încredere şi pe care se poate baza în anii de adolescenţă mai complicaţi care vor urma.

slăbiciunile. Care sunt defectele tale? Ce-ţi provoacă anxietate? Când ai fost speriat ultima dată? Nu sugerez să împărtăşeşti mai multe despre tine ca să pari grozav sau ca să te distrezi mai mult cu preadolescentul tău, deşi oricare dintre acestea ar putea fi efecte secundare plăcute. Copilul tău este pregătit să afle mai multe despre cine eşti tu în întregime, iar dacă laşi relaţia să evolueze astfel, te vei dovedi o persoană în care poate avea încredere şi pe care se poate baza în anii de adolescenţă mai complicaţi care vor urma. Acesta este scopul real al acestei legături.

Ai grijă să nu dezvălui prea multe

Poate că eşti pregătit să te deschizi şi să porţi conversaţii mai adulte, însă eziţi deoarece nu ţi-e clar ce este adecvat în această etapă a jocului. Cum vei şti când devin exagerate dezvăluirile? Îmi amintesc de un truc pe care îl folosesc educatorii pentru a descuraja valurile neîncetate de pâră. Fac distincţia între pârât şi semnalat, explicându-le copiilor: „Dacă spui ca să cauzezi probleme cuiva este pâră. Dacă spui pentru ca cineva să nu fie rănit este semnalare". Semnalarea este utilă. Pâra, nu. Atunci când vine vorba despre construirea unei relaţii mai personale cu preadolescentul tău, poţi examina motivaţia în mod similar. Dacă dezvălui pentru a stabili o conexiune sau ca să-i oferi copilului tău informaţii neutre, clinice, care îl vor ajuta să ia decizii mai informate despre propriile sale alegeri, continuă. Dacă dezvălui în efortul de-a folosi emoţiile pentru a influenţa deciziile preadolescentului tău (de exemplu, ca să-l impresionezi, să-l sperii sau să-l manipulezi), n-o mai face. Următoarea listă conține mai multe moduri de a-ți da seama când nu ar trebui să dezvălui:

Nu dezvălui ca să sperii. „Când eram în liceu, odată am băut atât de mult, încât mi-am pierdut cunoștința și m-am trezit pe veranda unui străin, în propria mea vomă, așa că îți spun din experiență că trebuie să fii atent. Nu face aceeași greșeală ca mine." Părinții care folosesc această abordare sunt disperați să fie ascultați deoarece știu din experiență ce traumă pot cauza erorile de judecată. Greșeala constă în a crede despre copii că vor face alegeri mai bune dacă știu că părinții lor au făcut alegeri proaste, când, de fapt, acest lucru are fie un efect redus, fie efectul invers. Adolescentul îți va minimiza probabil erorile și va analiza toate celelalte dovezi pe care le-a strâns despre tine: „Da, dar n-a fost mare lucru. Doar nu ți-ai distrus viața". Mai mult decât atât, adolescenții nu cred că sunt precum părinții lor. Sunt mai înclinați să-ți audă povestea și să considere că „Mie nu mi s-ar întâmpla niciodată asta, fiindcă sunt foarte diferit de tine".

Nu dezvălui ca să impresionezi. „Odată, eu și prietenii mei am dat o petrecere uriașă în pădure, a venit poliția și am fost pedepsit o săptămână!" *Vezi, sunt ca tine! Nu sunt doar un contabil interesat de taxe. Am fost cool la viața mea și probabil îți dai seama din această poveste că încă mai sunt puțin!* Părinții împărtășesc astfel de lucruri ca și cum ar încerca să plătească pentru a fi primiți într-un joc privat de pocher. Nu este necesar să-ți câștigi dreptul de-a intra într-o conversație despre subiecte dificile dovedind că știi din experiență ce fac adolescenții atunci când adulții nu sunt atenți.

Nu dezvălui ca să manipulezi. „Vrei să știi de ce sunt atât de furioasă pe tatăl tău? De ce nu-l întrebi pe el ce-a făcut ca să-mi piardă încrederea? Nu-i chiar sfântul pe care îl crezi.“ Nu împărtăși *niciodată* ceva personal pentru a-l face pe altul să iasă rău doar pentru ca să ieși tu bine. Nu vei ieși bine. Vei părea meschin.

Nu dezvălui informații prea personale din trecutul tău. Doctorii Melisa Holmes și Trish Hutchison, cofondatoarele cunoscutului program de educație pentru sănătate *Girlology.com,* le spun părinților că copiii nu au nevoie să cunoască istoricul sexual al părinților lor pentru a lua decizii informate despre propria lor intimitate. Un copil ar putea întreba: „*Tu* ce vârstă aveai când ai făcut prima dată?“, iar doctorii Holmes și Hutchison consideră că răspunsul cel mai bun este „Treaba mea este să te ajut să iei cele mai bune decizii pentru tine, iar deciziile tale nu ar trebui să fie influențate de alegerile pe care le-a făcut altcineva“. Sunt de acord și, după părerea mea, dezvăluirea informațiilor personale cel mai probabil va afecta gândirea copilului în loc să-i clarifice procesul decizional.

Așadar... Ce ar trebui să dezvălui?

Dezvăluie informații sistematizate despre comportamentele periculoase. Atunci când vine vorba despre siguranța copilului tău, anecdotele personale despre propriile tale greșeli nu-și fac treaba. Păstrează-le pentru când acesta devine adult. Datele și cercetările, la fel ca și recomandările terapeutice, sunt lucruri numai bune de dezvăluit. Când copilul tău este pregătit pentru clasa a patra, trebuie să fii și tu pregătit să devii enciclopedie fiabilă de informaţii clinice pe *toate* subiectele. Nu-ţi face griji, nu trebuie să ştii totul dinainte, dar trebuie să fii dispus să găseşti răspunsuri şi să le prezinţi atunci când le ai.

Dezvăluie experienţele tale personale despre dificultăţile emoţionale, atunci când copilul tău vrea să le audă. Cum vei şti când este pregătit? Întreabă. Atunci când copilul tău se luptă cu destrămarea unei prietenii, întreabă-l: „Te-ar ajuta dacă ţi-aş povesti despre momentul când am trecut şi eu prin ceva asemănător?"

Dezvăluie procesul decizional. Gândeşte-te la mulţimea de modalităţi prin care oamenii iau decizii bune şi ajută-ţi copilul să descopere ce preferă dintr-o varietate de abordări, cum ar fi crearea de liste pro şi contra, cererea de feedback, rugăciunea/meditaţia/reflectarea în linişte, cercetarea, vizualizarea, ţinerea unui jurnal, chiar şi datul cu banul. Dezvăluie procesul, nu decizia.

Dezvăluie-ţi sentimentele. Este util să-i spui preadolescentului tău ce simţi despre lucrurile *prin care treci tu* (nu ce simţi despre lucrurile prin care trece el). Eşti stresat de o viitoare reuniune de familie? Îngrijorat de o problemă politică? Gelos pe un coleg? Copilul tău nu-ţi este confident, dar nu trebuie să-ţi ascunzi de el toate emoţiile complicate. Îi va fi util să te vadă cum navighezi prin propria-ţi viaţa emoţională şi să afle ce te ajută să gestionezi sentimentele negative şi să le îmbrăţişezi pe cele pozitive.

Dezvăluie-ţi valorile. Nu este neobişnuit ca tinerii adolescenţi să pună la îndoială valorile părinţilor lor. Cu cât te cerţi mai mult cu ei pe acest subiect, cu atât se vor îndepărta mai tare, însă, dacă le dezvălui *de ce* valorile tale contează pentru tine, fără a proiecta acelaşi înţeles către preadolescentul tău, ai mai multe şanse să-i câştigi respectul faţă de credinţele tale: „Ştiu că majoritatea oamenilor nu mai scriu bilete de mulţumire, însă eu cred că recunoştinţa este esenţială pentru fericire şi sper ca efortul meu să arate cât de mult apreciez bunătatea oamenilor."

Dezvăluie-ţi amintirile. Deşi descurajez împărtăşirea detaliilor vulgare sau dure despre propria ta adolescenţă, cred totuşi că dezvăluirea poveştilor despre relaţii, aventuri şi experienţe din adolescenţă reprezintă o modalitate frumoasă de conectare. Care este regula de aur în a discerne ce amintiri pot fi împărtăşite? Ştii cum oamenii le spun mereu copiilor „Nu posta pe internet nimic din ce n-ai vrea să vadă bunica sau profesorul tău"? În acelaşi fel, sfătuiesc părinţii să nu le dezvăluie adolescenţilor poveşti private pe care nu le-ar putea povesti unui coleg nou de la serviciu sau unei cunoştinţe noi.

Dezvăluie detaliile zilnice. Nu aşa se leagă apropierea, cunoscând unul despre celălalt lucrurile micuţe pe care ceilalţi nu le ştiu? Fără a turui toate detaliile zilei tale, alege câteva momente personale pe care să vi le împărtăşiţi. Ce ai observat în drum spre serviciu? Ai auzit o ştire comică la o emisiune? Ce ai mâncat la prânz? Cu cât mai puţin, cu atât mai bine, dar este important să-ţi inviţi familia în câteva părticele ale zilei tale pe care de obicei ea nu o vede, indiferent cât de neinteresante sau de lipsite de însemnătate ar putea părea ele la prima vedere.

Eu sunt în barcă, dar copilul meu a sărit din ea

Mulţi dintre voi, cititorii, aveţi acum senzaţia că ţin o predică. V-ar plăcea să discutaţi cu preadolescentul vostru, dar nu vă răspunde decât prin „În regulă", „Bine" şi „Am încheiat?" Am spus-o deja și-o voi repeta: este un joc lung.

Să pari deschis și receptiv, dar nu disperat, este o artă. Cu cât exersezi mai mult, cu atât îţi vei convinge copilul că ești o persoană cu care poate vorbi uşor despre lucrurile mărunte – și apoi despre cele importante. Așteaptă-te să dureze *câţiva ani*, în unele cazuri. Nu te speria dacă preadolescentul tău nu intră în joc imediat. Menţine-ţi cursul. Consecvenţa este esenţială în câștigarea încrederii.

În fiecare capitol, îţi voi oferi o privire de ansamblu asupra subiectului și apoi o mostră sau două care demonstrează cum ar putea suna o conversaţie pe subiectul respectiv cu tânărul tău adolescent. Cu acest capitol pregătim scena pentru toate conversaţiile care vor urma, aşa că mostra de dialog de mai jos este puţin diferită. Acronimul BRIEF nu a fost niciodată mai pertinent. Atunci când arăţi că poţi deschide o conversaţie rapid și poţi la fel de rapid s-o închei, elimini presiunea pe care o simte copilul tău, care va fi astfel mai dispus să se deschidă. Hai să vedem cum îţi poţi ameliora relaţia evolutivă părinte-copil cu preadolescentul tău.

Pune <u>B</u>AZELE paşnice

Părintele: *Bună, vreau să-ţi povestesc despre ceva ce am citit azi. Ai două minute?*

Copilul: *Da.*

Părintele: *Grozav! E din cartea despre părinți și preadolescenți pe care o citesc acum.*

Copilul: *Bine.* [Alertă, își dă ochii peste cap]

RELAȚIONEAZĂ cu copilul tău

Părintele: *Știu că nu este o carte care să te intereseze, însă mie îmi dă câteva idei care-ți vor face viața mai ușoară, deci ce zici, așa îți pare puțin mai interesantă?*

Copilul: *Ți-a spus cartea aia să-mi cumperi un telefon nou?*

Părintele: *Ha! Nu... nu așa. Dar încă n-am terminat-o!*

INTERVIEVEAZĂ pentru a aduna informații

[Flexibilitatea este esențială, asta o spun mereu, iar pentru această conversație BRIEF nu cred că ai nevoie să pui întrebări. Sari peste acest pas.]

Transmite ECOUL a ceea ce auzi

[Și, dat fiind că ai sărit peste Interviu, nu este necesar să transmiți niciun Ecou. Exemplul acesta este atât de scurt, încât este BRF.]

Oferă FEEDBACK

Părintele: *Ei bine, tocmai am citit un lucru interesant, cică, începând cu vârsta ta, relația noastră va începe să se schimbe. Te transformi într-un tânăr adult, așadar discuțiile noastre vor fi mai puțin cu mine spunându-ți ce să faci și mai mult cu noi doi discutându-ți alegerile împreună. Treaba mea este să te ascult și să te ajut să iei deciziile cele mai bune pentru sănătatea și fericirea ta. Treaba ta este să-mi zici ce se petrece în viața ta, ca să te pot sprijini. Sună bine? Îți* *voi spune mai puţin ce să faci şi vom discuta mai mult deciziile împreună.*

Copilul: *Da, care-i şmecheria?*

Părintele: *O întrebare deşteaptă. Nu e nicio şmecherie, dar trebuie să facem o distincţie importantă. Când vine vorba de siguranţa ta imediată, tot eu decid. Trebuie să mă asigur că nu faci greşeli care să te pună în pericol permanent. Însă când vine vorba de alte lucruri, de la prieteni la şcoală şi toate celelalte lucruri dintre ele, sunt echipa ta de sprijin... asistentul tău de manager. Ştiu că uneori vei face alegeri de care vei fi mândru, iar alteori vei face alegeri care te vor lăsa cu regrete. E normal. Problema nu e să faci mereu alegeri perfecte. Important e să înveţi să faci alegerile pe care le consideri cele mai bune, iar eu sunt aici ca să te ajut să te gândeşti la toate. Doar să mă ţii la curent, ca să te pot ajuta cu orice ai nevoie.*

Asta-i tot. Voiam să-ţi vorbesc despre asta ca să fim pe aceeaşi lungime de undă. Acum mă duc să lucrez, dar mă eliberez în treizeci de minute, dacă vrei să stăm împreună, să mergem la cumpărături sau orice altceva.

Cu puţin noroc, preadolescentul tău va vrea să vorbiţi mai mult despre ce ai citit, să afle la ce să se aştepte şi aşa mai departe, dar probabil că, în primă instanţă, se va opri aici. Acest exemplu este un cadru grozav pentru conversaţii viitoare, deoarece copiii vor să se ridice la nivelul aşteptărilor tale atunci când acestea sunt expuse împreună cu nişte complimente. Să spui „Uau, ai ajuns un tânăr adult şi de-acum putem să dialogăm într-un mod matur" este mult mai motivaţional decât „Dacă vrei să fii tratat ca un adult, începe să-mi vorbeşti ca un adult".

Moduri de a începe să vorbeşti cu copilul tău despre lucruri distractive

Cu cât faci mai puţin micromanagement (bifarea listelor cu lucruri de făcut, supervizarea termenelor-limită, aranjarea ieşirilor sociale cu prietenii), cu atât vei elibera mai mult spaţiu pentru a lăsa relaţia cu preadolescentul tău să evolueze. Alegând să te îngrijorezi mai puţin pentru ceea ce trebuie să facă copilul tău și să fii mai curios să afli gândește acesta, poţi, de asemenea, să dezvălui mai multe despre tine, nu doar detaliile sarcinilor tale zilnice. Astfel, copilul tău va deveni curios în mod natural să ştie cine eşti în afara rolului de supraveghetor.

Ceea ce urmează este o listă cu sugestii de întrebări/conversaţii pe care le poţi folosi pentru a avea discuţii lejere, distractive și rapide cu copiii tăi. Aceste întrebări sunt repetate la finalul cărţii (vezi pagina 76), în cazul în care vrei să rupi pagina cu lista și s-o pui între tine și copilul tău – un început de conversaţie în sensul propriu. Deși majoritatea acestor întrebări sunt menite să le adresezi tu copilului, cu această scenă în minte unele dintre aceste întrebări sunt menite să ţi le adreseze el ţie. Totuși, altele merg în ambele sensuri: *fie le pui* tu, *fie* le pune copilul tău.

Pe lângă întrebările care sunt doar de distracţie („conversaţii mărunte“), am inclus o secţiune despre preferinţe. Atunci când copilul tău era mic, poate reușeai să-i calmezi supărarea luându-l în braţe sau făcându-l să râdă, dar încearcă acum oricare dintre aceste abordări și riști să-i provoci preadolescentului tău o criză de furie sau de jenă. Pe măsură ce te pregătești pentru dinamica schimbătoare părinte-copil, va fi util să restabileşti preferinţele în ceea ce priveşte gestionarea conflictelor, emoţiilor, aşteptărilor şi alte surse potenţiale de imprevizibil din adolescenţă.

Dacă nu este obişnuit să relaţionezi cu el în acest fel, preadolescentul/tânărul adolescent ar putea spune „E o prostie" sau s-ar putea să-și pună lacăt la gură. Dacă se întâmplă asta, nu-ţi face griji. Spune ceva care să destindă atmosfera, precum „Da, e altceva, nu-i aşa? Pur şi simplu îmi place să-ţi aud părerea. Dacă îţi trece ceva prin minte mai târziu, voi fi prin preajmă". Apoi du-te şi fă ceva ce-ţi place. Cu puţin noroc, vei primi un răspuns mai bun după ce trec şocul şi suspiciunea.

Conversațiile mărunte

Părintele către copil:

- Având în vedere unde locuim, care crezi că va fi primul tău serviciu?
- Dacă ai duce un elev nou într-un tur al şcolii tale, care parte a şcolii crezi că l-ar impresiona şi peste care parte ai sări, pur şi simplu?
- Ce le place prietenilor tăi atunci când vin la noi acasă şi ce-ţi place ţie când te duci la ei?
- Ce melodie i-ar încânta pe majoritatea copiilor dacă ar răsuna în difuzoare în timpul prânzului?

Copilul către părinte:

- Care a fost primul tău serviciu? Care a fost serviciul tău cel mai prost?
- Care a fost materia ta preferată în liceu? Şi/sau care a fost specializarea ta la facultate şi de ce ai ales-o?
- Spune-mi un lucru cool pe care l-ai făcut înainte să mă nasc.
- Ce lucru ştiau părinţii tăi să-l facă mai bine? Ce anume au făcut bine?

Părintele către copil și copilul către părinte:

- Dacă ai putea petrece timp cu oricine din afara familiei noastre, cine ar fi?
- Ce te face să râzi chiar dacă probabil n-ar trebui?
- La ce te pricepi cel mai bine din familia noastră?
- Ce ți-ai dori să facă mai mult prietenii tăi?
- Dacă brusc ai avea mâine o zi liberă cu zero responsabilități, ce-ai face?
- Care este lucrul pe care îți displace cel mai mult să-l faci?
- Care a fost cel mai înfricoșător lucru pe care l-ai văzut recent la televizor sau l-ai citit într-o carte?
- Ce anume despre casa noastră știi doar tu?
- Dacă ai putea modifica un lucru din orașul nostru, ce ai schimba?
- Cu ce persoană faimoasă spun oamenii că semeni?
- Dacă ai câștiga un concurs și ai putea întâlni o vedetă misterioasă, pe cine ți-ai dori să cunoști? Cine ți-ai dori să nu fie?
- Gândește-te la oamenii cu care îți petreci timpul în afara familiei noastre. Dacă ai putea alege unul cu care să semeni mai mult, cine ar fi și de ce?

Preferințele

- Atunci când ți se întâmplă ceva bun, îți place să primești multă atenție sau puțină? Diferă în funcție de locul unde se întâmplă? (În public față de acasă, de exemplu.)
- Atunci când te simți trist, vrei să vin să văd ce faci sau preferi să te las în pace?
- Când ai avut o zi grea, cum aș putea să ți-o fac mai ușoară?
- Atunci când apreciez un lucru pe care l-ai făcut, cum ai vrea să ți-o spun? O îmbrățișare, batem palma, un mesaj

drăguț, un compliment față în față sau un cadou scump și o vacanță luxoasă?

- Atunci când vreau să mă laud cu tine, cui îi pot spune? Doar familiei, anumitor prieteni, lumii întregi pe rețelele sociale?
- După ce ne certăm, preferi să vorbim despre asta imediat după aceea sau mai târziu? Cât de târziu?
- Atunci când am nevoie să faci ceva, vrei să-ți spun sau să-ți scriu un bilețel?
- Atunci când trebuie să discutăm o problemă, preferi să facem asta în camera ta, în camera mea, în mașină sau altundeva?
- Atunci când prietenii tăi vin în vizită, cât de mult vrei să vorbesc cu ei?

Sabotorii conversației

„Dacă nu mă placi, foarte bine. Înseamnă că-mi fac treaba." Gândește-te cu atenție la medalia de onoare „Părintele Răutăcios". Să-ți faci bine treaba de părinte nu înseamnă să te cerți cu copilul. Desigur, adolescentul tău va crede că ești răutăcios uneori când setezi limite. Da, este plăcut să găsești solidaritate cu alți părinți râzând împreună cu ei atunci când se întâmplă asta. Dar fii atent să nu cazi în clișeul Părintelui Răutăcios

> Stabilirea de limite cu fermitate și corectitudine, fără a te mândri că ești răutăcios, este un mod bun de a-i arăta preadolescentului tău că poate face același lucru cu prietenii, angajatorii și partenerii săi de cuplu, mai târziu în viață.

în detrimentul unei relații fericite cu copilul tău. Stabilirea de limite cu fermitate și corectitudine, fără a te mândri că ești răutăcios, este un mod bun de a-i arăta preadolescentului tău că poate face același lucru cu prietenii, angajatorii și partenerii săi de cuplu, mai târziu în viață.

„Trăgând linie, lecția ce rezultă de aici este..." Rezistă tentației de a da o lecție. Pe măsură ce tu și copilul tău începeți să vă dezvăluiți mai multe, vei fi tentat să răspunzi anecdotelor lui cu modalități în care s-ar putea îmbunătăți. Recent, familia mea a mers la un eveniment sportiv important care se desfășura la periferie. Adolescenții noștri au condus și au parcat separat aproape de stadion, în timp ce soțul meu și cu mine am parcat la biroul lui, la cinci străzi distanță. După eveniment, copiii au rămas blocați în subteran, în șirul de mașini, timp de o oră și jumătate, așteptând să se elibereze platforma. S-au simțit claustrofobici și anxioși. Soțul meu, părându-i rău pentru copii, dar neștiind cum să-i ajute în momentul lor de criză vizibilă, nu le-a putut oferi decât soluții prin care să prevină o asemenea situație data viitoare. „Lecția de învățat este să nu parcați niciodată aproape de eveniment, deoarece este groaznic când vrei să pleci." Se înțelege de la sine, copiii noștri nu s-au bucurat să li se dea o lecție în timp ce sufereau consecințele neplăcute ale deciziei lor. Ține minte, experiența este adesea cel mai bun profesor. Trebuie doar să asculți și să compătimești.

Te grăbești? Iată cursul tău rapid

- La începutul adolescenței, relația ta cu copilul tău ar trebui să se maturizeze, ea va beneficia de spațiul pe care îl lași pentru conversații simple și lipsite de griji, care nu vor fi întotdeauna și momente de învățare. O cale bună spre respectul comun este să dai prioritate conversațiilor plăcute.

- Preadolescentul tău va răspunde mai bine încercărilor tale de conectare dacă-i explici în ce fel vă puteți aștepta amândoi ca relația voastră să evolueze.
- Pe măsură ce copilul tău crește, preferințele sale de gestionare a emoțiilor, conflictelor și rezolvării de probleme se vor schimba periodic. Discută cu copilul tău cum preferă să le abordați pe viitor.
- Este grozav să te destăinui, dar nu destăinui în exces. Destăinuie valorile tale personale, sentimentele despre propriile tale experiențe (nu ale copilului), informații concrete despre subiecte legate de sănătate, amintiri interesante și o parte din clipele vieții tale zilnice pe care copilul nu o vede niciodată. Evită să te destăinui cu scopul de-a impresiona, speria sau manipula. Vei ști când destăinui *prea multe* dacă îi spui copilului tău povești personale despre propria ta adolescență pe care nu i le-ai spune unui șef sau unei cunoștințe noi.
- Nu aștepta satisfacții imediate în această relație nouă cu copilul tău. Copilul tău se va deschide treptat, de-a lungul unei perioade de timp îndelungate. Menține-ți cursul. Va merita timpul și răbdarea pe care le investești.

CAPITOLUL

5

Cum să vorbeşti despre independenţă

În acest capitol vei afla de ce independenţa nu arată aşa cum credem noi că ar trebui, cel puţin la început, şi cum conversaţiile profunde despre a deveni independent includ recunoaşterea a două modalităţi primare prin care copiii practică autonomia, vei învăţa să accepţi faptul că mai apar şi greşeli, vei afla cum să stabileşti puncte de reper pentru independenţă suplimentară şi cum să refuzi (uneori) o prea mare libertate.

Ţii minte când învăţa copilaşul tău să meargă? A căzut deseori, s-a împiedicat de lucruri, a plâns, s-a lovit și s-a văitat – *și tu l-ai încurajat*! Dacă îţi poţi trezi același entuziasm la încercările preadolescentului tău de-a se îndepărta acum de tine și de-a deveni independent, încurajându-l atunci când te lasă în urmă și spunând că nu-i nimic atunci când cade, îți vei păstra o părticică de sănătate mintală de-a lungul următorilor zece ani.

Uneori totuși, vrem doar copii ascultători care fac ce le cerem și care stau acasă cu noi atunci când vrem să stea, deoarece a-l lăsa pe copil să devină independent este o muncă grea și neplăcută. În mintea noastră, ne imaginăm că tânărul adolescent independent își spală rufele singur, câștigă bani lucrând cu jumătate de normă și își pregătește cina atunci când noi n-o putem face. În realitate, independența lui va însemna probabil să se certe cu tine pentru ora de intrare în casă, să urmărească emisiuni pentru adulți pe Netflix, să copieze ceea ce fac prietenii lui și să se ascundă la el în cameră, departe de privirea ta critică.

Atunci când privesc în mod realist la cum arată independența în viața unui tânăr adolescent, cu mult înainte de recompensa independenței *mature*, părinții pot diferenția independența rezonabilă, adecvată etapei de dezvoltare, de asumare precoce de riscuri. Gimnaziul le deschide copiilor o nouă lume de potențiale pericole, iar părinții reacționează adesea la posibilitatea pericolului prin limitarea autonomiei copiilor, în esență făcându-le lumea mai mică.

Din nefericire, atunci când nu le oferim copiilor șansa de a-și testa independența, le negăm oportunitatea de a practica – și practica este cea care duce la maturitate. Copiii care sunt expuși treptat mai multor activități care necesită gândire independentă și rezolvare de probleme învață cum să evalueze siguranța situațiilor, să citească reacțiile oamenilor, să-și țină companie, în loc să se bazeze pe alții să-i facă fericiți. Purtarea de conversații despre modalitățile rezonabile de a deschide lumea copilului în gimnaziu îi ține pe copii mai în siguranță în adolescență decât ar putea să o facă limitarea.

Acceptă că a încerca înseamnă a eşua

Când eram în clasa a cincea, familia mea locuia într-o suburbie din Boston. Într-o sâmbătă, părinţii m-au anunţat că mergem să ne plimbăm toată ziua în oraş şi mi-au cerut să mă pregătesc. Nu ştiu din ce motiv, am decis că era ziua în care să trag linie. Am declarat că sunt suficient de mare încât să rămân acasă singură. „Ştii că vom fi plecaţi toată ziua, nu-i aşa?" m-au întrebat. Auzeam în tonul lor îndoiala, iar asta mi-a întărit hotărârea. Le-am promis că voi fi bine şi am subliniat cât de tare m-aş *plictisi* să mă plimb prin oraş. Am jurat că nu voi avea nevoie de nimic cât timp sunt ei plecaţi.

La aproximativ o oră după ce părinţii mei au ieşit din casă, m-a lovit un val de teamă. Nu-mi amintesc dacă mi l-a provocat ceva anume, dar mă simţeam alarmant de singură şi orele până la cină păreau imposibil de lungi.

La o oră şi zece minute după ce părinţii mei au ieşit din casă, eram la uşa vecinilor, înlăcrimată şi tremurând, susţinând că a început să mă doară stomacul în timp ce părinţii mei erau plecaţi de acasă, deşi acesta era doar un şiretlic ca să găsesc pe cineva care să aibă grijă de mine. Vecina mea amabilă, care avea patru copii sub vârsta de şase ani, m-a invitat înăuntru, ca să mă alătur copiilor ei în acea zi. După ce m-am calmat, mi-a oferit o ceaşcă de suc de ghimbir ca să-mi calmeze stomacul. Îmi amintesc cum a agitat la început sucul de ghimbir, cu mişcări experte, ca să scape de bulele care mi-ar fi deranjat stomacul. Da, nu uiţi niciodată prima ta incursiune în lumea tinerilor adulţi, când beai suc de ghimbir fără acid dintr-o cănuţă-biberon veche de trei ani, printre crize de diaree emoţională în baia vecinei tale. (şi acum intră muzica tristă la trombon.)

O perioadă destul de lungă după aceea, părinţii mei au ezitat să-mi mai dea vreo şansă de-a rămâne singură, deoarece, deşi fusesem convinsă că sunt pregătită, nu eram. M-am simţit ca o ratată în acea zi, însă, privind în urmă, îmi dau seama că am făcut ceea ce trebuia, atât susţinându-mi independenţa, cât şi căutând ajutor atunci când mi-am dat seama că muşcasem mai mult decât puteam mesteca. În calitate de adult, îi recunosc un oarecare merit micuţei Michelle şi privesc toată întâmplarea drept un fel de succes, însă mintea mea de 12 ani a considerat-o o înfrângere.

Este greu să ştii când să acorzi mai multă libertate. La fel ca multe părţi din procesul de creştere, autosuficienţa este neliniară. Într-o zi, preadolescentul tău va părea atât de matur, încât ai avea încredere în el să-ţi completeze fişa fiscală, iar în următoarea va face o criză de furie inexplicabilă din cauza peştelui pe care îl serveşti la cină. Doi paşi înainte, unul înapoi.

Vor apărea multe obstacole în drumul spre independenţă. Treaba ta nu este să-ţi ajuţi preadolescentul să le evite, ci să-l înveţi cum să schimbe cauciucul dacă face pană.

Două tipuri de independenţă

În munca mea, văd două modalităţi principale prin care copiii îşi exprimă independenţa după şcoala primară: 1) izolându-se de familie acasă, şi 2) separându-se de familie pentru a explora lumea. Ambele le cauzează părinţilor multă îngrijorare.

Înainte de-a te ajuta să abordezi modul în care să vorbeşti cu copilul tău despre independenţă, ţi-ar putea fi util să înțelegi diferența dintre izolare și explorare, ca să știi ce este normal și sigur sau dacă este cazul să te îngrijorezi mai tare.

Independență prin izolare

De ce petrec preadolescenții extrem de mult timp în camera lor? De ce încetează să participe (voluntar) la filmul de familie sau la seara de jocuri? De ce cinele în familie se simt precum o cursă contratimp către linia de finiș, pentru ca copilul să sară de pe scaun și să fugă înapoi în camera lui? Erați apropiați, dar zilele astea probabil că simți că copilul tău te evită.

Nu-ți face griji. Nu ești tu cauza. El este.

Adolescenții simt nevoia să-și creeze un cocon. Coconul este un termen introdus la începutul anilor '80 de Faith Popcorn, un analist în tendințe sociale cu un nume bizar și atrăgător. (Nu are nicio relevanță, dar nu puteam să nu menționez asta.) Popcorn descrie crearea coconului drept „impulsul de a sta înăuntru atunci când lumea de afară devine prea dificilă și înfricoșătoare". De la introducerea sa în vocabularul nostru, a început să fie utilizat în mod frecvent pentru a descrie adolescenții și relația acestora cu camera lor.

Preadolescenții și adolescenții stau în cocon deoarece, în perioada în care se schimbă majoritatea lucrurilor din viața lor – corpul, creierul, emoțiile, prietenii lor, chiar și conceptele despre ei înșiși –, dormitoarele sunt un paradis sigur. Acolo pot reflecta la toate lucrurile până se satură, sau le pot lăsa deoparte ca să ia o pauză de la vâltoarea minților lor ocupate.

Majoritatea copiilor își iau atât de în serios crearea coconului, încât, dacă li se permite, își vor redecora sau rearanja subit camerele din copilărie ca să le reflecte noua personalitate. Vor să impună acest spaţiu ca fiind mai mult al lor şi categoric nu al mamei sau al tatălui. Din cauza constrângerilor financiare, nu mi s-a permis să-mi redecorez camera când eram adolescentă, aşa că am acoperit, de la podea până în tavan, tapetul cu temă colonială din 1775, moştenit de când ne-am mutat, cu afişe alb-negru pe care le-am strâns din reviste vechi. Acest decor nu ar fi fost prima mea opţiune, însă a trimis un mesaj clar: acesta este spaţiul *meu*, nu al vostru. În final, copiii ies din coconul lor cu un simţ al propriei persoane mai bine format. Pentru părinţi ar putea părea o separare fără sens, însă serveşte drept loc de dezvoltare.

Atunci când crearea coconului merge bine, copiii au un sentiment de independenţă şi autonomie în siguranţa propriei lor case. Dacă nu merge bine, copiii devin prea indulgenţi cu ei înşişi, uitând că încă mai sunt membri ai unei familii şi că trebuie să-şi îndeplinească sarcinile, să poarte conversaţii plăcute şi să-şi echilibreze propriile nevoi cu cea ce este mai bine pentru grup. În timp ce discuţi cu preadolescentul tău despre obiceiul lui de a sta în cocon, ar fi bine să nu uiţi că nu orice izolare este rea. Caută un compromis când pui în balanţă nevoile lui cu nevoile familiei. Vei vedea acest lucru pus în practică mai târziu în acest capitol.

Independenţă prin explorare

În contrast cu izolarea acasă, uneori preadolescentul tău va dori să-şi exprime independenţa aventurându-se în lume fără tine. Totuşi, dată fiind expunerea noastră constantă la ştiri care ne arată că fiecare copil este în pericol mortal din cauza armelor, drogurilor şi traficului sexual, părinţii reacţionează în consecinţă, limitând aceste libertăţi. Lenore Skenazy a scris o carte incredibilă despre pericolele acestui fenomen de restricționare: *Free-Range Kids*. Dacă ai emoții să-ți lași copiii să exploreze cartierul sau orașul, îți recomand să o citești.

Explorarea lumii la vârsta gimnaziului poate lua forma următoarelor lucruri pe care le face copilul fără supervizare parentală: să meargă la mall cu un prieten, să se întâlnească cu colegii de clasă pe o rampă pentru role sau la trambuline, să meargă pe bicicletă până la benzinărie ca să-și cumpere o ciocolată, să folosească transportul public sau să fie dus cu mașina la cinema sau la vreun magazin.

În oricare dintre aceste scenarii, pentru preadolescenți există trei tipuri de învățare:

1. Învață cum să se orienteze în siguranță prin trafic, printre străini și în spațiile publice.
2. Învață cum să se impună cerând indicații sau ajutor (ca în „Ce fac? Aparatul de sucuri nu merge și am plătit deja"), să comande singuri, să decidă cât să dea bacșiș sau să nu ajungă să țipe la ei oamenii morocănoși cărora nu le plac copiii prin preajmă.
3. Învață cum să gândească pentru ei înșiși, pe cont propriu, și se obișnuiesc cu propriile lor gânduri. Este vorba de acordarea la acea voce interioară cu care preadolescenții poate nu sunt încă familiarizați, dacă până atunci au auzit doar vocea unui adult care le spune ce să facă.

Atunci când explorarea merge bine, copiii capătă încredere în abilitățile lor de a depăși obstacole și de a-și rezolva propriile probleme. Când îi acorzi copilului șansa de a câștiga această încredere, îl faci să fie mai în siguranță, deoarece, dacă cineva îți vizează copilul, fie că este vorba despre un prieten manipulator, un bătăuș de la școală, adolescenți mai în vârstă la mall sau, Doamne ferește, un străin cu intenții rele, vrei ca preadolescentul tău să fie suficient de încrezător și să aibă destulă școală a străzii încât să ia atitudine, să țipe dacă e necesar și să ceară ajutor. Oamenilor care fac lucruri rele, la orice nivel, nu le place publicul.

Atunci când iese prost, explorarea poate da greș într-o mulțime de feluri. La fel cum s-a întâmplat cu mine când m-au lăsat părinții singură acasă, copiii ar putea cere mai mult decât pot gestiona. O astfel de experiență poate epuiza copilul din punct de vedere emoțional, dar probabil nu va avea efecte pe termen lung (ar putea doar să-i fie utilă într-o zi, când scrie o carte). Aș fi mai îngrijorată pentru copiii care sunt trimiși afară înainte de-a fi învățați cum să exploreze în siguranță. Pot risca să fie loviți de o mașină, să se piardă sau, după cum am menționat mai sus, să nu știe cum să se apere sau să ceară ajutor dacă sunt abordați de cineva care are intenția de-a le testa limitele.

Preadolescentul care își explorează lumea riscă, de asemenea, să ia decizii proaste. Poate va fi dat afară dintr-un magazin pentru că este prea gălăgios sau poate un chelner va țipa la el pentru că a lăsat un bacșiș prea mic sau a făcut mizerie. Poate va decide să vadă ce se întâmplă dacă bagă în buzunar o minge de golf fără s-o plătească, la magazinul de articole sportive. Gândește-te la ce alegeri vrei să facă preadolescentul tău atunci când nu ești cu el și poartă dinainte aceste conversații.

În acest capitol îți voi arăta câteva mostre de dialog pe care le poți folosi pentru a vorbi despre izolare și explorare, ca să-i poți acorda copilului tău libertatea pe care o vrea și de care are nevoie, asigurându-te totuși că abordezi siguranța și comportamentul corect de cetățean, dar și că stabilești parametri rezonabili.

Cum să vorbeşti despre izolare

În orice seară, în orice casă din această ţară, se derulează probabil scenariul în care părinţii entuziaşti vor ca preadolescentul lor să petreacă timp cu ei, iar preadolescentul nu este interesat. Nu este ceea ce au sperat părinţii, însă, privind partea bună, este o ocazie grozavă de conversaţie.

Pune BAZELE paşnice

[Familia este împreună pentru prima dată în zi și preadolescentul se îndreaptă automat spre dormitorul lui în loc să petreacă timp împreună cu ceilalţi.]

Părintele: *Te duci în camera ta?*

Copilul: *Da.*

Părintele: *În regulă. Ai tot ce-ţi trebuie în camera ta sau ai nevoie de ceva?*

Copilul: *E în regulă. De fapt, îmi puteţi da un televizor?*

RELAȚIONEAZĂ cu copilul tău

Părintele: *Îmi doream și eu asta. Din păcate, nu putem avea televizoare în dormitor. Știu că pare distractiv, dar îţi strică somnul și te distrage de la teme. Mă bucur totuși că-ţi place camera ta. Mă bucur că este un loc în care îţi place să stai.*

Copilul: *Mersi, pa.*

Părintele: *Nu vreau să-ţi întrerup timpul de relaxare, dar îmi doresc să petrec un timp cu tine, așa că, după ce te relaxezi, putem sta împreună puţin? Ce zici de 15 minute după cină?*

Copilul: *Da, grozav.*

INTERVIEVEAZĂ pentru a aduna informații

[După cină]

Părintele: *Îţi mulţumesc că stai puţin cu mine. Îmi place să-mi povesteşti despre tine şi despre cum ţi-a fost ziua.*

Copilul: *În regulă. Ce vrei să-ţi povestesc?*

Părintele: *Nimic în special. Mă gândeam că acum, că eşti mai mare, îţi place să petreci mai mult timp în camera ta şi mai puţin timp cu familia decât înainte. Ţin minte că şi eu simţeam la fel când eram de vârsta ta. Voiam să discutăm şi să-ţi spun care sunt aşteptările mele în privinţa asta, acum, că ajungi la vârsta la care vei dori mai multă intimitate.*

Copilul: *Ufff…*

Părintele: *Când te duci să stai în camera ta, o faci pentru că-ţi place pur si simplu, sau pentru că noi facem aici ceva ce nu-ţi place?*

Copilul: *Sincer? Mai mult fiindcă-mi place să le trimit mesaje prietenilor şi nu vreau ca enervanta de soră-mea să mi se uite peste umăr. Și uneori îmi place pur şi simplu să mă uit la emisiunile mele pe laptop. Când le urmăresc aici, mă întrebi mereu „Cine e ăsta?“ sau „Ce emisiune e?“ sau „Ce temă ai azi?“ Și e greu să trebuiască să mă opresc de fiecare dată când vrei să mă întrebi ceva.*

Părintele: *Are sens.*

Copilul: *Însă nu vreau să te supere acest lucru. Spun doar că-i mai uşor în camera mea. Nu sunt supărat pe nimeni când mă duc acolo.*

Părintele: *Înţeleg. Nu m-am supărat şi mă ajută să înţeleg.*

Transmite ECOUL a ceea ce auzi

Părintele: *Îţi place să ai intimitate uneori şi nu vrei să fii întrerupt când te relaxezi. Mi se pare rezonabil.*

Copilul: *Mersi.*

Oferă FEEDBACK

Părintele: *Din punctul meu de vedere, îmi place că ai un loc în casă unde poți fi tu în întregime, poți să te relaxezi și să te distrezi. Mă bucur că ți-l putem oferi, deoarece e o parte importantă a procesului de creștere.*

Vreau, de asemenea, să mă asigur că știi cât ești de important pentru noi și cât de mult ne lipsești atunci când nu apucăm să te vedem în momentele petrecute în familie. Pe măsură ce crești, nu mă aștept să stai cu noi în camera de zi în fiecare seară. Însă cred că putem ajunge la un compromis bun, prin care tu să primești timpul de singurătate, iar noi, „timpul cu tine".

Vrem să continuăm să-ți oferim timpul de care ai nevoie să fii singur în camera ta și îți cer ca tu să ne dai trei lucruri în schimb:

Să continui să ai note bune și activități extrașcolare. Asta este, probabil, evident!

Să ni te alături la cinele în familie și la cel puțin o seară de film în familie o dată pe lună.

Să faci în fiecare zi o contribuție de zece minute pentru „binele suprem" al familiei[1].

Este de înțeles că vrei să ai mult „timp al tău" la vârsta ta, dar nu funcționăm bine ca o familie dacă nu contribuie toată lumea. Poți alege cum să contribui: plimbi câinele, golești mașina de spălat vase, ștergi blaturile... doar să ai grijă să contribui puțin în fiecare zi.

Cât timp faci aceste lucruri, ești liber să asculți muzică, să le trimiți mesaje prietenilor sau pur și simplu să te relaxezi în pace cum îți dorește inima!

---

[1] Zece minute, atât evaluez eu, arbitrar, că înseamnă „rezonabil". Structura căminului tău ar putea necesita din partea copiilor să facă mai mult, așadar ar trebui să stabilești durata zilnică de sarcini astfel încât să funcționeze pentru tine, fără să uiți că, dacă programul copilului este foarte încărcat, poate fi greu de gestionat.

Pe măsură ce copilul tău începe să se îndepărteze, este normal să ai sentimente de abandon. Îmi amintesc când prietenei mele îi spunea soțul ei: „Te porți pe parcă fiica noastră ar fi fata cea mai populară din școală și te guduri pe lângă ea! Ai face orice ca să-i atragi atenția".

Uneori, dorința noastră de-a rămâne conectați este interpretată de copiii noștri drept o nevoie, iar aceasta este o cale sigură spre a fi ignorați. Copiii sunt foarte interesați de tine atunci când ești cel mai puțin interesat de ei. Aleg să vorbească în momentul în care ești cel mai puțin disponibil, deoarece asta înseamnă că ești cel mai puțin emoțional. Pe tot parcursul întregii zile, copiii trebuie să-și gestioneze emoțiile schimbătoare, dar și imprevizibilitatea colegilor lor de clasă. Este la fel de extenuant pentru ei cum ar fi și pentru tine. De aceea aleg să se deschidă atunci când pari cel mai puțin implicat emoțional în ceea ce-i privește: când ieși din cameră, te concentrezi la un e-mail sau îți începe în sfârșit emisiunea preferată. Cu cât ești mai interesat și mai implicat în ceea ce au de spus, cu atât sunt ei mai puțin dispuși să vorbească.

Sincronizarea este importantă în aproape toate cele 14 conversații din această carte, dar mai ales atunci când îți abordezi copilul ca să discutați izolarea lui autoimpusă. În același sens, atunci când tânjești după timp cu copiii tăi, ar fi util să-ți privești în suflet și să vezi ce-ți trebuie ție de la copilul tău versus ce are el nevoie ca să crească. Există o diferență între *a-ți face plăcere* compania cuiva și *a avea nevoie* de compania cuiva. Lucrez cu părinți care cred că au nevoie de copiii lor aproape fiindcă nu le mai face plăcere să petreacă timp cu partenerul, sau sunt adesea singuri și tânjesc după companie, sau se îngrijorează excesiv atunci când copiii lor nu sunt lângă ei. Copiii care sunt legați de părinții lor, deşi se simt pregătiţi să se separe, s-ar putea conforma cât timp trăiesc sub acelaşi acoperiş, dar se vor grăbi foarte tare să evadeze, fără a mai păstra legătura, după ce împlinesc 18 ani. Copiii ai căror părinţi le respectă nevoia de o oarecare intimitate au tendinţa să aibă relaţii mai bune pe termen lung cu părinţii lor. Dacă te simţi disperat după atenţia copilului tău, te-ar putea ajuta să-ţi aminteşti că, oferindu-i spaţiu acum, investeşti în mai mult timp petrecut împreună pe viitor.

Sabotorii conversației

Una dintre dificultăţile evidente în încercarea de-a convinge preadolescentul să petreacă mai mult timp cu tine este faptul că acel cocon pe care şi-l creează în camera lui merge mână în mână cu refuzul de a vorbi. Asta poate duce la conversaţii unidirecţionale. Preadolescenţii sunt uşor de speriat în această fază, aşa că sfatul meu este să abordezi conversaţiile importante cu răbdare şi cu o tentă sportivă. Gândeşte-te că eşti la pescuit. Fii atent la ce îi sperie şi la ce îi atrage. Spune mai puţine şi fii calm. Ultimul sfat, dar nu mai puţin important: încearcă să eviţi strategiile ineficace care impresionează, dar nu aduc rezultate.

Să-ţi impui agenda: Dacă preadolescentul tău nu vrea să participe la o activitate de familie, fii flexibil, cel puţin o parte din timp. (Nu mă opun participării obligatorii uneori, însă ajută dacă aceste evenimente sunt anunţate în avans.) Totuşi, să fii strict doar de dragul de-a fi strict (de exemplu, „Familia asta îşi rezolvă mereu sarcinile împreună, duminica după-amiaza“ sau „Poţi petrece timp în camera ta în altă zi, dar acum vreau să stai aici, cu noi“) nu-ţi va aduce decât o companie îmbufnată şi va strica distracţia tuturor.

Să explorezi durerea: „S-a întâmplat ceva? Se petrece ceva? Spune-mi ce se petrece“. Îţi sună cunoscut? Dacă ai motive legitime să fii îngrijorat, bate la uşa preadolescentului tău cu o ceaşcă de ceai sau un desert, întreabă-l cum se simte şi oferă-te să asculţi dacă vrea să vorbească despre cum i-a fost ziua. Însă întrebările repetate, pe nepregătite, sună mai mult a suspiciune decât a îngrijorare. Copilul tău îţi va citi purtarea drept neîncredere şi se va închide şi mai tare.

Să recurgi la a face pe victima: Uneori, după ce întreabă, imploră şi se ceartă, părinţii simt că nu le mai rămâne altceva de făcut decât să-şi intensifice tacticile. Ai încercat blândeţea şi logica, de ce să nu încerci şi mila? Este, de obicei, un ultim efort înainte de-a renunţa (având şi efectul colateral de a-ţi răni puţin copilul ca răzbunare fiindcă te chinuie) şi sună cam aşa: „Speram să avem o seară plăcută în familie, dar, dacă te cerţi cu mine pentru toate, mai bine te duci înapoi în camera ta“. Pot înţelege impulsul şi recunosc că mi-e familiară această tactică, deoarece am folosit-o şi eu din frustrare. Nicio surpriză: nu funcţionează *niciodată*. La începutul gimnaziului, un preadolescent se marinează de-a dreptul în propriile sale emoţii – şi cele ale colegilor săi – cât e ziua de lungă. Este epuizant. Dar dacă mai sporeşti *şi tu* drama? Pierdeţi amândoi. Însă, atunci când subliniezi că poţi crea un spaţiu calm pentru ei, copiii te răsplătesc oferindu-ţi mai mult din timpul şi gândurile lor, chiar şi pe parcursul liceului.

Stigmatul care însoţeşte acordarea la independenţa copilului tău

Adaptarea la copilul tău pe măsură ce se îndepărtează de tine înseamnă să te lupţi cu sentimente de respingere. Poate auzi părinţii glumind sau plângându-se unul altuia despre asta, dar niciun părinte nu se mândreşte cu această etapă. Văd adesea un sentiment de ruşine sau de jenă printre părinţi atunci când începe să se petreacă acest lucru în familia lor. Deoarece copiii de gimnaziu se dezvoltă în ritmuri foarte diferite, poate fi greu de înghiţit de ce copilul prietenului tău își îmbrăţişează părintele după un meci de fotbal, iar al tău nu scoate niciun cuvânt până nu ajungeţi în maşină şi ridicaţi geamul. Să nu te simţi prost atunci când copilul tău devine ursuz, posac sau retras faţă de tine în public. Înseamnă că este pe cale să devină independent... și exact asta îţi dorești. Aminteşte-ţi că asta îţi dorești! Mi-aş dori ca părinţii să se laude deschis atunci când copiii lor încep să se izoleze. „Hei, ia uitaţi-vă care copil de clasa a şaptea nu vorbeşte cu prietenii noştri de familie la ziua deschisă a gimnaziului! *Al nostru!* Ceva tot facem bine!“ Este evident că nu e nevoie să spui asta cu voce tare (şi sigur nu în prezenţa copilului tău!); ajunge s-o gândești, cu mândrie.

Atunci când preadolescentul tău începe să se izoleze de tine, mai ales în public, s-ar putea să te simţi respins sau jenat, însă nimic nu se compară cu stigmatul asupra unui părinte considerat prea permisiv, care îşi lasă copilul nesupravegheat în public. „Fiecare face ce vrea, dar *eu* nu mi-aş lăsa niciodată copilul să se ducă singur la mall. N-aş putea dormi noaptea dacă i s-ar întâmpla ceva.“ Este un soi de laudă bizară ce sugerează că părintele care îşi lasă copilul să exploreze spaţii publice independent a) nu înţelege riscurile implicate, b) înţelege riscurile, dar le ignoră cu bună ştiinţă sau c) ar fi cumva *inuman* de împăcat dacă i s-ar întâmpla o tragedie copilului său. Înţeleg să te temi de ce se poate întâmpla atunci când copilul tău începe să exploreze lumea fără tine. Am avut aceleaşi fantezii oribile ca toţi ceilalţi părinţi. Însă nu numai că este nedrept, este şi o cruzime să învinuieşti părinţii pentru lucrurile îngrozitoare care se pot întâmpla, aleatoriu, oricui.

Nu este greu să găseşti dovezi care pot fi folosite la susţinerea deciziei unui părinte de a nu-şi lăsa niciodată copilul să umble nesupravegheat (o poveste virală despre un copil ademenit de la un patinoar, o răpire dintr-un parc, amintirea unui copil dispărut de pe vremea când părintele actual era în şcoala primară). Empatizez cu sentimentele de oroare pe care le trezesc aceste poveşti. Este natural să simţi asta. Dar ce facem cu aceste sentimente? Nu cred că ar trebui să le folosim pentru a lua decizii legate de siguranţă. Aş încuraja părinţii să verifice datele şi probabilitatea crimelor care implică preadolescenţi şi tineri adolescenţi. Unii vor spune: „Probabilitatea nu contează. Dacă se întâmplă o dată, copilului meu, asta e tot ce contează. Este treaba mea să-l protejez de *posibilitatea* pericolului, oricât ar fi ea de mică".

Răspunsul meu este simplu: Nici nu poţi *încerca* să-ţi protejezi copilul de tragedii aleatorii. Accidentele de maşină se întâmplă. Răpirile comise de necunoscuţi se întâmplă (deşi sunt rare). Cancerul se întâmplă. Scapă de această povară chiar acum. Fă tot ce poţi ca să-ţi iei măsuri de precauţie rezonabile - poartă centura de siguranţă, faceţi un curs de autoapărare toată familia, mâncaţi sănătos –, dar nu lăsa teama unei tragedii improbabile să vă reţină, pe tine şi pe copilul tău, din a avea un tipar de viaţă normal.

Cum să vorbeşti despre explorare

Unul dintre modurile cel mai des întâlnite de-a explora lumea nesupravegheat pe care le cere un copil pentru prima dată este mersul la mall cu prietenii. Unii părinţi gestionează acest ritual de iniţiere mergând şi ei cu copiii şi vizitând magazine diferite din mall, acordându-le copiilor timp să exploreze, dar în acelaşi timp rămânând pe aproape în caz de urgenţă. (În 90% dintre cazuri, „urgenţa" este că cineva a rămas fără bani şi are nevoie de cash pentru restaurant.) Este un prim pas bun, însă adevăratul gust al independenţei apare atunci când un preadolescent are ocazia să trăiască sentimentul incitant şi puţin înfricoşător de-a fi propria sa plasă de siguranţă.

Iată cum ar putea suna conversaţia atunci când copilul tău cere să facă un astfel de pas către independenţă:

Pune BAZELE paşnice

Părintele: *Aşadar, ce planuri ai în acest weekend?*

Copilul: *Păi, nişte copii se duc mâine la mall şi aş vrea să merg şi eu...*

Părintele: *Sună distractiv. Merge cineva cu voi sau doar voi, copiii?*

Copilul: *Poate va fi şi un părinte... Încă nu ştiu care-i planul.*[1]

[Părinte, rezistă tentaţiei de-a trece la etapa de adunare de informaţii. Aceasta este doar etapa de conectare.]

---

[1] Unul dintre aspectele cele mai enervante când eşti părinte de tânăr adolescent este că nu se pricepe deloc la a-şi face planuri cu prietenii. Ajută să-ţi aminteşti că preadolescentul tău îşi dezvoltă abilitatea, stângace la început, de a planifica singur, iar beneficiile se vor vedea în cele din urmă, când nu va mai trebui să fii implicat în fiecare detaliu logistic.

RELAȚIONEAZĂ cu copilul tău

Părintele: *Îmi plăcea să merg la mall cu prietenii. Apropo de mall, ai văzut că extind zona de food-court?*

Copilul: *Nu. Serios?*

Părintele: *Da! Putem spera că aduc ceva bun. Ce speri să adauge?*

Copilul: *Le trebuie un Chipotle.*

Părintele: *Da, ar fi bun.*

INTERVIEVEAZĂ pentru a aduna informații

Părintele: *Știu că încă n-ai detaliile și putem discuta mai multe mâine dimineață, când o să le ai. Dacă va fi prezent și un părinte, mai depinde doar la ce oră mergeți. Dacă vreți să mergeți fără un părinte, voi avea nevoie de mai multe informații. Te-ar ajuta dacă ți-aș spune de ce informații am nevoie, ca să le afli?*

Copilul: *În regulă.*

Părintele: *Vreau să știu cine merge, cât timp veți sta la mall și cine vă duce cu mașina la plecare și la întoarcere.*

Copilul: *Bine. Am să te-anunț. O să zici da?*

Părintele: *S-ar putea. După ce aflu mai multe. Și dacă ești de acord să vorbești cu mine despre toate detaliile referitoare la siguranță pe care știi că trebuie să ți le spun.*

Copilul: *Desigur.*

[În dimineața următoare]

Copilul: *Mama lui Angel ne duce cu mașina la mall și tatăl ei ne aduce înapoi. O să stăm acolo de la ora 1 la ora 4. Și cred că vine și Simone.*

Părintele: *Voi trei?*

Copilul: *Așa cred.*

Părintele: *S-ar zice că încă n-aveți un plan bătut în cuie…*

Copilul: *S-ar putea să ne vedem și cu alții acolo. Dar încă nu știu cu cine. Niște prieteni de-ai lui Simone.*

Părintele: *Îi cunoști? Mergeți la aceeași școală?*

Copilul: *Daaa, Doamne, nu mă întâlnesc cu străini la mall!*

Părintele: *În regulă, încerc doar să înțeleg, fiindcă toate astea sunt foarte noi. Află cu cine e posibil să vă întâlniți și anunță-mă.*

[Mai târziu]

Copilul: *Suntem eu, Angel, Simone și prietenii ei, Evan și Michael. Nu vreau totuși să te superi pe mine dacă se schimbă lista. Nu pot controla dacă cineva vine sau nu.*

Părintele: *Dar nu ar trebui să știi cine vine, din moment ce tu ai făcut planurile?*

Copilul: *Se poate întâmpla în ultima clipă să trimită cineva mesaj să-ntrebe „Unde sunteți?" și apoi să ni se alăture.*

Transmite ECOUL a ceea ce auzi

Părintele: *Înțeleg ce spui. Îmi pare că unii oameni ar putea apărea pe neașteptate. Când eram de vârsta ta, n-ar fi putut, deoarece nimeni n-avea telefoane mobile. Planurile trebuiau făcute cu mult timp înainte, dar se pare că acum lucrurile se fac pe ultima sută de metri, dat fiind că oricine este disponibil mereu pe telefon.*

Copilul: *Exact!*

Oferă FEEDBACK

Părintele: *Știu că există anumite lucruri pe care nu le poți controla atunci când ieși fără părinți, adică ar putea apărea un alt copil, la care nu te așteptai. Așadar, hai să vorbim despre ce poți controla în această situație. Cred că, dacă suntem de acord asupra câtorva lucruri, vom fi amândoi pregătiți să faci asta.*

Vreau să-mi scrii din când în când, ca să nu-mi fac griji. Dacă stai trei ore la mall, cât de des crezi că-mi poți trimite mesaj?

Copilul: *O dată pe oră? Dar nu vreau să-mi petrec tot timpul povestindu-ți tot ce am făcut. Pot doar să-ți spun că sunt bine?*

Părintele: *Sunt de acord. O dată pe oră. Pune-ți un memento pe telefon.*[1]

De asemenea, hai să parcurgem câteva lucruri referitoare la siguranță, pe care probabil că le știi, dar vreau să le spun. NU ieși din mall. Dacă cineva te face să nu te simți în siguranță, îi poți cere oricând unui angajat din magazin să cheme paza. Ține mereu privirea sus, ca să fii atent la ce se petrece în jurul tău. Ai grijă să nu iei scara rulantă în direcția greșită. Dacă cineva din grupul tău te face să nu te simți în largul tău, trimite-mi un mesaj cu „Ce e la cină?" Apoi eu îți voi trimite un mesaj cu un pretext pentru care trebuie să vin să te iau mai devreme. Și, ultimul lucru, nu uita bunele maniere. Nu alerga prin mall. Nu face mizerie. Pune lucrurile înapoi la locul lor. N-ai vrea să îngreunezi treaba cuiva care deja muncește din greu. Ești de acord cu toate astea?

Copilul: *Da.*

Părintele: *Distracție plăcută!*

În acest scenariu, folosind metoda BRIEF, părintele a dat o notă pozitivă conversației și l-a făcut pe copil să se concentreze la ceea ce poate controla în mod rezonabil într-o situație nouă.

---

[1] Este rezonabil? Cred că da pentru o primă ieșire, dacă te liniștește, însă nu tot timpul. Dacă preadolescentul îți demonstrează că poate face asta, poți relaxa regulile. Vrei sa fie prezent cu prietenii lui, să fie atent la mediul din jur, nu să aibă grijă să te contacteze tot timpul.)

Sabotorii conversației

Știu că, atunci când ești luat pe nepregătite, spui uneori lucruri care nu sunt la fel de „productive" ca un dialog perfect construit. Deoarece conversațiile tale vor fi mai mult improvizație decât teatru, nu poți memora exact ce să spui. În loc să încerci să planifici totul, este util să te ferești doar de anumite blocaje. Atunci când exersează improvizațiile, actorii învață să înlocuiască răspunsul „Nu" (care ucide scena complet) cu „Da, și", deoarece continuă sceneta. Iată câteva exprimări care, la fel, ți-ar putea ucide conversațiile cu preadolescentul tău.

„Știu că tu ești pregătit, dar eu nu sunt." Aici ataci unghiul emoțional, iar preadolescenții nu răspund bine la așa ceva. Poziționându-te drept tipul rău, te deschizi dezbaterii cu privire la cine ar trebui să câștige această ceartă – persoana despre care *tu recunoști* că este pregătită să facă pasul următor, sau cea care o reține pentru confortul său propriu. Este o alegere simplă.

„Te iubesc prea mult ca să-ți dau drumul." Îți duci copilul la școală cu mașina? Mergeți la săniuș? Îl trimiți în tabăra de vară? Îl lași să joace un sport de contact? Ne punem tot timpul copiii în situații de risc. Prezentarea refuzului tău drept un act de iubire nu-l va face mai satisfăcător pentru copil. S-ar putea chiar să-ți răspundă și el: „Adică ceilalți părinți nu-și iubesc copiii? Asta spui?" Senzația pe care o lași este că ocolești subiectul. În loc să îl eviți, oferă argumente solide pentru refuzul tău.

„Nu tu mă îngrijorezi, ci ceilalți oameni." Copiii simt ceva nesincer în această exprimare și au dreptate. Părinții ar putea crede că acesta este un mod mai blând și mai delicat de a-și dezamăgi copilul fără a-l insulta, sau poate că e modul lor de-a pune sub un fel de umbrelă lucrurile nenumărate pe care nu le pot controla în lume, însă nu este o afirmație adevărată. La un moment dat, se presupune că îți *vei lăsa* copilul să iasă din casă fără tine. Oare fiindcă în *acea* zi lumea va fi lipsită de ticăloși, tentații și distracții? Nu. Ci pentru că în acea zi ai suficientă încredere în copilul tău că poate gestiona acele provocări, în cazul în care dă peste ele. Ține minte că nu-ți poți proteja copilul de toate lucrurile din lume, însă ar trebui să te asiguri că poate trece testele tipice și previzibile la care îl poate supune independența.

„Am spus nu." Și… scandal! Cu toată seriozitatea, există o mulțime de ocazii în care ar trebui să spui nu. Cred însă că există o modalitate mai productivă de-a o spune. Hai să vedem cum.

Când cel mai bun răspuns este „nu"

După cum am văzut din experiența mea de când am rămas acasă singură pentru prima dată, dorința unui copil de-a fi independent nu este mereu dovada că este și pregătit pentru așa ceva. Poate că preadolescentul tău își dorește nespus să facă ceea ce fac prietenii lui, dar tu știi prea bine că este prea impulsiv, anxios, iresponsabil sau lipsit de concentrare ca să fie lăsat singur, chiar și pentru câteva ore. Preadolescentul tău va fi dezamăgit atunci când îi vei spune nu. Este în regulă. Să înveți cum să gestionezi dezamăgirea este o abilitate importantă în viață. Totuși, dacă ești prea rigid în respingerea cererii sale, preadolescentul tău ar putea decide că singurul mod de-a obţine ce-şi doreşte este să se furişeze. În schimb, înţelege-i dorinţa de independenţă şi oferă-i puncte de reper măsurabile, pe care copilul tău le poate atinge pentru a câştiga acea independenţă.

Ai putea începe prin a spune ceva de genul „Ştiu că vrei să te duci la mall cu prietenii tăi şi îmi pare rău că eşti supărat când spun că acum nu este momentul. Îmi doresc şi eu să ai parte de experienţa asta, dar vreau să mă şi asigur că eşti pregătit. Vestea bună este că poţi face anumite lucruri ca să-mi arăţi că eşti pregătit. Iată lucrurile pe care trebuie să ştiu că le poţi îndeplini înainte să faci pasul următor.

Mai jos este o listă cu genul de repere de independenţă pe care i le poţi comunica copilului tău. Desigur, vei dori să le modifici în funcţie de preferinţele tale şi de nevoile copilului tău.

Pentru a putea să ieşi nesupravegheat, iată câteva lucruri pe care le poţi face ca să-mi arăţi că eşti pregătit:

- Vorbeşte direct cu un profesor atunci când nu înţelegi o temă sau nu eşti de acord cu o notă.
- Comandă mâncare prin telefon.
- Adresează întrebări personal unui chelner, bibliotecar sau vânzător de la magazin.
- Priveşte în stânga şi în dreapta înainte de-a traversa o stradă!
- Dă dovadă de bună creştere în spaţiile publice: nu te izbi de oameni, nu ţipa şi nu-i întrerupe pe alţii.

- Răspunde într-un timp rezonabil la mesajele sau apelurile mele atunci când ești acasă la un prieten. Ce înseamnă timp rezonabil? Hai să discutăm.
- Spune nu atunci când un prieten te roagă să faci ceva ce nu vrei să faci.
- Ascultă-mă când îți explic de ce adulții nu au niciodată nevoie să le ceară ajutorul copiilor sau adolescenților.
- Exersează replica „Trebuie să-l chem pe tata imediat", dacă te abordează un străin și te face să nu te simți în largul tău.
- Memorează numărul meu de telefon. Cu telefoanele mobile, oamenii memorează rareori numerele. Dar este important atunci când ți se închide telefonul sau când îl pierzi.

Poți folosi această listă sau poți crea o listă personalizată, care să se potrivească familiei tale.[1]

Orice repere ai alege, asigură-te că nu sunt arbitrare și că au legătură directă cu pregătirea adolescentului. Îi poți explica lista în felul următor: „Nu sunt doar o mulțime de

---

[1] Această listă presupune că copilul tău nu riscă să fie ținta altor copii, adulți, agenți de pază sau polițiști din cauza culorii pielii sale. Părinții copiilor de culoare neagră și maronie poartă, pe lângă aceste conversații, „discuția" despre cum să fie în siguranță în spațiile publice și ce să facă dacă sunt chestionați de agenții de poliție. Dacă familia ta este albă, poți împărtăși responsabilitatea de a-i proteja pe cei cărora spațiile publice nu le aduc în mod inerent aceeași stare de siguranță, recunoscând siguranța sporită adusă de privilegiul vostru și discutând despre cum să fii martor la experiențele altora și cum să-i susții. De exemplu, n-ai vrea să intervină copilul tău într-o altercație fizică, însă îi poți cere ca, dacă asistă la o hărțuire, să te sune imediat și să rămâi la telefon cu el până vă dați seama cum o poate raporta și cui, sau să filmeze incidentul cu telefonul pentru a oferi dovezi care vor susține victima.

provocări aleatorii pe care ți le dau pentru a-ți îngreuna munca sau ca să dureze mai mult timp până primești permisiunea. Este un amestec de sarcini care îmi arată că înțelegi importanța siguranței, că ești suficient de responsabil încât să comunici cu mine atunci când nu suntem împreună, că poți să comunici clar cu adulți pe care nu-i cunoști, că ai suficientă încredere în tine încât să le spui nu prietenilor și străinilor (fiindcă, la un moment dat, oricare dintre ei ți-ar putea cere să faci ceva care îți dă o stare de inconfort) și că dai dovadă de un nivel matur de politețe față de oamenii din jurul tău. Haide să lucrăm împreună la lista asta, ca să te ajut să-ți atingi obiectivul.

Copilul tău nu te va îmbrățișa și nu-ți va mulțumi pentru oportunitate, însă va înțelege așteptările tale și va vedea calea către o libertate sporită.

Independența este dificilă, atât pentru părinte, cât și pentru copil, la fel ca suferințele maturizării. Este greu să-ți lași copilul la mall și să nu îl urmărești în secret și este greu să nu-ți fie dor de clipele în care mâncați popcorn împreună în timp ce vă uitați la filmul preferat al familiei voastre. Este însă și distractiv: vei privi cum copilul tău devine un adolescent nou și responsabil, care este competent și are încredere în sine, și poate îți vei folosi timpul liber suplimentar pentru a-ți explora propriile interese, pe lângă misiunea de părinte.

Te grăbești? Iată cursul tău rapid

- Acordarea unei independențe crescute copiilor în anii de preadolescență le oferă mai multă siguranță decât dacă îi ții legați de tine. Preadolescenții au nevoie de exercițiu pentru a învăța ce este sigur și cum să gestioneze oameni, locuri și situații noi.

- Copilul tău va crede aproape cu siguranță că este pregătit pentru mai multe decât poate gestiona. Este în regulă. Cum să gestioneze eșecurile este o abilitate de viață importantă pe care să înceapă să o învețe acum.

- Adolescenții caută independența în două moduri: izolându-se de familiile lor și/sau explorându-și comunitatea fără supraveghere.

- Copiii de această vârstă trebuie să învețe cum să se descurce în spațiile publice și cum să interacționeze cu străinii în siguranță și cu încredere.

- Părinții care respectă nevoia de intimitate a tinerilor lor adolescenți au relații mai bune pe termen lung cu copiii lor. Atunci când simt că părinții lor au fost prea stricți sau dependenți de compania lor în timpul adolescenței, copiii abia așteaptă să experimenteze o cantitate normală de libertate. Atunci când pleacă de acasă, acești copii se separă de familia lor, de teamă să nu fie trași înapoi în codependență.

Nu vei găsi nicăieri o gamă mai largă de manifestări ale maturității și dezvoltării socio-emoționale ca la copiii între 10 și 14 ani. Drept rezultat, unii copii sunt pregătiți de independență mult mai devreme sau mult mai târziu decât colegii lor. Pe parcursul acestor ani, părinții au tendința de-a judeca mai mult felul în care alți părinți își cresc copiii. Rezistă impulsului de-a compara regulile tale cu ale altora. Vor exista mereu familii mai stricte și familii mai permisive.

Fă ceea ce este mai bine pentru familia ta, şi mai ales pentru copilul tău, şi nu cheltui energie emoţională urmărind ce aleg alţi oameni pentru familiile lor.

Preadolescenţii au nevoie de limite. Copilul tău nu ar trebui să le simtă ca fiind arbitrare, deoarece acest sentiment poate duce la o rebeliune care diminuează starea de siguranţă. Atunci când este timpul să spui nu, explică-i copilul tău motivele şi, mai important de atât, modalităţile concrete prin care îţi poate arăta că este pregătit pentru mai multă responsabilitate şi libertate.

CAPITOLUL

6

Cum să vorbeşti despre prieteniile schimbătoare

În acest capitol vei învăța de ce discuțiile despre prietenii pot fi foarte sensibile, de ce nu ar trebui să te implici emoțional în dramele dintre prieteni, cum să normalizezi schimbarea relațiilor şi cum să subliniezi faptul că oameni diferiți pot îndeplini nevoi diferite, în loc să cauți perfecțiunea într-un singur prieten.

Gândește-te la prietenul care te sună din băcănie ca să te întrebe dacă ai nevoie de ceva, care râde foarte tare atunci când spui o poveste comică la o petrecere sau care îţi trimite mesaj doar ca să se descarce în legătură cu o problemă pe care o aveţi în comun. O prietenie bună este magică, iar conectarea cu un prieten adevărat, oricât de scurtă, va reduce în mod inevitabil stresul, îţi va da o stare mai bună și îţi va face ziua mai frumoasă. Prieteniile dau scop, bucurie și confort vieţii noastre.

Și totuși... gimnaziul.

Gimnaziul este o perioadă ciudată/minunată/*în principal îngrozitoare* pentru prietenii.

Aceasta este vârsta la care copilul tău devine obsedat de prietenii și de colegii lui, în defavoarea logicii, rațiunii, aranjamentelor anterioare, orelor de intrat în casă, timpului în familie și restricțiilor geografice. Între clasa a șasea și a noua, copiii ar face orice ca să intre în grupul social al colegilor lor.

Iată de ce: copilul tău trebuie să afle cum să aibă succes în lume fără ajutorul tău. Deși ești poate frustrat de faptul că le dă prioritate prietenilor față de familie, ține minte că, statistic vorbind, puțini dintre noi ne putem baza pe genealogie și pe legăturile sociale, moștenirile sau afacerile care derivă din aceasta ca să ne croim drumul în viață. Majoritatea dintre noi trebuie să privim în afara unității familiale pentru a ne asigura fericirea și bunăstarea viitoare. Fie că este vorba de lucruri importante, cum ar fi să te angajezi sau să găsești un partener iubitor, ori de lucruri mai mărunte, precum să te împrietenești cu vecinii ca să-ți ridice corespondența când ești în vacanță, legăturile noastre sociale din afara familiei ne pregătesc pentru succes atunci când devenim adulți. Copiii de gimnaziu înțeleg intuitiv acest lucru și încep să exploreze cum să-și creeze legături și să fie acceptați de oameni din afara familiei lor, în moduri care ți s-ar putea părea extreme, însă care au un scop legat de dezvoltare.

În ciuda acestui impuls, să-ți faci prieteni la gimnaziu nu este ușor. Este o abilitate relațională care cere timp pentru învățare, prin încercări și erori, deoarece, așa cum copilul tău își dezvoltă abilitățile sociale în ritmul lui, colegii săi și le dezvoltă pe ale lor în ritmuri diferite. Imaginează-ți o mulțime de angrenaje mecanice care se învârt la viteze diferite pe o placă. Uneori două mecanisme se angrenează și ansamblul funcționează lesne. Totuși, cel mai adesea, mecanismele se lovesc unul de celălalt, ratând sincronizarea și potrivirea. În final, copiii încetează să se mai schimbe atât de repede și se stabilizează, iar sincronizarea cu ceilalți devine mai ușoară. Însă primii ani ai acestui dans între mecanisme sunt un spectacol greu de privit.

În tabăra mea de leadership pentru fete, Leah era un copil obișnuit de clasa a șaptea. Mama ei, Jocelyn, descria gimnaziul drept o perioadă de legături nepotrivite și singurătate pentru fiica ei. Leah avusese o prietenă foarte bună în școala primară, o fată numită Myra. În gimnaziu nu au mai avut aceleași cursuri și, atunci când se vedeau, Leah se plângea: „Mamă, încă se mai joacă cu plușurile". Fiindcă nu mai aveau activități zilnice împreună și nici interese comune, prietenia lor se sfârșise. Leah nu mai voia un coleg de joacă; voia un confident căruia să-i poată împărtăși pasiunile și nemulțumirile, cineva care să râdă în hohote la glumele ei.

Totuși, din nefericire, golul lăsat de Myra era greu de umplut. Restul anilor de gimnaziu au trecut cu interacțiuni în principal superficiale, care erau plăcute, deși nu profunde. Jocelyn și cu mine am vorbit despre a-i acorda lui Leah multe ocazii de-a cunoaște noi prieteni, însă fără a pune presiune pe ea să găsească un înlocuitor. Însă Jocelyn a ales să-i prezinte anii de dinainte de liceu ca fiind prima rundă a unui joc pe care Leah urma să-l iubească. Era un antrenament, i-a spus Jocelyn, pentru oportunitățile pe care avea să le descopere odată ce ajungea la liceu, unde avea să pătrundă într-o mulțime mai mare, de copii nou-veniți ca ea, care exersaseră și ei pentru acest început de joc. Uneori antrenamentul nu este la fel de distractiv ca jocul, însă așa înveți ca să-ți iasă bine.

Normalizarea prieteniilor între preadolescenți

Este greu să-ți privești copilul cum tânjește după un prieten apropiat, fără să i se întrevadă candidați la orizont, cum îi pasă prea mult de ce cred oamenii despre el și cum își sacrifică valoarea de sine pentru ocazia de-a sta cu copii care îl tratează urât, dar care îi oferă statut social.

Din unele puncte de vedere, cultura noastră îi pregătește pe copii pentru așa ceva. Facem reclamă prieteniilor strânse ca făcând parte din Experiența Completă a Adolescenței, deoarece prieteniile strânse sunt povești grozave. Creatorii de conținut romanțează prieteniile din adolescență la fel cum filmele Hallmark tratează iubirea: există un capac pentru fiecare borcan, un yin pentru fiecare yang și un salvator pentru oricine o dă în bară. Uită-te la orice film original Netflix despre adolescenți sau citește orice carte grozavă despre tineri adulți și vei vedea că partenerul perfect (nostim! încurajator! excentric! loial până la capăt!) este o prezență obișnuită în viața fiecărui adolescent.

În realitate, prieteniile din gimnaziu nu sunt precum filmele Netflix, ci mai degrabă ca acele reclame pe care le vedeam în pauzele desenelor animate de sâmbătă când eram copii. Fiind singură la părinți, îmi amintesc că tânjeam să mă distrez la fel ca acei copii și îmi imploram părinții să-mi cumpere Barbie Jeep sau Hot Wheels Track, până când cedau. Însă, imediat ce scoteam cutia din ambalaj, îmi dădeam seama brusc că nu e deloc ca în reclamă. Acei copii doar se prefăceau că se distrează, scenografii făceau jucăriile să pară mult mai grozave decât erau în realitate și, cel mai adesea, nici măcar nu aveam baterii de mărimea potrivită. Ce dezamăgire colosală! Mai ales când acei copii de la televizor păreau că *se distrează de minune.*

Aşadar, cum împaci viziunea idealistă a preadolescentului tău despre cel mai bun prieten cu realitatea că prieteniile din copilărie sunt de obicei zbuciumate şi imprevizibile? Începe prin a aduce în normalitate suişurile şi coborâşurile prieteniilor. Aminteşte-i copilului tău, în timp ce vă uitaţi la Netflix sau citiţi o carte de Rainbow Rowell, că prieteniile funcţionează rareori ca în filme sau în cărţi. (Avertisment important: îmi plac Netflix, Rainbow Rowell, John Green şi Bo Burnham, la fel ca şi mulţi alţi creatori de conţinut minunat pentru tinerii adolescenţi. Pe lângă faptul că oferă momente de destindere grozave, le poţi folosi poveştile pentru a discuta cu copilul tău despre diferenţele dintre ficţiune şi viaţa reală.)

În realitate, prieteniile din şcoala primară se destramă predictibil în gimnaziu. Unii copii sunt părăsiţi de prietenii lor cei mai buni. Alţii sunt ei cei care îşi părăsesc prietenii. Unii copii nu îşi găsesc piesa de puzzle lipsă decât în liceu sau chiar mai târziu. Alţii par să găsească un filon bogat de „cei mai buni prieteni". Poţi să-i menţionezi copilului că a avea un suflet pereche în gimnaziu ar fi precum un câştig frumos la loterie, însă şansele sunt mici. La urma urmei, majoritatea dintre noi nu mai suntem cei mai buni prieteni cu persoana care ne-a fost coleg(ă) de bancă în gimnaziu. Celor unu la sută dintre voi ale căror prietenii din clasa a şaptea au durat până în clasa a douăsprezecea, felicitări! Chiar aţi câştigat la loterie.

Pentru ceilalţi 99%, s-ar putea ca succesul să nu constea în purtarea unei jumătăţi dintr-un colier în formă de inimă sau în întâlnirea în faţa şcolii ca să intraţi împreună. O gamă largă de experienţe ale prieteniei, atât bune, cât şi rele, ajută copiii să înveţe ce înseamnă un prieten bun şi, în final, un partener bun. Aminteşte-i preadolescentului tău, chiar dacă se chinuie, este singur sau are îndoieli, că misiunea lui este să fie deschis la experienţe şi la oameni noi. Să înveţe cum să vorbească cu mulţi oameni diferiţi, să se mişte fluid prin grupuri de prieteni, să facă invitaţii, să refuze cu respect şi să recunoască acţiunile oamenilor care îl fac să se simtă bine sau rău, toate acestea îţi vor pregăti copilul pentru succes în prieteniile din viitor. Cu riscul de a suna precum un citat de pe Pinterest, să ai succes în prieteniile de la gimnaziu constă mai mult în învăţămintele trase din călătorie şi mai puţin în rezultatul final. (Scuză-mă, mă duc imediat să-mi fac un tatuaj cu acest text lung.)

În următorii câţiva ani va exista un şir nesfârşit de ocazii de conversaţie despre prietenie cu copilul tău. Îţi prezint mai jos două scenarii care au apărut în majoritatea familiilor care lucrează cu mine. Mai mult decât un răspuns corect sau greşit pentru a-ţi ajuta copilul să treacă peste suişurile şi coborâşurile prieteniilor tinere, sper că aceste mostre de dialog îţi vor oferi o imagine asupra cadrului general al acestui subiect. Vei putea apoi adapta ideile şi sentimentele din aceste dialoguri specifice pentru a se potrivi celorlalte modalităţi în care vei vorbi despre prietenie înainte de începutul liceului.

Hai să vedem cum ar putea începe natural o conversaţie la tine acasă despre prietenii fluctuante.

Pune BAZELE paşnice

Părintele: *Auzi, ce-ai zice să invităm familia Berkmeier la noi la un grătar în weekendul ăsta?*

Copilul: *Chiar trebuie?*

Părintele: *Nu neapărat... E totul în regulă între tine şi Josh?*

Copilul: *E bine totul. Pur şi simplu nu vreau.*

Părintele: *Bine, nicio problemă.* [Rezistă tentației de-a spune lucruri precum „Dar tu și Josh sunteți cei mai buni prieteni!" sau „Ne place seara de jocuri în familie cu Berkmeierii".]

RELAȚIONEAZĂ cu copilul tău

Părintele: *Poate interpretez situația greșit, dar să știi că nu puteam să sufăr când mă obligau părinții să stau cu vecinii atunci când eu nu voiam. Știu că prieteniile vin și pleacă și, dacă v-ați certat, pot amâna să fac planuri o vreme.*

Copilul: *Aha, hai să facem așa.*

Părintele: *Poți să mă ghidezi puțin când și cum să gestionez situația asta, dat fiind că sunt prietenă cu părinții lui Josh? Doar ca să mă asigur că nu fac vreo prostie?*

Copilul: *Ce vrei să spui?*

INTERVIEVEAZĂ pentru a aduna informații

Părintele: *Păi, dacă simți nevoia să luați o pauză, pot pur și simplu să nu-i invit la noi în următoarele câteva weekenduri, sau să le spun că avem alte planuri, dacă sună. Însă, dacă crezi că e o pauză mai de durată, nu pot amâna la nesfârșit, așa că trebuie să facem un plan.*

Copilul: *Josh a devenit foarte enervant. Mă așteaptă la școală în fața clasei când eu plănuiesc deja să mă duc la ora următoare cu altcineva, iar apoi se bagă în discuție și preia controlul. Se poartă de parcă ar trebui să facem totul împreună. Îmi trimite mesaje în fiecare zi după școală. Nu vreau să ies doar cu el.*

Părintele: *Înțeleg ce vrei să spui. E dificil când un prieten cere atât de mult de la tine. Crezi că-i este greu să-și facă alți prieteni?*

Copilul: *Habar n-am. Și-ar putea face alți prieteni dacă m-ar lăsa pe mine în pace.*

Părintele: *I-ai putea spune asta cumva fără să-i rănești sentimentele?*

Copilul: *N-am să-i spun în față să mă lase în pace, fiindcă aș fi răutăcios. Unii copii fac asta. Mai mult încerc să-l evit cât pot. Nu știu de ce nu înțelege aluzia.*

Părintele: *Crezi că de fapt* înțelege, *dar nu vrea să fie adevărat? Sau chiar nu înțelege?*

Copilul: *Se enervează când nu sunt unde se așteaptă el să fiu. Îmi trimite mesaj de un milion de ori, „Unde ești?" Și eu îl ignor, ca să se prindă. Dar nu se prinde, așa că îi trimit mesaj după școală și-i spun că nu mi-am putut verifica telefonul mai devreme.*

Părintele: *Înțeleg. Se purta la fel cu tine și în școala primară sau este un comportament nou?*

Copilul: *Păi, nu aveam telefoane în școala primară, așa că nu-mi putea trimite mesaj tot timpul. Dar era și ceva mai detașat.*

Transmite ECOUL a ceea ce auzi

Părintele: *Oricare ar fi motivul, pare că Josh este foarte dependent de tine în prezent, iar asta te deranjează.*

Copilul: *E prea mult. Vreau doar să mă lase în pace.*

Oferă FEEDBACK

Părintele: *Îți respect dorința. O parte din misiunea ta la această vârstă este să-ți dai seama cum să setezi limite în relațiile cu alții. Este ceva greu de învățat, deoarece, atunci când ai un trecut cu cineva, persoana respectivă crede că limitele tale nu ar trebui să i se aplice.*

Copilul: *El îmi depășește* clar *limitele.*

Părintele: *Aș vrea să ajut. Am câteva idei să-ți împărtășesc și, dacă vrei să te gândești la ele și să-mi oferi un feedback mai târziu despre cum să procedez, m-ar ajuta.*

Este o situație neobișnuită, deoarece familiile noastre sunt prietene de mult timp. Cred că voi aranja ca eu și tata să luăm cina în weekend cu părinții lui Josh și să lăsăm copiii acasă. Voi spune că am nevoie de „o pauză de la copii".

Așa o să ai câteva săptămâni în care să te gândești cum vrei să procedezi în continuare, însă nu pot amâna la nesfârșit. Deși nu te-aș forța niciodată să fii prieten cu cineva, mă aștept să îl tratezi ca pe un prieten de familie atunci când suntem împreună. Dacă poți continua să fii amabil fără a fi la fel de apropiat, sunt șanse mari ca problema să se rezolve mai bine pentru voi amândoi.

Încă un lucru: cred că ar trebui să te gândești cum îi poți comunica lui Josh mai bine limitele tale, deoarece pare să nu înțeleagă mesajul pe care i-l trimiți atunci când îl ignori sau îl eviți. Dat fiind că ignorarea mesajelor nu are efect, poate l-ai putea refuza politicos? Nu-i o răutate să-i spui „nu" cuiva. De fapt, de obicei este un gest mai amabil decât să-l lași să se întrebe ce se petrece.

Oricum, e o temă de gândire. Hai să reluăm subiectul peste câteva săptămâni, ca să vedem ce simți atunci despre o întâlnire a familiilor noastre.

Este un scenariu specific, deși des întâlnit, în familiile care se confruntă cu prietenii destrămate. Oricare ar fi contextul, mai jos sunt trei mesaje-cheie care se vor aplica tuturor discuțiilor voastre despre prietenie:

1. Cu cine este prieten copilul tău este alegerea *lui*, nu a ta. Poți impune restricții referitor la unde are voie să meargă copilul tău și la ce poate să facă, însă nu-i poți impune cu cine să vorbească și mai ales cine să i se pară interesant. În cazul în care copilul tău are obiceiul de-a fi atras de oameni care fac alegeri proaste sau care îl tratează urât, un consilier bun îl poate ajuta să privească relaţia cu mai multă claritate.

2. Nu este necesar ca copilul tău să fie prieten (sau prietenos) cu toată lumea, însă oricine merită să fie tratat cu *demnitate*. Dacă nu cunoşti lucrul cu adolescenţii al autoarei Rosalind Wiseman prin site-ul său *Cultures of Dignity*, verifică distincţia pe care o face între *demnitate* şi *respect*. Wiseman învaţă adolescenţii că respectul se câştigă (şi, să fim sinceri, nu toţi copiii îşi câştigă respectul unii altora), însă demnitatea este inerentă statutului de fiinţă umană.

3. Filosoful grec Heraclit a spus-o cel mai bine: „Singura constantă este schimbarea". Între prieteni se nasc emoţii intense, însă nu permanente. Atunci când discuţi cu copiii tăi despre relaţiile lor, sfătuieşte-i să lase *cale de întoarcere*. La urma urmei, dacă lucrurile s-au schimbat o dată, se pot schimba din nou. (O paranteză despre bătrânul Heraclit: deşi detaliile istorice din acea eră sunt vagi, pot spune cu siguranţă că a fost un copil care a trebuit să-şi dezvolte mecanisme puternice de adaptare în gimnaziu pentru că s-a născut cu un astfel de nume.)

În locul unui Mega Prieten

Când era mic, fiul meu construia uneori un Mega Om din piese de lego. Mega Omul nu arăta niciodată la fel şi nu a semănat nici măcar o dată cu un om. Era un amestec de piese nepotrivite amestecate cu roţi, ferestre, capete, uşi, piese de maşină şi orice altceva îi putea ataşa. Scopul construirii Mega Omului nu era să atingă realismul, ci să îmbine cât mai multe posibilităţi într-un personaj care să pară de acţiune.

Fiul meu construia ceva mare. (Chiar mega.)

Prea adesea, adulţii se aşteaptă ca o persoană să întruchipeze toate lucrurile de care au nevoie. Căutăm un partener pentru care stabilim standarde imposibile: *te rog să fii complet stabil, cu o latură spontană, contemplativ, dar vocal, să-ţi placă nopţile liniştite de lectură, dar să fii şi sufletul petrecerii, şi să fii complet transparent, lăsând puţin loc pentru mister*... iar atunci când nu găsim acest unicorn, credem că suntem neadaptaţi, destinaţi să rămânem singuri, izolaţi şi incompleţi.

Fii atent să nu-ţi pregăteşti copilul pentru eşec setându-i aşteptarea ca prieteniile lui, sau prietenii înşişi, să fie perfecte. În schimb, discută despre importanţa de a se conecta cu oameni diferiţi pentru a răspunde unor nevoi diferite. Prietenul Cel Mai Bun nu trebuie să fie un titlu exclusiv în vârful piramidei. Poate fi un cerc de prieteni apropiaţi în care să intre cei care au dedicat timp şi au construit încrederea de a ajunge acolo.

> Fii atent să nu-ţi pregăteşti copilul pentru eşec setându-i aşteptarea ca prieteniile lui, sau prietenii înşişi, să fie perfecte. În schimb, discută despre importanţa de a se conecta cu oameni diferiţi pentru a răspunde unor nevoi diferite.

Înţelegerea acestui lucru îi va folosi copilului la începutul adolescenţei, când tânjeşte după un prieten bun, şi apoi în liceu, când evoluează relaţiile romantice.

Deocamdată, este foarte probabil ca copilul tău să nu găsească un alt copil de gimnaziu căruia să-i placă să asculte musicaluri, să înveţe limbajul semnelor, să mănânce bame prăjite și să practice taekwondo. Dar poate are un prieten în tabăra de cercetași care știe toate versurile din coloana sonoră a filmului *Hamilton*, și un prieten la școală care-i face pe toți să râdă și n-are nimic împotriva bamelor, și un prieten din cartier care ar vrea să încerce taekwondo vara asta. Dacă prietenul adevărat care să fie perfect nu este nicăieri de găsit, copiii pot aduna o experiență bogată cu o varietate de oameni, creând un amalgam de Mega Prieten din mai multe persoane diferite. (Ferestrele, roțile și capetele suplimentare se vând separat.)

Haide să vedem cum ai putea purta o conversație despre această nouă abordare a prieteniei cu copilul tău de gimnaziu.

Pune BAZELE pașnice

Părintele: [Uitându-se la televizor cu copilul] *Emisiunea asta mă face să mă întreb ceva. Pot să dau mute sau vrei să-ți spun după?*

Copilul: *Poți să dai mute.*

RELAȚIONEAZĂ cu copilul tău

Părintele: [Apăsând pe pauză] *Când mă uit cum prezintă emisiunea asta personajul principal și pe prietenul său cel mai bun... nu mi se pare realist.*

Copilul: *Cum adică?*

Părintele: *S-au certat urât, dar apoi au luat totul în glumă și au depășit rapid momentul. Când eram de vârsta ta, experiența mea era cu totul alta. Aveam prieteni, însă nu acest soi de prietenie perfectă și indestructibilă pe care o vezi la televizor.*

INTERVIEVEAZĂ pentru a aduna informații

Părintele: *Ție ți se pare realist?*

Copilul: *E doar la televizor, așa că nu cred că trebuie să fie realist. Mulți oameni trec ușor peste problemele cu prietenii. Dar unii copii sunt mai sensibili. Și unor copii le plac certurile. Nu pot include toate tipurile de oameni într-o emisiune TV.*

Părintele: *E adevărat. Poate sunt eu mai sensibil. Simți că te potrivești bine în grupul tău de prieteni sau ți-ai dori ca ceva să fie diferit?*

Copilul: *Copiii din grupul meu sunt în regulă, dar, da, mi-aș dori să am un prieten căruia să-i placă toate lucrurile care îmi plac mie. Eu și Lizzie făceam de toate împreună, dar acum, că suntem la școli diferite, nu am pe nimeni care să fie grozav, doar un grup de oameni destul de buni.*

Transmite ECOUL a ceea ce auzi

Părintele: *Ce-mi spui tu sună la fel cum îmi amintesc și eu. Cred că majoritatea oamenilor, atunci când ajung la gimnaziu, trec printr-o schimbare a prieteniilor și se simt mai puțin conectați decât în școala primară.*

Copilul: *Da, îmi place grupul meu, dar cumva încă mai aștept să-mi găsesc cel mai bun prieten din gimnaziu.*

Oferă FEEDBACK

Părintele: *E ceva perfect normal pentru această perioadă din viața ta. Știai că doar unu la sută dintre oameni rămân apropiați și la liceu de cei mai buni prieteni pe care i-au avut în gimnaziu? Așa că nu-i nimic ciudat dacă nu-ți vei găsi prietenul căutat decât mai târziu.*

Copilul: *E adevărat? E cam deprimant.*

Părintele: *E adevărat, dar cred că te și eliberează. Te scapă de presiunea de-a găsi legătura perfectă. În loc să cauți o singură persoană care să-ți fie cel mai bun prieten, poți exersa să* *faci parte dintr-un grup și să te apropii de mai mulți oameni diferiți. S-ar putea să ai un prieten care te face să râzi cel mai mult, unul cu care îți place să înveți, unul care este la fel de bun la fotbal ca tine. De asta am deschis subiectul. Emisiunile TV ca asta fac să pară că ar trebui să ai un „cel mai bun prieten" care să fie perfect, dar în realitate este mai mult o chestie de liceu. Deocamdată, ești exact unde ar trebui să fii.*

Să pornesc iar emisiunea?

Ideea că toți ceilalți au un prieten foarte bun este o minciună, iar atunci când ajustezi așteptările copilului tău, îl ajuți să se simtă mai confortabil în propria-i piele. Și ce este mai util când îți cauți prieteni noi decât să te simți bine cu tine însuți? Cel mai probabil, va deveni o profeție autoîmplinită: dacă îți pasă mai puțin de găsirea unui prieten apropiat, vei găsi unul mai curând.

Sabotorii conversației

Unul dintre cele mai mari obstacole în purtarea unei conversații plăcute cu copilul tău de gimnaziu este faptul că încearcă activ să nu-i pese de opinia ta despre prietenii lui. Cu cât dai mai mult impresia că judeci oamenii (în general, dar mai ales copiii de vârsta lui), cu atât mai abitir îți va ignora părerile. Rămâi neutru și deschis la modul în care își interpretează prietenii. Arată-i ce înseamnă să fii un bun ascultător, mai mult decât un profesor. Mai presus de toate, evită următorii sabotori ai conversației care vor opri, cu siguranță, o discuție plăcută.

„Nu-mi place că ești prieten cu..." Când copilul tău ajunge la gimnaziu, nu poți controla cu cine se împrietenește.

Ai putea stabili reguli despre oamenii cu care se poate vedea în afara orelor de școală, însă este imposibil să urmărești cu cine își petrece timpul la școală sau peste cine dă în public. Poate că ai o părere proastă despre cineva, dar poate te înșeli. Într-o relaţie în care unul dintre parteneri controlează ce prieteni își face celălalt, apare o alertă de abuz de putere. Nu vrei ca viitorul tău adolescent să creadă că acest lucru este normal deoarece tu ai făcut asta mai întâi. În loc să interzici o persoană, poţi restricţiona anumite activităţi cu cineva.

„Poate că așa e cel mai bine. Nu mi-a plăcut niciodată de el/ea." Atunci când copilul tău este rănit de un fost prieten, ai putea fi tentat să vorbești de rău cealaltă persoană ca să-ţi faci copilul să se simtă mai bine. Nu uita, copilul tău este rănit fiindcă i-a plăcut de acea persoană și poate încă îi mai place. Va înţelege din asta că îi acuzi judecata. De asemenea, *vai*, este greu să auzi că e cel mai bine când te doare ceva.

„Mi-aș dori ca oamenii să te vadă cum te văd eu." „Vomit", asta va gândi copilul tău. Niciun copil nu vrea ca ceilalţi copii din școală să îl vadă așa cum îl vede părintele său de patruzeci și cinci de ani.

„Îţi vei găsi prietenul până la urmă." Poate că nu. Poate se va simţi la fel de împlinit având mulţi oameni în viaţa lui pe care se poate baza pentru lucruri diferite, în loc de o singură persoană pe care să se bazeze pentru aproape toate.

„Ţine minte să fii amabil cu toată lumea." Copilul tău va auzi asta și va crede că sună ca la grădiniţă. „Să fiu amabil cu bătăușul care îmi dă brânci în toaleta greșită? Să-i zâmbesc prietenului-dușman care le spune celorlalţi de la masă să nu vorbească cu mine la prânz?" Lumea socială din gimnaziu este prea complexă pentru o abordare atât de simplă. În schimb, recunoaşte nuanţele dinamicii sociale şi caută răspunsuri adaptate cerinţei situaţiei.

„Dar [acel copil] este atât de amabil!" Nu am învăţat nimic de la Eddie Haskell, Nellie Oleson, Draco Malfoy sau Regina George? Percepţia copilului tău despre un alt copil este cea adevărată pentru el. Aşa cum doctorul are încredere în cum percepi tu durerea pe o scală de la unu la zece, trebuie să-ţi crezi copilul pe cuvânt când îţi spune cum îl fac alţii să se simtă. În loc să ceri o evaluare mai corectă a caracterului cuiva, fii atent la modul în care îşi exprimă copilul tău sentimentele. Apoi canalizează-ţi energia spre a-l ajuta să-şi gestioneze sentimentele, în loc de a-i corecta interpretarea.

„Un prieten adevărat nu te-ar trata astfel." Este tentant să folosim interacţiunile nereuşite ale copilului nostru cu colegii pentru a-l învăţa despre ce ar face şi ce nu ar face un prieten bun, însă îi vom crea confuzie unui copil care aude acest lucru şi în acelaşi timp se gândeşte „Dar *este* prietenul meu şi *a făcut* asta". Atunci când crezi că copilul tău este tratat urât de un prieten, încearcă să-i ceri să-şi imagineze pe altcineva în situaţia lui. „Ţi se pare în regulă? Dacă acelaşi lucru s-ar întâmpla între sora ta şi un prieten, ce sfat i-ai da?"

Priveşte către viitor

Adolescenţa timpurie este doar începutul învăţării despre cum să-ţi faci prieteni noi, independent de influenţa şi decizia unui părinte sau profesor. La început, elevii de gimnaziu au nevoie să le mai netezești puțin drumul plin de hârtoape, ca să se elibereze de presiunea de-a se face plăcuți și să capete treptat confortul psihic de-a se cunoaște pe ei înșiși și așteptările pe care le pot avea de la prieteni. Copiii de această vârstă se simt adesea de parcă ar pluti liber, neatașați, însă, dacă le poți prezenta această senzație drept un exercițiu pentru relațiile mai durabile pe care le vor stabili în liceu, le vei sugera că și perioada aceasta își are scopul său.

Mai mult, acum este un moment bun să-i ceri copilului să se gândească ce fel de prieten își dorește (și speră să aibă). Calitățile pe care le va alege îi vor servi drept referință pentru legăturile viitoare, mai întâi de prietenie, apoi romantice. Nu trebuie să fie o listă reală, scrisă pe hârtie, ci un subiect de conversație obișnuită. Rezistă tentației de-a crea tu lista de calități pe care ar trebui să le caute copilul tău la un prieten. Lista ta ar suna probabil precum o bază de date cu termeni generici din domeniul educației pentru formarea caracterului: amabil, susținător, corect, amuzant, de încredere și așa mai departe. În plus, ai trece pe listă atributele care contează cel mai mult pentru *tine*. Poate că stabilitatea este în capul listei tale, iar spiritul de aventură este în capul listei copilului tău. Este timpul ca el să-și dezvolte vocabularul emoțional și îl poți sprijini întrebându-l cum îl fac să se simtă anumiți oameni sau anumite interacțiuni. Este un început grozav care să îl ajute să identifice ce să caute la un prieten și poți începe să recunoști tipare precum „Bag de seamă că pari să te bucuri cel mai mult când ai prieteni care sunt introvertiți/extrovertiți/creativi/curioși/manierați/spontani. Ție cum ți se pare?"

Când te gândești la prietenii noi pe care și-i va face copilul tău în următorii câțiva ani, imaginează-ți un parc de distracții. Îl vezi pe acel părinte care așteaptă pe o bancă lângă montagne russe, ţinând hainele şi genţile tuturor? Acea persoană eşti tu acum. Nu urca în montagne russe cu copilul tău ca să trăieşti toate suişurile şi coborâşurile emoţionale ale prieteniilor la această vârstă. Eşti acolo ca să-l încurajezi să-şi asume anumite riscuri şi să se distreze cât mai mult, să-l linişteşti atunci când este nervos sau nefericit şi să-i oferi toate băuturile răcoritoare, gustările şi serviciile de transport pe care le poţi oferi.

Te grăbeşti? Iată cursul tău rapid

- Transformarea într-un adult independent implică trecerea de la a te face plăcut în ochii părinţilor la a avea succes între colegi. Acest lucru creează o nouă presiune, de-a fi acceptat de prieteni şi colegi de clasă, îngreunându-le copiilor misiunea de-a gestiona schimbările prin care trec prieteniile în mod natural în decursul adolescenţei.
- Doar unu la sută dintre prieteniile formate în clasa a şaptea durează până în clasa a douăsprezecea. Aminteşte-le preadolescenţilor că a învăţa să vorbească cu oameni noi şi a fi deschişi la experienţe noi îi vor ajuta mai mult în viitor decât să-şi găsească sufletul pereche la vârsta de doisprezece ani.
- Cultura pop dă o aură romantică prieteniilor, sporind presiunea simţită de copii în sensul găsirii celui mai bun prieten. Părinţii ar trebui să normalizeze descrierea prieteniei între adolescenţi, oferindu-i copilului o imagine cinstită. Să simţi că nu-ţi găseşti locul, să tânjeşti după

prietenii mai bune ori să jeleşti după prieteniile pierdute nu e ideal, însă e perfect normal.

- Atunci când copiii nu vor să păstreze prieteniile vechi, învaţă-i cum să trateze oamenii cu demnitate, chiar dacă nu vor rămâne apropiaţi.
- Ajută copiii să înţeleagă că pot să nu aibă *un* prieten care întruchipează toate lucrurile pe care şi le doresc. Să aibă prieteni diferiţi care le răspund unor nevoi diferite poate oferi aceleaşi satisfacţii.

Copiii intră în defensivă atunci când comentezi despre prietenii lor. Foloseşte experienţele altor oameni, din viaţa reală sau din cărţi/de la televizor, pentru a vorbi despre cum se comportă prietenii buni unul cu celălalt.

CAPITOLUL

7

Cum să vorbeşti despre creativitate

În acest capitol vei descoperi de ce creativitatea este esenţială pentru fericirea şi succesul viitor, cum să hrăneşti creativitatea la o vârstă la care pare să dispară, ce înlocuieşte de obicei joaca în adolescenţă şi cum tehnologia face o pereche surprinzător de bună cu creativitatea la această vârstă, dar şi modalităţi de a introduce mai multe conversaţii despre creativitate în activităţile distractive simple de acasă.

De ce contează creativitatea

Dă timpul cu zece ani înainte: copilul tău de doisprezece ani are acum douăzeci şi doi şi începe primul lui serviciu, ca junior la o bancă naţională de renume. Simţi că munca ta s-a încheiat şi eşti gata să sărbătoreşti. Şi ar trebui. Visul standard este să vezi copiii părăsind căminul şi devenind capabili să-şi plătească facturile singuri, iar al tău s-a îndeplinit.

Acum imaginează-ţi noul tău adult la o şedinţă cu angajaţii băncii şi o şefă panicată de o problemă pe care nimeni nu pare capabil să o rezolve. Şefa merge nervoasă prin încăpere, cerând: „Trebuie să rezolvăm problema! De ce nu-şi dă nimeni seama ce se petrece aici?" Creativitatea nu este doar domeniul artiştilor. Creativitatea este un element esenţial în toate posturile, fie ca faci design vestimentar sau lucrezi la o bancă.

Un studiu din 2010 realizat asupra a 1.500 de directori executivi din 60 de ţări a identificat creativitatea drept „factorul cel mai important pentru succesul viitor". Şefa din scenariul de mai sus nu are nevoie de cineva care să decupeze birourile pentru a face spaţiul de lucru mai frumos. Are nevoie de cineva care poate rezolva probleme, iar asta necesită o gândire creativă şi flexibilă. Tinerii adulţi care nu au exersat gândirea creativă se vor bloca la muncă şi în viaţă. Sunt obişnuiţi să accepte lucrurile aşa cum sunt. Liderii, la muncă şi în alte ipostaze, văd lucrurile diferit şi pun în aplicare idei noi în mod inteligent.

Dar nu numai viitorii angajatori au nevoie de gândire creativă. Ce se întâmplă când copilul tău nu-şi permite să plătească chiria? Sau când este invitat la o nuntă pe care nu şi-o poate permite? Nu vrei să vină la tine să doarmă pe canapea sau să-ţi ceară bani de fiecare dată când apare o problemă. Cum ne putem aştepta ca tinerii adulţi să rezolve probleme prin care nu au mai trecut, dacă nu sunt obişnuiţi să caute idei şi să gândească creativ?

Ceea ce mă aduce la rezilienţă, acea abilitate de invidiat de a-ţi reveni după situaţii dificile. Creativitatea şi flexibilitatea merg mână în mână, în timp ce rigiditatea este duşmanul sănătăţii mintale. Copilul tău va eşua şi va simţi durere deseori de-a lungul vieţii, însă, cu cât învaţă mai mult să apeleze la metode creative pentru a le depăși, cu atât va deveni mai rezilient.

În ultimul rând, dar nu mai puțin important, creativitatea este distractivă – și ce e viața fără distracție din plin? Pentru mine personal, așternerea cuvintelor pe hârtie este eliberarea creativă cea mai distractivă pe care o cunosc. Am prieteni care ar prefera să coasă o rochie sau să facă un vas de lut. Nu mă pricep să creez lucruri cu mâinile, însă, oricare ar fi activitatea aleasă, creativitatea duce la un *produs*. Cei mai mulți dintre noi muncesc din greu în fiecare zi, însă nu reușesc să vadă sau să atingă rezultatele acestei munci. Poate fi deprimant să simți efectul cumulativ al efortului zilnic și constant fără să poți arăta ceva și să spui: „Uite, eu am făcut asta!"

Locuiesc în cel de-al doilea oraș bancar ca mărime din Statele Unite și majoritatea bancherilor pe care îi cunosc îmi spun că simt cea mai mare fericire după ce plantează ceva în grădină, zugrăvesc o cameră sau gătesc o masă bună. Le place serviciul lor, de obicei, însă munca zilnică nu le oferă *bucuria* pe care le-o dă crearea unui lucru tangibil. Păstrarea vie a acestui sentiment de bucurie și mândrie în adolescență, ca să-ți ghideze viitorul adult prin viață, este cât se poate de importantă atunci când crești un adolescent.

Purtarea de conversații care vorbesc despre valoarea creativității ar putea să nu pară o prioritate în gimnaziu, dar ia o pauză și imaginează-ți mulțimea de posibile provocări cu care se poate confrunta un copil la liceu: profesori nerezonabili, parteneri romantici insistenți, prieteni convingători și programe încărcate. Oricare dintre acestea poate face un tânăr adolescent să nu-și asculte instinctul, dar o persoană care este obișnuită să abordeze problemele în mod creativ și care are o cale de a se elibera de stres are șanse mai mari să rămână loială convingerilor sale, în ciuda provocărilor cu care se va confrunta cu siguranță.

Ce se întâmplă cu creativitatea în adolescență?

Copiii mici sunt foarte creativi în mod natural. Lucrul acesta prezintă două avantaje majore: primul, îi ține pe copii ocupați în zile imposibil de lungi, iar al doilea, îi ajută să-ți transmită ce simt. Copilul oferă coliere din mărgele mari sau capodopere din creion pentru a-și exprima recunoștința și iubirea. Sau, în zilele grele, ca un mic psihopat adorabil, îți bagă pe sub ușă un portret deloc măgulitor, cu mesajul „Te urăsc!" Măcar știi ce simte.

În aceste zile, nu știi mai nimic. Exprimările imaginative ale emoțiile copilului tău dispar treptat pe măsură ce copilul se apropie de finalul școlii primare, și nu doar fiindcă multe programe de artă sunt eliminate la acea vârstă. Oare copilul tău ajuns elev la gimnaziu nu mai creează lucruri pentru tine fiindcă nu mai vrea să-ți arate recunoștință? Expresivitatea lui generală se estompează? Sau pur și simplu fântâna creativității seacă în adolescență?

Să analizăm mai întâi recunoștința, deoarece foarte mulți părinți se luptă cu lipsa acesteia din partea copiilor lor. Știm cu toții că preadolescenții tânjesc să se simtă mai adulți. Aprecierea față de un părinte li se poate părea copilăroasă și pot chiar simți (incorect) că este același lucru cu dependența. Spui: „Ți-am făcut curat în cameră când erai la școală!" și, în locul unei îmbrățișări, primești „Nu ți-am cerut eu să faci asta". Doare. Preadolescentul tău se gândește „Pot s-o fac și singur, așa cum îmi place, în funcție de programul meu. Nu sunt copil mic". Așadar, da, recunoștința pălește într-o oarecare măsură la această vârstă. Însă creativitatea... ea unde se duce?

Între luptele care durează toată după-amiaza cu fiul tău care vrea să joace Fortnite, fiica ta care vrea să vadă toate cele zece sezoane din *Prietenii tăi* pe Netflix sau copilul tău cel mai mare care stă în continuu pe Snapchat, ecranele *par* să fie suspectul principal. Fără îndoială, este ușor să pierzi noțiunea timpului în fața ecranelor, deși adulții sunt probabil la fel de vinovați ca restul populației când vine vorba de consumul fără sens de rețele sociale sau televizor. Însă nu sunt convinsă că tehnologia este singurul vinovat de sabotarea creativității copiilor noștri.

Ceea ce pare a fi dispariția imaginației ar putea fi mai degrabă o relocare temporară. Așa cum copiii trec de la gândirea concretă la cea ipotetică în perioada gimnaziului, proiectele lor creative devin și ele mai puțin concrete, mai puțin vizibile și mai puțin tangibile. În loc să creeze jocuri noi și distractive, proiecte artistice, forturi sau prăjiturele, energia creativă a copilului tău de gimnaziu este probabil dirijată spre construirea unui lucru mult mai important: el însuși. Tinerii adolescenți lucrează mai mereu la noua lor marcă personală. Îmi amintesc că în adolescență mi-am consumat o mare parte din energie încercând să-mi dau seama cum să-mi fac părul să arate în același timp țepos și vălurit. Mi-a luat ore de observație și exercițiu, iar în final, eforturile mele au dus doar la un păr turtit și plin de gel. Dacă în anii '80 ar fi existat un lucru la fel de minunat ca tutorialele de coafat de pe YouTube, pot spune cu siguranță că aș fi petrecut de zece ori mai mult timp lucrând la șuvițele mele.

La fel, s-ar putea ca nici copilul tău să nu aibă multe de arătat în urma eforturilor sale la această vârstă, dar probabil consumă multă energie creativă atât gândindu-se, cât și exersând cine vrea să fie și cum vrea să fie perceput de alții. Totuși… ai vrea ca preadolescentul tău să recunoască valoarea contribuției ca fiind superioară consumului, deoarece nu este distractiv să locuiești cu cineva care pare mereu distrat, în lumea lui sau interesat doar de sine. Așadar, cum porți o conversație care să-ți inspire preadolescentul să fie creativ într-un mod care să nu-i servească doar lui, ci să ajute și prietenii, familia și comunitatea?

Cum să vorbești despre creativitate

Deoarece creativitatea este pretutindeni în jurul nostru, există mai multe căi naturale de-a aborda acest subiect. O modalitate simplă pe care am descoperit-o de a încuraja creativitatea este să mă leg de dorința aproape universală a preadolescenților de a porni o afacere și de a câștiga bani. Primele eforturi antreprenoriale înlocuiesc adesea „joaca" pentru copiii de gimnaziu. Atunci încep copiii să joace rol de bone, se oferă să aibă grijă de animale sau să tundă peluza, ori vând suporturi artizanale de ghivece/prăjiturele/brățări/haine pictate/semne de carte.

La o prelegere despre parenting pe care am ținut-o în Boston, o femeie din public mi-a cerut să-i explic de ce sunt de acord ca copiii să-și pornească propria afacere, deși o mare parte din povară cade pe părinți, să facă rost de materiale, să curețe, să livreze către clienți și așa mai departe. Părerea ei (corectă) era că la această vârstă copiii au multe idei, dar nu prea le duc până la capăt. Cu alte cuvinte, nu sunt pregătiți. Adevărat! Însă nu sugerez c-ar fi vorba de o afacere *de succes*. Este un rezultat foarte improbabil, deși felicit copiii despre care citesc în ziare că inițiază proiecte prin care le duc haine oamenilor fără adăpost prin tot orașul, care vând cantități record de prăjiturele pentru a sponsoriza vindecarea cancerului sau care tund suficiente peluze cât să-și ducă familia în vacanță. Poate ai citit și tu aceste articole și le-ai arătat copiilor tăi drept exemplu de ce ar putea realiza cu suficientă perseverență. Pentru un elev de gimnaziu, este ca și cum i-ai arăta un articol despre Steph Curry și i-ai spune: „Și tu poți ajunge în NBA într-o zi!“ Sigur, poate! Dar, de asemenea, aproape sigur nu.

Nu lăsa superstarurile creative să te păcălească făcându-te să crezi că scopul adevărat nu este cel de-a da greș.

Nu lăsa superstarurile creative să te păcălească făcându-te să crezi că scopul adevărat nu este cel de-a da greș.

Răspunsul meu pentru mama de la prelegerea despre parenting a fost să nu se implice în afacerea copilului. Pe lângă, să zicem, procurarea de materiale, copiii *ar trebui* lăsați să greșească. Când greșesc, atunci devin creativi. Scopul în a fi de acord nu este să susții un plan de succes. Este să recunoști importanța de-a rămâne creativ, curios și implicat. De-a ține mintea copilului ocupată. Da, chiar dacă jumătate din suporturile de ghivece nu ajung niciodată la clienți. (Aici, de exemplu, este o ocazie de-a învăța cum să trimiți un e-mail creativ legat de rambursare.)

Să vedem cum poți purta o discuție despre creativitate într-o mică afacere folosind modelul BRIEF de conversație.

Pune BAZELE pașnice

Copilul: *Mamă, Jamie și cu mine vom face șosete pictate și le vom vinde la școală.*

Părintele: *Grozav! Cum faceți rost de materiale?*

Copilul: *Nu știu. Ai vrea să...*

RELAȚIONEAZĂ cu copilul tău

Părintele: *Mă bucur că v-ați gândit la o modalitate creativă de-a face bani. Îmi ceri să fac eu rost de materiale? Îmi ceri să și plătesc pentru ele?*

Copilul: *Ei bine, nu avem bani, de asta și începem afacerea.*

Părintele: *Înțeleg. Având și eu o afacere, înțeleg că aveți nevoie de o mică investiție.*

INTERVIEVEAZĂ pentru a aduna informații

Părintele: *Poți să intri pe Amazon și să cauți un preț bun pentru șosete albe simple și un set de vopsit, după care să vii iar la mine?*

Copilul: *Da! Cât ne dai?*

Părintele: *Nu sunt încă sigur că vă dau. Trebuie să văd niște cifre mai întâi. Interesează-te și vino să-mi spui. Atunci o să pot să-ți răspund.*

[Cinci minute mai târziu]

Copilul: *În regulă! Avem nevoie de treizeci de dolari pentru șosete și de cincisprezece dolari pentru vopsea. Asta dacă nu vrei să iei setul mai mare, cu mai multe culori. Acela costă treizeci de dolari.*

Părintele: *Îți trebuie între patruzeci și cinci și șaizeci de dolari ca să faci șosete? Câte șosete cumperi cu banii ăștia?*

Copilul: *Putem cumpăra douăzeci de perechi de șosete albe cu treizeci de dolari.*

Părintele: *Și cu cât le veți vinde după ce le vopsiți?*

[Este esențial să ai un ton al vocii neutru. Nu oferi feedback încă – prin cuvinte sau ton –, oricât de absurdă ți s-ar părea ideea. Doar adună informații.]

Copilul: *Nu știu. Cu cincisprezece dolari perechea?*

Părintele: *Pari nesigur. Acesta este prețul pe care l-ați stabilit?*

Copilul: *Nu știu. Ar putea fi mai mult sau mai puțin. Ce crezi? Vrem doar să facem cât mai mulți bani.*

Transmite ECOUL a ceea ce auzi

Părintele: *Am înțeles. Se pare că vreți să scoateți cât mai mult profit cu o cheltuială cât mai mică. E un bun instinct de afaceri. Și vă trebuie o cale prin care să vă cumpărați materialele inițiale. Am dreptate până acum?*

Copilul: *Da!*

Oferă FEEDBACK

Părintele: *Cred că, în primul rând, este o idee grozavă. În ceea ce privește costul materialelor, patruzeci și cinci de dolari este o sumă mare pentru mine. Iată ce sunt dispus să fac: voi contribui cu cincisprezece dolari pentru prima achiziție de șosete. Pentru restul, îți poți folosi economiile. După ce vinzi primul rând de șosete, îmi poți da înapoi cei cincisprezece dolari. Pentru vopsea, sunt dispus să-ți cumpăr setul mai mic cu cincisprezece dolari și, în loc să-mi dai banii înapoi din vânzări, voi accepta plata prin servicii în valoare de cincisprezece dolari.*

Tu decizi cu cât vinzi șosetele. Cincisprezece dolari mi se pare scump pentru copii de vârsta ta, însă poți face ceva numit „cercetare de piață", să-ți întrebi prietenii cât ar plăti. Mai poți și să iei comenzi în avans. Partea asta depinde doar de tine. Dacă nu vinzi destule cât să-mi dai banii înapoi pentru primele șosete, îi vom scădea din banii tăi de cheltuială. Însă, dacă te implici și muncești din greu, poți câștiga destul cât să comanzi mai multe materiale și să faci mai mulți bani! Și se înțelege că vei picta șosetele doar pe exterior. În plus, te rog să mă lași să văd cum ai pregătit totul înainte de-a începe.

Sună bine?

Cine poate spune dacă această idee de afacere ipotetică va face vreodată bani sau dacă va trece măcar de etapa de planificare? Însă timpul petrecut planificând, visând şi punând în aplicare – chiar dacă această etapă este scurtă – este un timp petrecut cu folos.

Această conversaţie putea merge într-o direcţie complet diferită dacă părintele începea prin a fi sceptic la plan şi critica greşelile făcute în trecut. Scânteia creativă a copilului putea fi stinsă de la bun început, ori în cazul în care îşi auzea părintele plângându-se unui prieten că puştiul său nu face decât să se uite la filmuleţe pe YouTube despre cum fac alţi oameni diverse lucruri.

Reţelele sociale şi creativitatea: o pereche ideală în raiul cibernetic

Un alt spaţiu în care poţi aborda cu uşurinţa valoarea creativităţii este subiectul reţelelor sociale. Deoarece este un mediu atât de vizual, creativitatea – sau lipsa acesteia – este uşor de observat în postările unui preadolescent. Da, ştiu, unele familii nu permit telefoane sau aplicaţii decât la mult timp după gimnaziu. Nu pledez nici pentru, nici împotriva utilizării reţelelor sociale la o anumită vârstă. Sper că formatul conversaţiei este totuşi util chiar dacă subiectul nu este încă în vizorul tău. (Deşi, aş adăuga eu, chiar dacă copilul tău nu are încă telefon sau cont pe reţele sociale, mulţi copii din jurul său au, deci tot are rost să vorbeşti despre conţinutul creativ ca o cale prin care pui bazele pentru utilizarea lor viitoare. Ai putea să-i arăţi postările tale sau contul unei vedete pentru a-ţi susţine afirmaţiile.)

Atunci când privesc contul de Instagram al unui adolescent, *sper* mereu să văd o varietate de fotografii, însă, dacă ar fi să pariez, aş zice că voi găsi un şir de selfie-uri printre care se strecoară şi câteva poze cu prietenii. Este la fel de distractiv ca şi cum ai citi un monolog plictisitor şi nesfârşit.

Apare astfel astfel o ocazie grozavă să vorbeşti despre creativitatea pe Instagram sau chiar pe Finsta (contul fals de Instagram al copilului tău, sub un pseudonim). Majoritatea copiilor care au conturi Finsta le ascund de părinţi. Deşi nu poţi discuta despre ceea ce nu vezi, poţi menţiona că ştii de existenţa lor, că nu ştii dacă are şi copilul tău unul şi că speri că, *orice* face el online, indiferent dacă i se pare privat sau nu, ar trebui să contribuie la starea sa de bine şi să nu-l facă să se simtă rău nici pe el, nici pe alţii.

Şi apropo de asta, utilizarea reţelelor sociale în mod creativ te va face cel mai probabil să te simţi bine, în timp ce utilizarea pasivă a reţelelor sociale are un efect negativ. Un studiu din 2017 intitulat „Reţelele de socializare dezvoltă sau subminează starea de bine subiectivă? O analiză critică" a descoperit că „folosirea pasivă a reţelelor sociale (aşa-zisa urmărire fără implicare) este asociată în mod negativ cu starea de bine, însă folosirea activă a reţelelor sociale (postări, comentarii, distribuiri) este asociată în mod pozitiv cu starea de bine". Este un motiv foarte bun pentru a aborda reţelele sociale într-un mod creativ, în loc să citeşti fără noimă postările altora.

Iată cum s-ar putea derula o conversaţie despre reţele sociale şi creativitate folosind modelul BRIEF. Subiectul prezentat este Instagramul, însă aplicaţiile de reţele sociale variază în funcţie de popularitatea lor. Sfatul se aplică oricărei reţele sociale.

Pune BAZELE pașnice

Părintele: *Bună, ai făcut o postare drăguță azi.*

Copilul: *A trebuit să mă laud cu cerceii mei cei noi!*

Părintele: *Da, sunt drăguți! Vrei să luăm o gustare? Aș vrea să vorbim câteva minute despre rețelele sociale. Nu-i nimic în neregulă. Doar discutăm.*

Copilul: *Am făcut ceva greșit?*

RELAȚIONEAZĂ cu copilul tău

Părintele: *Absolut nimic. Mă gândeam în dimineața asta că am petrecut zece minute la micul dejun trecând prin postările de pe Facebook și apoi mi-am dat seama că nu dau peste nimic interesant. Nu știu dacă pățești și tu la fel cu postările de pe Instagram.*

Copilul: *Uneori. Dar îmi place. Câteodată e plictisitor, dar în general e distractiv.*

INTERVIEVEAZĂ pentru a aduna informații

Părintele: *Mi se pare că majoritatea oamenilor cunoscuți postează selfie-uri și câte o poză de grup din când în când. Așa ți se pare și ție, sau vezi și oameni care sunt mai creativi?*

Copilul: *Mă rog, poate-o fi adevărat, dar nu e mare lucru.*

Părintele: *De acord – nu e mare lucru. Sunt doar curios cum folosesc aplicația oameni diferiți. Urmărești și conturi ale persoane care nu-ți sunt prieteni?*

Copilul: *Nu, mi-ai spus să nu urmăresc pe nimeni cu care nu sunt prieten.*

Părintele: *Așa e! Dar poți urmări conturi mai mari, verificate, dacă vrei. National Geographic postează fotografii uimitoare. We Rate Dogs este foarte amuzant. Eu urmăresc niște actori de comedie care-mi plac. Este o modalitate drăguță* *de a vedea postări mai diverse dacă te interesează. Dacă tot folosești aplicația, măcar să profiți de ea mai mult.*

Copilul. *În regulă, grozav.*

Părintele: *Care postări ți se par cele mai plictisitoare sau mai enervante?*

Copilul: *Nu pot să sufăr când cineva postează ceva de genul „Azi arăt foarte urât" și știi că așteaptă să primească complimente!*

Părintele: *Chiar sună enervant. Fac și băieții asta, sau doar fetele?*

Copilul: *Mai ales fetele. Dar atunci când băieții fac selfie-uri în oglindă ca să-și arate abdomenul e foarte ciudat.*

Părintele: *Îți imaginezi cum ar fi dacă aș face eu asta?*

Copilul: *Scârbos. Niciodată! Să nu îndrăznești!*

Părintele: *N-aș face asta niciodată! Dar, serios, cum ar fi dacă aș posta câte un selfie în fiecare zi pe Facebook? Dacă cineva postează același tip de lucruri în fiecare zi, fie că vorbim de selfie-uri, poze cu abdomenul sau fotografii cu ce a mâncat la cină, spunem că este „monoton". Imaginează-ți cum ar suna un cântec care conține o singură notă. Ar fi cel mai plictisitor cântec din lume. Când vine vorba de contul tău, te-aș încuraja să te gândești cum poți fi mai creativ de atât.*

Copilul: *Da, înțeleg. Dar nu cred că Instagramul este locul în care să schimb eu situația.*

Părintele: *De ce nu?*

Copilul: *Fiindcă, efectiv, toți prietenii mei postează o mulțime de selfie-uri. Nu cred că înțelegi că e un lucru normal.*

Transmite ECOUL a ceea ce auzi

Părintele: *Înțeleg. E clar că alți oameni folosesc aplicația în felul ăsta. Poate fi ciudat să fii primul care face ceva diferit.*

Oferă FEEDBACK

Părintele: *Iată ce cred, iar apoi putem încheia subiectul. Contul tău este precum o fereastră asupra brandului tău personal. Iar dacă se compune din selfie-uri în proporție de 90 la sută, riscă să sune ca un cântec monoton. Faci o mulțime de lucruri grozave pe care oamenii nu le văd dacă postezi doar selfie-uri. Lucrezi voluntar la fermă, ai un câine drăguț, faci poze minunate cu plaja. Cred că acestea ar fi subiecte grozave pe care să le fotografiezi.*

Verifică cinci sau șase conturi certificate - cele cu marcaje albastre, care arată că sunt oficiale - pe o gamă de subiecte sau ale unor persoane cunoscute. Fă-ți o idee despre ce postează oamenii din afara cercului tău de prieteni. Poți apoi să și descarci o aplicație prin care să-ți editezi fotografiile. Există lucruri grozave pe care le-ai putea face adăugând elemente de design grafic imaginilor din natură. Joacă-te puțin cu ea. Nu e nevoie să postezi ceea ce editezi, dar poate fi distractiv să înveți aplicațiile. Și, dacă decizi că vrei să începi să fotografiezi o gamă mai variată de lucruri, putem chiar să ne interesăm de cursuri de fotografie vara asta. Sună bine?

Este important de menționat că aceste conversații pot lua turnuri diferite, pe măsură ce descoperi tot mai multe lucruri importante pe care vrei să i le spui copilului tău despre aceste subiecte vaste. Rămâi concentrat și la obiect. Această conversație s-ar fi putut dezvolta pe o mulțime de subiecte: siguranța pe internet, cum să fii un bun cetățean digital, cum să comentezi și cum să nu postezi prea mult, acestea fiind doar câteva. Toate sunt importante. Dar nu te învinui niciodată pentru că nu atingi toate subiectele la un moment dat. Ține minte să rămâi concentrat pe subiectul respectiv (aici, de exemplu, subiectul este doar creativitatea), altfel copilul tău nu te va mai asculta.

Sabotorii conversației

O conversaţie lungă nu este singurul lucru care îl va face pe copilul tău să înceteze să te asculte. Iată și alte modalități prin care, involuntar, l-ai putea face pe copilului tău să nu mai fie receptiv la discuţia despre creativitate:

„Nu mai suport încă un dezastru!“ Creativitatea este, prin natura ei, dezordonată, așa că înţeleg și relaţionez cu instinctul de a spune nu atunci când vine vorba să repari un alt dezastru într-o zi deja haotică. Dezordinea va fi mai mică atunci când se limitează la un ecran (un alt argument în favoarea folosirii tehnologiei de către copii), însă creativitatea care vine din a-ţi pune mâinile la treabă are în ea ceva unic; merită să spui da atunci când se poate. Poţi și ar trebui să spui nu unor idei fără să-ţi faci griji că acest lucru va stopa creativitatea copilului tău, atâta timp când uneori spui da altor idei. Atunci când vrei să spui nu, încearcă abordarea da-nu-da, pentru a-i echilibra entuziasmul cu nevoia ta de pace și liniște. „Da, pare o idee grozavă. Nu, nu putem face asta azi, deoarece [completează cu: sunt epuizat și s-ar putea să ai nevoie de ajutorul meu / avem treburi de făcut / nu avem materialele necesare]. Da, acest weekend ar fi momentul perfect pentru ideea asta distractivă.“

„Nu înţeleg.“ Mă declar vinovată. Uneori nu prea știu cum să mă arăt entuziasmată de un proiect, mai ales atunci când nu-l înţeleg sau când îmi trece prin cap „Nu cred ca a ieșit cum și-a dorit". În acest caz, soluția mea este să pun întrebări despre proces. „Frumos. Ce-i partea asta? Ce-ai făcut? Voiai să pui aici piesa asta?" E drăguț să întrebi pe cineva cum a făcut dacă ești curios cu adevărat, însă, dacă vrei să-ți maschezi reacția lipsită de entuziasm punând întrebări logistice, preadolescentul tău ar putea să se prindă. Va suna ca și cum cauți erori în procesul de creație. Dacă nu ai o reacție pozitivă, încearcă mai degrabă să adresezi una sau două întrebări despre experiența copilului. „A fost distractiv, sau greu, sau ambele? A fost ceva ce te-a surprins? Ce vrei să faci cu această creație?"

„Ce ai putea face mai bine data viitoare?" Se mai întâmplă să fim atât de axați pe rezultate când vine vorba de copiii noștri, încât sărim direct la evaluare fără să ne dăm seama. Te concentrezi la câți bani a strâns, câte premii a câștigat sau cât de mult l-a lăudat profesorul. Cu siguranță, să muncească din greu pentru a obține rezultate și să învețe cum să evalueze succesul este o abilitate pe care vrei să și-o dezvolte copilul tău. Acest capitol se axează pe creativitate de dragul creativității, așa că, în cadrul acestor conversații, încearcă să reacționezi și să relaționezi cu experiența copilului, în loc să vorbești despre ce a mers și ce nu sau ce poate fi îmbunătățit data viitoare.

„Acum, poți să aplici chestia asta la ceva util?" Uneori subapreciem neintenționat tipurile de creație care le plac copiilor noștri, mai ales atunci când vorbim despre copii cu prietenii noștri adulți. „E atât de comică, mi-aș dori să-și folosească acest talent și la altceva, nu doar la meme – ha, ha!" „Este un scriitor bun și profesorii lui spun că-i înzestrat, însă e obsedat să facă benzi desenate japoneze, care au zece cuvinte pe pagină. Nu vrem să-și irosească talentul." „Pe vremuri picta foarte bine. Dacă am putea s-o convingem să-i pese și de altceva în afară de ojă..." Felul în care copilul tău își exprimă creativitatea în gimnaziu va fi cel mai probabil diferit de exprimarea creativității în școala primară sau la liceu și mai târziu. Acești ani sunt pentru a-și aminti bucuria de-a fi creativ și de-a explora noi modalități de expresie.

„E foarte cool. Uite ce-aș face eu ca să iasă mai bine." Dacă îți place să fii creativ, sau dacă copilul tău are un talent natural, ești probabil încântat de proiectele lui și de cât potențial are. Îți place să-l privești lucrând și poate ai chiar și idei de „îmbunătățire"! Trebuie să mă controlez aici, deoarece creativitatea mă încântă. Atunci când copiii mei au ceva de scris, *orice*, îmi mușc limba atât de tare, încât mă doare. Atunci când fac o postare amuzantă pe rețelele sociale, le trimit un mesaj rapid scriind că m-a făcut să mor de râs și rezist tentației de-a corecta greșelile gramaticale sau de-a sugera o urmare amuzantă. (Nu pot rezista mereu. E dificil.) Dar, imediat ce mi-o amintesc pe mama cum îmi sugera modificări la toate proiectele mele, știu ce să *nu* fac. Nimic nu ucide elanul cum o face o sugestie, chiar și una bună.

Creativitatea de zi cu zi este stimulată de brainstorming

Pe lângă conversațiile specifice despre proiecte sau activități creative, o altă modalitate de a-ți face copilul să rămână implicat în procesul de gândire creativă este să faceți adesea brainstorming acasă. Nu e vorba de nimic mai complicat decât niște idei despre unde să luați cina, cum să învățați câinele să facă un truc nou, ce să puneți în bagaje pentru o drumeție, cum să răspundeți la comentariul răutăcios al cuiva sau care este cea mai bună modalitate de-a organiza lista de sarcini. Suntem cu toții prea ocupați ca să facem asta pentru fiecare mărunțiș, dar, din când în când, implică-ți copilul punându-l să vină cu soluții la sarcini sau provocări de familie pe care le aveți în comun.

Secretul în încurajarea creativității atunci când faceți brainstorming este să accepți inițial toate ideile, chiar și pe cele proaste. Cei mai mulți dintre noi gândim spontan și ideile cele mai proaste vin înaintea celor bune. Dacă respingi o idee inițială pe care o sugerează copilul tău, chiar dacă aceasta este ridicolă („Noua listă de sarcini nu ar trebui să includă treburi care iau mai mult de două minute!"), copilul tău va înceta să contribuie. Notează toate ideile și abia apoi, după ce obții o listă întreagă, aranjând ideile de la excelente la groaznice, întoarce-te și taie-le pe cele care nu sunt fezabile.

Creierele noastre se pricep să respingă idei creative. Majoritatea funcționăm în modul de evaluare a riscului: „Este prea dificil sau ar putea fi jenant. Nu sunt pregătit încă". Ne pricepem să ne blocăm ideile creative înainte să avem ocazia de-a le încerca măcar. Ajutându-ți copilul să se acomodeze cu gândirea creativă prin brainstorming, îl vei învăța cum să respingă vocea care spune „nu poți" și cum să asculte posibilitatea lui „poate..."

Alte modalități de-a aborda acest subiect

Ți-am oferit două mostre de conversații despre creativitate, însă, dacă niciunul dintre aceste scenarii nu apare în mod natural în discuția cu copilul tău, poți aborda subiectul în mod organic, căutând metode de a-ți încuraja copilul într-o activitate pe care o desfășoară deja. O plângere frecventă pe care o aud de la părinții băieților de gimnaziu este „Nu vrea decât să joace jocuri video". Cum găsești creativitate în *asta*? Ei bine, extrapolezi. Poate i-ar plăcea să facă un curs de programare, ca să înceapă să învețe cum apare magia sub bagheta realizatorilor de jocuri. Poate i-ar plăcea să găzduiască un club de jocuri la voi acasă în zilele de sâmbătă. (Și poate că tu vei spune da, dacă e și el de acord să conceapă fluturașii sau să pregătească gustările.) Dat fiind că este atât de ocupat să joace jocuri video, probabil că tu va trebui să inițiezi discuția, în loc să aștepți să vină el la tine cu o cerere.

Cinele în familie sau plimbările cu mașina sunt prilejuri grozave de-a aborda subiecte noi. Poți cita statistica pe care am menționat-o la începutul acestui capitol, despre directorii executivi. „Azi am auzit ceva interesant. Un studiu despre directorii executivi a descoperit că aceștia consideră creativitatea ca fiind factorul cel mai important pentru succesul în afaceri. Nu cred că majoritatea oamenilor cred că a fi creativ are legătură cu a fi un om de afaceri. Te surprinde și pe tine acest lucru?" A face pe naivul te ajută să inițiezi aceste conversații, deoarece schimbă dinamica normală, făcându-ți copilul să se simtă mai cunoscător sau mai perspicace. Apoi, după ce ai fost „convins", spune-i copilului tău că ești de acord cu importanța creativității. Spune-i că ai vrea să-l susții, interesându-te de diverse lucruri distractive pe care le-ar putea face în ariile sale de interes. Clarifică faptul că nu încerci să înlocuiești ceea ce îi place deja, ci doar să adaugi și alte lucruri grozave.

Poți, de asemenea, să încerci o abordare directă și să pui întrebări. „Ții minte când construiai seturi Lego ore întregi? Îți este dor vreodată să ai un astfel de proiect la care să lucrezi?" Unii copii cred că, odată ajunși la gimnaziu, trebuie să înceteze să se joace, dar, cu permisiunea ta, le-ar plăcea să facă asta. Caută pe Google „seturi Lego arhitecturale" dacă ţi se pare că preadolescentul tău ar răspunde unei teme mai mature. Oferă-te să construieşti cu el, ca să-i arăţi că joaca nu este doar pentru copii. „Mi-ai face o favoare, deoarece caut o activitate pe care s-o facem în familie, nu doar să ne uităm la filme."

În final, fii răbdător. Fă paşi mărunţi spre victorie. Ţi-ar plăcea să-ţi caute copilul prin cărţile de gătit și să gătească o cină frumoasă pentru familie, dar poate că maximul pe care îl poţi obţine este să-ţi toarne ingredientele măsurate pentru prăjiturile sale preferate, în timp ce trece repede prin bucătărie în drum spre camera sa. Mai târziu totuși, în timp ce staţi și mâncaţi prăjiturile, preadolescentul tău își va asuma sigur meritele: „Te-am ajutat să le faci!" Rezistă impulsului de a-l contrazice cu fapte. („Da, sigur!" A trebuit să te oblig să torni făina.") Laudă micile victorii, în speranţa de a-ţi atrage copilul. „Da! Îţi mulţumesc pentru ajutor. Să-mi spui dacă mai vrei să gătești cu mine. Sau pot să cumpăr ingredientele dacă vrei să gătești ceva cu un prieten."

Spre deosebire de unele dintre subiectele mai dificile pe care va trebui să le abordezi cu tânărul tău adolescent, acesta are legătură cu distracţia. Cu cât ai o atitudine mai pozitivă și îi accepţi mai uşor alegerile creative, cu cât cresc șansele să ţi le împărtășească, acum și în viitor.

Alte zece modalităţi de-a încuraja creativitatea

Modalităţile prin care îţi poţi încuraja copilul să rămână conectat cu propria-i creativitate sunt nesfârșite, dar iată zece lucruri simple pe care le poţi face sau pe care le poţi pune la dispoziţia preadolescentului tău ca să-i stârnească energia creativă.

1. O cutie cu materiale artistice (de obicei este foarte atrăgătoare după ce tocmai a fost organizată şi pare să aibă nevoie de dezordine).

2. Un card cadou la un magazin de imprimat, pentru a face cărţi de vizită şi fluturaşi.

3. Jurnale goale, pixuri colorate, stickere.

4. Acces la tehnologie: aplicaţii de design grafic, canale de YouTube private, lecţii online pentru un hobby nou şi aşa mai departe.

5. Un abonament la o revistă (de gătit, despre natură, ştiinţă şi aşa mai departe) cu fotografii care să-l inspire.

6. Lecţii de fotografie.

7. Un instrument ieftin cumpărat la ocazie.

8. Permisiunea de a-şi decora camera. Cu cât faci mai puţine pentru el şi cu cât îl finanţezi mai puţin, cu atât va trebui să fie mai creativ.

9. Articole de toaletă, cosmetice, vopsea de păr (temporară sau permanentă) şi alte articole cu care să experimenteze.

10. Plictiseală. Timp din plin în care să se holbeze la tavan.

În timp ce încurajezi creativitatea copilului tău, nu uita să te delectezi şi pe *tine* cu puţin timp în care să stai liniştit şi să visezi cu ochii deschişi, să faci ceva cu mâinile tale sau să te răsfeţi. Atunci când copilul tău se va duce la liceu, te vei trezi cu mult mai mult timp liber, iar copilul va petrece mai mult timp cu prietenii şi va avea mai puţină nevoie de ajutorul şi de supravegherea ta. Dacă poţi relua un hobby care îţi plăcea cândva sau dacă descoperi unul nou pe care să îl explorezi, vei vedea că acel timp devine mai puţin plictisitor şi mai plin de satisfacţii. Ca bonus, vei pune în practică ceea ce îi înveţi pe alţii şi le vei da un exemplu grozav copiilor tăi.

Te grăbeşti? Iată cursul tău rapid

- Creativitatea este un aspect esenţial al unei vieţi de succes, şi nu doar pentru oamenii cu înclinaţii artistice. Afaceriştii de succes spun despre creativitate că joacă rolul cel mai important în succesul lor.
- Încurajarea creativităţii în – fii atent – moduri creative va ajuta la dezvoltarea rezilienţei adolescentului tău în faţa provocărilor adolescenţei.
- Creativitatea se transformă în două moduri importante la începutul adolescenţei. Primul, preadolescenţii își îndreaptă adesea creativitatea spre interior, lucrând la noi modalităţi prin care să se înfăţișeze lumii. Al doilea, joaca creativă este adesea înlocuită de antreprenoriat. Încurajează-le pe ambele.
- Tehnologia nu este doar un vid care amorţește mintea. Poate fi un mijloc creativ prin care se exprimă copiii.
- Una dintre cele mai bune modalităţi de-a încuraja gândirea creativă acasă este făcând brainstorming cu

preadolescentul tău cât se poate de des. Trebuie să învețe că ideile sale cele mai bune se ascund adesea în spatele celor mai rele.

Caută modalități de-a încuraja creativitatea extrapolând lucrurile care îi plac deja copilului tău. Da, chiar dacă este vorba de jocuri video.

CAPITOLUL

8

Cum să vorbeşti despre a avea grijă de tine

Conversațiile despre diversele componente ale grijii față de propria persoană se bazează pe dezvoltarea mecanismelor de adaptare. În acest capitol vei afla de ce este important să rămâi neutru şi să nu faci judecăți referitor la toate aspectele sănătății personale, de la igienă la greutate şi autovătămare. Conversațiile ar trebui să treacă de la a-i spune copilului mic ce să facă şi când la a transfera responsabilitatea adolescentului tău, ajutându-l să observe care strategii funcționează cel mai bine pentru el atunci când vine vorba de a se îngriji de mintea, corpul şi inima sa.

Pentru mine, gimnaziul este una dintre cele mai „lipicioase" perioade din viaţă, deoarece lucrurile care ţi se întâmplă în gimnaziu rămân lipite de tine mult timp. Probabil că încă îţi mai amintești foarte clar persoana care a făcut mişto de hainele tale sau care a râs atunci când ai dat un răspuns greșit la ore. În general, oamenii își amintesc experienţele negative mult mai clar decât pe cele pozitive, de obicei fiindcă experiențele triste sau dureroase necesită mai multă procesare. Avem nevoie să ne amintim evenimentele rele, înfricoșătoare, periculoase și stânjenitoare, ca să evităm repetarea lor. Nu avem nevoie să ne amintim clipele obișnuite sau chiar fericite din viața noastră, deoarece nu au același scop în kitul de supraviețuire al creierului nostru.

La gimnaziu, stânjeneala ne afectează creierul ca și cum ar fi un pericol real. Adulți fiind, majoritatea putem trece repede de starea de stânjeneală, deoarece avem un simț destul de puternic al propriei noastre persoane. Totuși, atunci când aveam doisprezece ani, orice lucru care ne zgândărea puțin egoul delicat putea deveni o cicatrice pe care să o ducem cu noi până la vârsta adultă.

Dacă vestea proastă este că oamenii au tendința de-a purta cu ei durerile din adolescență, vestea bună este că mecanismele și strategiile de adaptare pe care copilul tău le învață în adolescență rămân *și ele* cu el. De aceea este important să înveți cum să ai grijă de tine la o vârstă fragedă. Dacă preadolescentul tău exersează acum noi modalități de adaptare, acestea i se vor cimenta bine și își va aminti de ele mai târziu în viață, poate atunci când adolescentul tău mai mare sau tânărul tău adult va avea și mai multă nevoie de ele – când își pierde serviciul, la finalul unei relații sau pe măsură ce se intensifică stresul general cauzat de viața de zi cu zi și de responsabilitate.

Grija de sine a devenit o sintagmă la modă în zilele noastre, dar popularitatea sa tot mai mare nu ar trebui să-i scadă din importanță. Atât copiii, cât și părinții trebuie să învețe cum s-o facă în mod optim. Arătându-le copiilor tăi cum aplici grija de sine în cazul tău, îi înveți cum să aibă grijă de ei înșiși. Observație: nu confunda grija față de propria persoană cu materialismul sau răsfăţarea. Este un lucru mai complex şi mai personal decât a petrece o zi la spa sau a-ţi cumpăra o bluză nouă. Grija de sine este construirea de obiceiuri care să-ţi protejeze starea de bine în trup, minte şi spirit. În practică, diferă de la persoană la persoană. Mulţi părinţi pe care îi cunosc pun nevoile altora înaintea propriilor nevoi. Dacă este şi cazul tău, ţine minte că te comporţi puţin ca un martir atunci când refuzi să-ţi faci timp pentru tine. Nu-ţi fie teamă să spui nu, mai ales copiilor tăi, dacă ai nevoie de timp ca să-ţi încarci bateriile. După cum s-a exprimat atât de frumos scriitoarea Anne Lamott, „Aproape totul va funcţiona din nou dacă îl scoţi din priză preţ de câteva minute, inclusiv tu". Arată-i din când în când preadolescentului tău cum se face.

În acest capitol vom vorbi despre grija de sine de la sensul său cel mai de bază (igienă) la cel mai complex (gânduri de suicid). O mare parte dintre lucrurile pe care le spunem copiilor la începutul adolescenţei despre sănătatea lor sunt fie *directive*, ca în „Pentru numele lui Dumnezeu, dă-te, te rog, cu deodorant!", fie *reactive*, ca atunci când copilul tău te întreabă despre sinuciderea unei vedete şi trebuie să îi răspunzi la întrebări. Însă familiile trebuie să discute cu copiii lor şi într-un mod mai preventiv despre cum să se menţină sănătoşi. Hai să vedem cum îţi poţi pregăti copilul pentru sănătate pe termen lung vorbindu-i despre grija de sine timpurie.

Ce miroase? Cum să vorbeşti cu copilul tău despre igienă fără să-l superi

Susan, mama unui băiat de clasa a şasea, mi-a mărturisit o problemă jenantă pe care o avea cu fiul ei, Jack. „Miroase urât și nu știu ce să fac. Îi spun să se dea cu deodorant și, când îl întreb dacă s-a dat cu deodorant, zice „da"..., dar știu că nu e adevărat."

Dacă aș avea câte un dolar pentru fiecare părinte care m-a întrebat cum să-și convingă copilul să se dea cu deodorant, aș fi acum pe plajă în insulele Turks și Caicos, delectându-mă cu un gin tonic scump. Totuși, copiii trebuie să învețe că nu este politicos să miroasă urât, așadar, cum îți convingi copilul să-i pese?

De fapt, încercarea de a-l convinge ar putea fi problema. Adesea, părinții asociază nepăsarea față de igienă cu o problemă de caracter. Se îngrijorează că nu se dă copilul cu deodorant deoarece este leneș, nesănătos sau îi lipsește o conștiință de sine sănătoasă. Își fac griji că acest lucru îi va dăuna copilului atunci când va încerca să se integreze social, să-și facă prieteni, să-și găsească un serviciu, să fie fericit și să devină un adult funcțional. Astfel, își presează, lingușesc și chiar își fac copilul de rușine în speranța că îl vor scuti de eșecuri viitoare.

Igiena este una dintre acele probleme de sănătate care necesită mai puține discuții și mai multă strategie. Copiii devin incredibil de defensivi atunci când părinții le vorbesc despre mirosul corporal. Țin minte când aveam doisprezece ani și mama, după ce a călcat rufele, a venit la mine – cu bluza în mână – și mi-a spus: „Bluza ta miroase groaznic și trebuie să te dai cu deodorant. Când dau cu fierul de călcat pe haine, mirosul este insuportabil".

Nu mă pot gândi la un exemplu mai bun de sabotor al conversației. Cred că n-am mai vorbit cu ea o săptămână.

Amintindu-mi de rușinea mea, i-am sugerat lui Susan, al cărei copil mirosea urât, să cumpere șase deodorante noi și să așeze cinci în casă, în mod strategic, plus unul în mașină. Astfel, atunci când fiul ei ieșea din casă și îi era lene să fugă înapoi să ia deodorantul, îl putea lua pe cel de lângă ușa din spate. Dacă nu reușea să-l ia pe cel de acolo, îl putea lua pe cel din mașină. Înțelegi ideea. La un moment dat, aproape toți adolescenții încep să folosească deodorant. Să pui deodorant prin casă este o metodă grozavă de-a iniția formarea unui obicei atunci când copiii sunt reticenți.

Dacă abordezi conversația despre igienă drept o ocazie de-a discuta despre respectul față de sine, viața în comunitate și îngrijirea corpului, preadolescentul tău nu te va asculta. Este probabil mai eficace să spui un lucru pe care îl simte și el, precum „Uneori e un chin să ai grijă de corpul tău. Hai să-ți ușurăm cât mai mult munca, punem deodorante de-astea peste tot, ca să nu mai trebuiască să te stresezi căutându-le".

Adaptarea necesită practică

Când era în clasa a doua, fiica mea a suferit de anxietate atât de severă, încât în majoritatea zilelor plângea de la începutul până la sfârșitul orelor. M-a implorat să facă școala acasă. Fiindcă acesta este coșmarul meu cel mai urât, am refuzat. Să stai pe lângă copilul tău sută la sută din timp este obositor. Să stai pe lângă copilul tău care suferă de anxietate sută la sută din timp este imposibil și n-ar fi ajutat-o pe niciuna dintre noi. Mă temeam că homeschoolingul gestionat de mine s-ar putea transforma rapid într-o școală pentru barmani.

Însă am făcut tot ce am putut ca s-o ajut să-și dezvolte abilități de adaptare. Am stat în biroul școlii toată ziua, în fiecare zi, iar ea avea voie să vină la mine la fiecare douăzeci sau treizeci de minute. Personalul de sprijin din şcoala ei a ajutat-o în acest sens. Până la urmă am reuşit să scăpăm de etapa asta şi am început să aştept în afara şcolii. Apoi am scăzut timpul pe care îl petreceam acolo. Deşi aceste strategii au ajutat-o să se adapteze pe termen scurt (şi pe mine m-au ferit de predarea acasă), abia când i-am găsit un specialist minunat în terapia cognitiv-comportamentală a învăţat modalităţile prin care să se liniştească singură, în loc să aibă nevoie să mă vadă pe mine ca să reziste. Acum, ca tânăr adult, fiica mea este atât independentă, cât şi împlinită. Şi, mă laud puţin, este şi un utilizator de *mare* succes al deodorantului.

Am avut norocul de-a lucra pe cont propriu atunci când am trecut prin perioada de anxietate ridicată şi ştiu că am fost incredibil de norocoasă să am acest tip de flexibilitate. Fiecare părinte face cât poate, în măsura în care îi permit circumstanţele. Oricum, atunci când se confruntă cu o criză, părinţii pot fi de ajutor uşurând gestionarea problemei, însă nu ar trebui să ducă ei povara responsabilităţii de-a rezolva problema. Atunci când îndepărtăm problemele din calea copilului, el învaţă că aşa se rezolvă acestea – de către altcineva. Nu are ocazia să exerseze adaptarea.

Abordarea „Încearcă asta mai întâi"

Majoritatea preadolescenţilor sunt copleşiţi de emoţii şi le cer în mod regulat părinţilor să rezolve lucruri, chiar şi atunci când nu pot exprima de ce, cum sau ce trebuie rezolvat. Iată un lucru pe care îl poţi face pentru a diminua acest comportament la tine acasă. Atunci când preadolescentul tău este fericit şi relaxat, cere-i să facă o listă de lucruri care îl ajută să se simtă mai bine atunci când e anxios sau supărat. Ai putea spune, de exemplu: „Am citit o idee într-o carte și aș vrea s-o încerc cu tine. Atunci când te supără ceva, este util să ai o listă de lucruri ușor de accesat și relativ simple pe care le poți face singur și care să te facă să te simți mai bine. Care sunt cele zece lucruri care te fac de obicei să te simți mai bine atunci când ești supărat?"

Numesc această activitate „Încearcă asta mai întâi". Ca exemplu, o listă „Încearcă asta mai întâi" ar putea include: să faci aruncări la coș, să citești, să urmărești o emisiune TV, să coci prăjituri, să faci yoga, să faci o baie, să închizi ecranele, să meditezi, să privești filmulețe cu cățel pe YouTube, să desenezi, să asculți muzică, să alergi și așa mai departe. Rezistă tentației de-a modifica lista copilului tău. Poate că urăști YouTube-ul, însă, dacă douăzeci de minute de filmulețe îl ajută să se liniștească, nu poate fi așa de rău.

În fața disperării din motive vagi a copilului tău, s-ar putea să rămâi neputincios. „Încearcă asta mai întâi" îți oferă ceva de spus și de făcut. De exemplu, imaginează-ți-l pe copilul tău venind acasă în lacrimi după o zi grea. Întrebi ce s-a întâmplat, dar nu poate sau nu vrea să spună. Desigur, vrei să-l ajuți să se simtă mai bine, însă nu știi ce să faci. În loc să porți povara de-a trebui să dezlegi acest mister și apoi să-ți dai seama cum s-ar putea rezolva, ai putea zice: „Îmi pare rău că ți-e greu. Ce-ar fi să te uiți la lista ta și să alegi un lucru pe care să-l faci în următoarele douăzeci de minute?" (Observație: dacă te simți generos, poți chiar să te oferi să-i pregătești o gustare în timp ce-și verifică lista.) „Vino să mă cauți când termini și voi fi aici ca să vorbim."

Secretul acestei abordări este să-ți oferi sprijinul, transmițându-i în același timp copilului tău încrederea că poate găsi o cale de-a se simți mai bine. Asta îl va ajuta să-și dezvolte credința că în realitate nu este neajutorat, chiar dacă se simte copleșit. Vrei să-i oferi preadolescentului tău și mai multă putere? Cere-i să te ajute să creezi pentru tine o listă „Încearcă asta mai întâi". Aceasta este o modalitate plăcută de a-ți dezvălui subtil umanitatea față de copilul tău și de a-i da ocazia să se gândească la nevoile altcuiva, nu doar la ale sale (un exercițiu de care ar beneficia toți adolescenții, atunci când e posibil). Implicarea copilului tău în realizarea listei tale îi încurajează și înțelegerea pentru clipele în care vei avea nevoie de timp ca să te îngrijești de propria-ți persoană.

Nutriție şi corpuri în creştere

Linda este un om de afaceri de succes, cu două diplome de la colegii de prestigiu și trei fiice, de la clasa întâi până la clasa a șasea. Fiica sa mijlocie, Mary, mi-a spus că Linda vrea să le știe sănătoase. Au o mulțime de reguli ale casei dedicate sănătății, inclusiv cerința de-a fi activ un timp anume în fiecare zi, zahărul este interzis în casă și toate mesele trebuie să includă ceva verde în farfurie. Atunci când prietenii vin în vizită după școală, Linda le cere tuturor copiilor să coboare din mașină la două străzi distanță și să alerge spre casă, pentru a face exerciții și a-și câștiga gustările de după școală. Toată mâncarea este cumpărată cu atenție, săracă în calorii și bogată în substanțe nutritive, cu intenția sinceră de-a crește fete puternice și sănătoase.

Abordarea Lindei față de sănătate se potrivește abordării ei în afaceri: este disciplinată și orientată către rezultate. Totuși, controlul și grija ei pot avea un efect opus în cazul fiicelor ei. Atunci când vorbim de alimentaţie şi de mişcare, cel mai bun lucru pe care îl putem face pentru copiii noştri este să-i învăţăm cum să găsească bucurie în corpul lor, cum să se autocontroleze şi să mănânce intuitiv. Impunerea prea multor reguli referitoare la alimentaţie nu le permite copiilor să înveţe cum să aibă încredere în senzaţiile lor şi le transmite semnale care pot dăuna stimei de sine şi pot duce la relaţii nesănătoase cu mâncarea.

La începutul adolescenţei, copilul tău începe să-şi formeze cele trei lucruri de bază de care are nevoie ca să devină adult: un trup adult, un creier adult şi o identitate adultă. Numesc acest trio „Proiectul de construcţie din gimnaziu" – iar pentru copilul tău sunt multe lucruri de gestionat simultan. Dezvoltarea creierului şi a identităţii se petrec în fundal, dar dezvoltarea corpului are loc în văzul lumii.

Deoarece pubertatea apare de-a lungul mai multor ani, un copil de gimnaziu s-ar putea să vadă colegi de clasă care arată de parcă ar mai fi încă în clasa a treia, în timp ce alţii ar putea trece drept liceeni. Lucrul acesta poate semăna îndoiala de sine în mintea copilului tău, făcându-l să se întrebe zilnic „Oare sunt normal?" Este greu să-ţi dai seama ce este normal când toată lumea din jurul tău arată atât de diferit! În calitate de părinte, probabil că ai propriile tale idei despre ce este „normal" pentru copilul tău. Deoarece cărăm după noi bagajul corpului nostru şi suntem inundaţi de mesaje anormale referitoare la frumuseţe (deghizate adesea, în mod greşit, drept mesaje de sănătate), pot spune cu încredere că majoritatea părinţilor cu care lucrez au o înţelegere incorectă asupra dezvoltării normale a corpului în perioada adolescenţei.

Găzduiesc anual mai multe conferinţe mamă-fiică. La fiecare dintre ele, există o pauză în care fetele părăsesc încăperea şi mamele mă pot întreba orice doresc. Cel mai adesea, mă confrunt cu întrebări despre greutatea corporală a fetelor şi lipsa activităţii fizice. Mamele tind să se îngrijoreze, şi încă *mult*, pentru greutatea copiilor lor, mai ales la începutul adolescenţei, când copiii încep să se îngraşe în mod natural, într-un ritm care poate părea alarmant.

Înainte de-a trage concluzia că ai un copil nesănătos, trebuie să ştii cum cresc copiii. În medie, cea mai mare parte a procesului de creştere al băieţilor are loc între doisprezece şi şaisprezece ani. În timpul acestor patru ani, se pot înălţa cu până la treizeci de centimetri şi pot lua în greutate douăzeci şi trei până la douăzeci şi şapte de kilograme. Fetele au cel mai mare puseu de creştere între zece şi paisprezece ani. În medie, pot creşte cu douăzeci şi cinci de centimetri în înălţime şi optsprezece până la douăzeci şi trei de kilograme în această perioadă. Nu este o greşeală de tipar. Preadolescenţii iau surprinzător de mult în greutate în timpul gimnaziului. Nu este un motiv de îngrijorare. Când îţi observi copilul că se îngraşă mult în această perioadă, cel mai bun lucru pe care îl poţi face este... *nimic*. Nu vrei ca o critică la adresa corpului său să i să cuibărească în acea parte „lipicioasă" a creierului în dezvoltare. „Dar nu aş critica niciodată corpul sau greutatea copilului meu! Insist doar asupra importanţei alegerilor sănătoase!" contracarezi tu. Copilul tău ştie foarte bine când *sănătos* este un cod pentru *atractiv*. Foloseşte cu grijă acest cuvânt vag.

Este util să explici date statistice, iar pe copilul tău îl ajută să ştie care este câştigul în greutate sănătos din timpul pubertăţii, însă statisticile şi cifrele nu îl alină prea mult atunci când este îngrijorat de felul în care arată, mai ales în ochii colegilor săi. Unul dintre lucrurile mele preferate pe care îl spun copiilor cu care lucrez (şi mie însămi, atunci când am o criză de încredere) vine de la prietena și colega mea, autoarea Rosie Molinary, și anume din cartea sa *Beautiful You: A Daily Guide to Radical Self-Acceptance* [*Ești frumos: Un ghid zilnic către acceptarea de sine radicală*]: „Te afli aici cu un scop. Ai un dar unic de oferit acestei lumi – unul de care are nevoie cu disperare pentru a se vindeca singură – și nu are nicio legătură cu felul în care arată corpul tău".

Din perspectiva adultului, este una să accepţi la nivel intelectual fluctuaţiile de greutate, însă la nivel emoţional mulţi părinţi încă se mai întreabă: „Oare greutatea copilului meu va avea consecinţe sociale pentru el?" Și „Oare greutatea copilului meu este o reflecţie a stării sale proaste de sănătate (și, dacă sunt sincer, reflectă și modul în care îl cresc?)"

Dacă îngrijorarea ta este motivată de teama că greutatea copilului tău îl va face să fie șicanat sau făcut de râs de colegii săi, gândește-te la următorul lucru: Ce este mai rău? Să îţi fie subminată încrederea de copiii de la școală sau de părintele tău? Misiunea părintelui este să-și iubească necondiţionat copilul – cu toate realizările și eșecurile sale, schimbările de înfăţișare și momentele de îndoială de sine. Este important să știe și copiii tăi, orice ar simţi despre ei înșiși sau orice le-ar spune alţii, că tu îi placi oricum, fără nicio legătură cu felul în care arată.

> Până când copilul tău se oprește din crescut, lucru care se poate întâmpla abia după liceu, lucrezi cu o ţintă în mișcare. Mai bine să construiești rezilienţă decât să provoci îndoială de sine.

Dacă îngrijorarea ta este motivată de sănătate, gândește-te la asta: cel mai sănătos lucru pe care îl poate face copilul tău este să înveţe să se controleze singur atunci când vine vorba de propriu-i corp. Dacă îi controlezi sau îi restricționezi tu mâncarea vrând să-l vezi sănătos, riști să-i afectezi capacitatea de a-și gestiona singur relația cu mâncarea.

Pentru a afla mai multe despre cum să ajuți copiii să mențină o relație sănătoasă cu mâncarea, citește cartea lui Ellyn Satter, *Child of Mine: Feeding with Love and Good Sense [Copilul meu: Cum să hrănești cu iubire și bun-simț]*.

Treaba ta nu este să te chinuiești mintal din cauza formei copilului tău – însă asta nu înseamnă că *el* nu va face asta. Tânărul tău adolescent va vrea să arate bine, să se integreze și să se simtă încrezător în hainele sale. Cum îl poți ajuta? Trupul copilului tău se va schimba destul de mult în mod natural în timpul adolescenței. Un lucru pe care îl *poți* face este să-ți ajuți copilul să se prezinte într-un fel care să-i dea încredere. Când copiii mei găseau cu greutate haine care să li se potrivească, le spuneam mereu: „Nu este vina corpului tău, este vina hainelor". Și apoi le luam haine cu o croială care să îi pună mai bine în valoare. Până când copilul tău se oprește din crescut, lucru care se poate întâmpla abia după liceu, lucrezi cu o țintă în mișcare. Mai bine să construiești reziliență decât să provoci îndoială de sine.

Sabotorii conversației despre nutriție

Ține-ți emoțiile complet în afara conversațiilor despre mâncare pe care le ai cu copilul tău. Iată câteva modalități prin care ți-ai putea exprima fără să vrei emoțiile în conversațiile voastre:

„Vreau doar să fii sănătos." *Sănătos* sună atât de vag, încât at putea însemna *slab, atractiv* sau *disciplinat*, fără ca vreunul dintre acestea să însemne sănătos. Copilul tău va fi sănătos atunci când se va putea controla singur. Spune-i în schimb „Este corpul tău. Observă cum te fac să te simți anumite mâncăruri și ascultă ce-ți spune corpul despre lucrurile de care are nevoie mai mult sau mai puțin".

„Ești atât de drăguță/frumușel și cred că ai avea mai multă încredere în tine dacă ai ajunge la o greutate mai sănătoasă." Copilul tău a auzit că nu este *încă* suficient de drăguț sau de frumos. Vorbește cu el despre mâncărurile și activitățile care îi plac cel mai mult și de ce, în loc să-i sugerezi unde mai are de lucrat.

„Te vei simți mult mai bine dacă mănânci mai sănătos." Asta e o încercare de a lega mâncatul sănătos de starea de bine și nu de a arăta bine, ceea ce e un pas în direcția bună, dar felul în care ne face mâncarea să ne simțim e ceva personal și lipsit de consecvență. În loc să-ți dai cu presupusul, sugerează-i preadolescentului tău să țină un jurnal despre cum se simte după mese și apoi să observe care mâncăruri îi dau o stare bună sau proastă.

„Dar am muncit din greu pentru masa asta." Ai fost vreodată invitat la cină acasă la cineva, doar ca să te sperii puțin atunci când ți s-a pus în față o farfurie cu mâncare dezgustătoare? Ai putea fi convins să vrei acea mâncare dacă gazda ți-ar spune că a muncit din greu să o gătească? De obicei, vinovăția nu dă mâncării un gust mai bun. Vrem cu toții ca eforturile noastre să fie recunoscute, dar asta nu va convinge pe nimeni să fie mai puțin pretențios la mâncare.

„Mâncarea este un combustibil." Am spus să nu fii emoțional când vorbești cu copilul tău despre mâncare sau trup, dar asta nu înseamnă că mâncatul este lipsit de emoție. Deși este adevărat că mâncarea îi oferă corpului nostru energia de care are nevoie pentru a funcționa, acesta este doar o parte din scopul său în societatea noastră modernă. Dacă mâncarea ar fi doar un combustibil, am putea supraviețui cu toții doar cu pastă de proteine. Însă mâncarea înseamnă comunitate. Din acest motiv luăm masa împreună. Mâncarea înseamnă bucurie. De aceea ne plac lucrurile care au un gust bun. Mâncarea înseamnă cultură. Este ceea ce ne leagă unul de celălalt. Dacă îi răpești copilului tău legătura inerentă și fericirea pe care i-o poate aduce mâncarea, s-ar putea să sfârșească prin a căuta aceste sentimente furișându-se sau ascunzând mâncarea. De asemenea, mâncatul împreună și ieșitul la masă sunt unele dintre primele activități sociale pe care le pot face copiii împreună. A lua masa împreună poate fi o activitate comună distractivă și sigură. Trebuie să înțelegi că pe asta se va baza marea parte a vieții sociale a copilului tău la începutul adolescenței și că nu vei fi acolo ca să controlezi cum se alimentează, așadar va trebui să-și dezvolte devreme autocontrolul.

Somnul contează

Un adolescent obișnuit din America doarme șapte ore pe noapte, însă experții sugerează că majoritatea au nevoie de cel puțin nouă ore. Să vorbești cu copilul tău despre importanța somnului poate părea inutil, mai ales când școala începe devreme, îngreunându-ți misiunea. În adolescență, copiii trec printr-o schimbare a ritmului circadian şi li se face somn, în mod natural, cu două ore mai târziu noaptea, devenindu-le astfel mai greu să se trezească devreme.

Practic vorbind, există câteva lucruri pe care părinţii le pot face ca să ajute. Îndepărtarea electronicelor este ideală, atât fiindcă lumina ecranului inhibă melatonina, hormonul nostru natural de somn, cât şi pentru că tentaţiei de a verifica ecranele (şi prietenii) este dificil să i te opui. Cu cât începi acest obicei mai devreme, cu atât va fi mai uşor de păstrat. De asemenea, răcorirea dormitorului la 18-20 de grade Celsius ajută la declanşarea unui efect de hibernare. În final, o pilotă poate ajuta adolescenţii să adoarmă şi să rămână adormiţi.

Ţine totuşi minte că nu lupţi doar cu ritmul circadian atunci când vine vorba de obiceiurile proaste legate de somn ale copilului tău, ci şi cu nevoia socială. La începutul adolescenţei, copiii simt nevoia să fie conectaţi între ei. Aşa exersează cum să fie adulţi. Însă copiii cu un program încărcat ar putea să nu aibă ocazia de-a se conecta, cu toate activităţile de după şcoală, apoi cina în familie şi câteva ore de teme. Poate apucă să se conecteze cu ceilalţi abia după ce trece ora de culcare.

Este important cum vorbeşti cu copiii despre acest lucru. Dacă le minimalizezi nevoia de a se conecta cu prietenii, vor crede că nu ştii ce contează pentru ei, mai ales dacă le ceri să sacrifice timpul cu prietenii în favoarea a ceea ce contează pentru tine – meditaţii, treburi casnice, exersarea la pian sau timpul petrecut în familie. În final, nu poţi obliga pe cineva să doarmă, aşadar va trebui să-ţi propui altceva în schimb: să-i ajuţi să înţeleagă de ce speri tu că vor alege să dea prioritate unui somn bun. Iată cum ar putea suna o conversaţie sensibilă despre somn:

Pune BAZELE pașnice

Părintele: *Hei, e timpul să închizi televizorul și să te pregătești de culcare.*

Copilul: *Pot să termin filmul mai întâi? Acum sunt în clasa a șasea. Nimeni nu se culcă așa devreme.*

Părintele: *Ei, cu siguranță putem avea o discuție despre ora de culcare, dacă vrei. Ideea e că sunt pe cale să mă culc, așa că sunt probabil prea obosit ca să mă gândesc în seara asta. Dat fiind că devin irascibil când sunt obosit, hai să vorbim despre asta mâine înainte de cină.*

Copilul: *Bine, dar pot sta treaz mai târziu în seara asta? Nu sunt obosit deloc.*

RELAȚIONEAZĂ cu copilul tău

Părintele: *Înțeleg că nu ești obosit în momentul ăsta. Te las să-ți termini filmul în seara asta dacă dai volumul încet și promiți să închizi televizorul înainte de culcare. Nu înseamnă că așa e regula nouă. Este o excepție, până mâine, când o să reluăm subiectul.*

Copilul: *În regulă, îți mulțumesc mult de tot! Nu voi face zgomot.*

Părintele: *Înțelegi și ești de acord? Respectarea regulilor este un mod bun de a da dovadă de responsabilitate când vom începe discuția pe care vrei s-o purtăm mâine.*

Copilul: *Da!*

INTERVIEVEAZĂ pentru a aduna informații

[A doua zi înainte de cină.]

Părintele: *Ia zi, mai vrei să discutăm despre ora de culcare?*

Copilul: *Da! Cred că n-ar trebui să mai am oră de culcare, acum, că sunt la gimnaziu, fiindcă am o mulțime de teme și* *nu sunt obosit, așa că stau întins fără să fac nimic, când aș putea face ceva mai bun cu timpul meu.*

Părintele: *Ce fel de lucruri ai vrea să faci în loc să stai întins în pat?*

Copilul: *Orice ar fi mai bine. Aș putea să lucrez la teme, să mă uit la televizor, să desenez, să iau o gustare, să fac flotări și genuflexiuni, să caut pe internet... Orice ar fi mai bine decât să mă holbez la tavan, iar acum asta fac.*

Părintele: *Și când spui că nimeni nu se culcă la ora la care te culci tu, de unde știi? La ce oră crezi că se culcă?*

Copilul: *Majoritatea copiilor nu au oră de culcare. Probabil că se culcă la unsprezece sau douăsprezece noaptea.*

Părintele: *Și se trezesc la 6:00 dimineața ca să meargă la școală?*

Copilul: *Da, nu-i mare lucru.*

Părintele: *Dar cum te simți dimineața... Ai zice ca ești plin de energie când te trezești sau te simți adormit?*

Copilul: *Da, bine, știam că vei spune asta. La început mă simt cam adormit, dar până ajung la școală sunt complet treaz și nu mi-e somn deloc. Ai să vezi.*

Transmite ECOUL a ceea ce auzi

Părintele: *Spune-mi dacă am înțeles până acum. Ești frustrat că stai noaptea treaz, întins în pat, și crezi că-ți irosești timpul. Crezi că ești destul de mare ca să nu mai ai oră de culcare, iar dimineața ești obosit, dar nu pentru mult timp. Am înțeles totul?*

Copilul: *În principiu, da.*

Oferă FEEDBACK

Părintele: *Ei bine, sunt mai multe feluri de-a privi problema. Pe de o parte, crești și înțeleg că îți este dificil să adormi* *la aceeași oră. Pe de altă parte, știu că odihna și somnul pot părea o risipă de timp, deoarece simți că nu se întâmplă nimic atunci, dar ceea ce poate nu înțelegi este că, atunci când trupul nostru doarme, creierul se dezvoltă. Ca să fii mai deștept, să ai reflexe mai rapide la sport, să-ți îmbunătățești capacitatea de memorare și așa mai departe, trebuie să dormi aproximativ nouă ore pe noapte. Atunci când dormi mai puțin, corpul tău nu se reîncarcă la maximum. Este ca și cum ți-ai încărca telefonul la jumătate de fiecare dată când îl bagi în priză. Dacă ne pasă suficient de mult încât să ne încărcăm telefoanele complet, ar trebui să ne pese cel puțin la fel de mult de creierul nostru și să-l încărcăm din nou integral peste noapte. Chiar dacă nu* simți *că ți-e somn, creierul tău tot are nevoie să se încarce complet. Ora de culcare nu este un lucru arbitrar pe care îl impunem pentru a ne exersa puterea asupra copiilor. Are un scop important în felul în care crești.*

Sper că înțelegi de ce renunțarea la ora de culcare nu este o opțiune pentru noi. Însă sunt dispus să fiu deschis la o încercare și să vedem ce se petrece. De exemplu, am putea începe prin a decala ora de culcare cu 60 de minute două nopți pe săptămână. Hai să începem cu miercurea și joia. Dacă trece o lună și nu observăm niciun efect negativ, vom vorbi despre adăugarea încă unei nopți. Efectele negative ar putea fi: îți scad notele, devii morocănos sau devine dificil să vorbim cu tine de-a lungul zilei, începi să uiți lucruri sau ai probleme de concentrare și nu te poți trezi cu ușurință. Putem începe săptămâna asta!

Precum majoritatea conversațiilor despre sănătate, cel mai bun lucru pe care îl poți face este să-ți educi copilul, să setezi așteptări rezonabile și clare și să-ți păstrezi calmul, pentru ca el să rămână deschis și la alte discuții.

Substanțele riscante

Imaginează-ţi o petrecere la liceu. Te gândeşti la o scenă dintr-un film de John Hughes? Părinţii plecaţi din oraş, copii de toate formele, mărimile şi din toate cercurile sociale îşi fac curaj cu alcool, descoperă iubirea neaşteptată şi (în sfârşit!) acceptă tocilarii din şcoală, toate cu preţul mic al unei case complet distruse. Dacă ai fost adolescent în anii '80, ca mine, ştii că băutura era ritualul de trecere al tuturor în liceu.

Consumul de băuturi alcoolice la gimnaziu este mult mai rar întâlnit. Potrivit unui studiu din 2010 realizat de Reed College în Oregon, scenariul cel mai comun este o adunare restrânsă de trei-patru prieteni în casa cuiva. Mai puţin petrecere sălbatică, mai mult un experiment de furişare. Totuși, îţi poţi imagina. Când nu ştim ce să ne imaginăm, atunci devine și mai greu să vorbim despre acest teritoriu. Intră în scenă vaparea.

Dacă nu eşti familiarizat cu epidemia de vapat la ţigara electronică, ce afectează acum tinerii adolescenţi, spune-mi unde locuieşti, fiindcă vreau să mă mut acolo! Cineva face ceva corect în sistemul tău local de sănătate sau în administraţia şcolară şi avem nevoie de modelul acesta la nivel naţional.

Copiii noştri se confruntă cu o criză de sănătate care pare greu de oprit. În timp ce ne bucuram de veştile bune date de o cercetare publicată recent care arăta o scădere a numărului de liceeni din SUA care fac sex, a celor care fac sex fără contracepţie şi chiar o scădere în ultimii douăzeci de ani a utilizării de alcool şi marijuana în rândul adolescenţilor, vaparea se furişa pe uşa laterală cu o nouă tentaţie.

O creştere vertiginoasă a consumului de nicotină are loc în rândul adolescenţilor din cauza popularităţii vapării.

Vaparea este prezentată drept o metodă care ajută fumătorii să se lase de fumat, însă este incredibil de populară în rândul elevilor de gimnaziu și de liceu care consumă nicotină pentru prima dată. Un studiu din 2016 a arătat că 500.000 de elevi de gimnaziu din SUA au recunoscut că au folosit ţigara electronică în ultimele treizeci de zile. Cel mai probabil, a crescut în popularitate din trei motive principale: 1) s-au lansat multe arome de fructe, care au atras tinerii utilizatori, 2) atracţia nicotinei este un sentiment nou și distractiv pentru unii copii, 3) și poate cel mai atrăgător, *păcălește*. Copiii aflaţi la începutul adolescenţei caută modalităţi de a se răzvrăti, iar vaparea le oferă o cale ușoară. Vaporii nu au miros și se disipă repede, așadar vaparea, chiar și în timpul orelor, poate trece neobservată. Dispozitivele pot fi ascunse în mâneca unei bluze, iar vaporii, suflaţi înapoi în bluză. Deoarece multe dispozitive arată ca un stick USB, este ușor să *fii rebel* chiar sub ochii unui profesor sau părinte.

Fiind vorba despre un subiect prolific ca vaparea, este important să porţi discuţii repetate. Mai multe discuţii scurte vor fi mai eficiente decât o prelegere lungă, deoarece copiii nu sunt dispuși să te asculte prea mult înainte să devină agitaţi și să nu te mai bage în seamă. (În capitolul 2 am oferit sfaturi care sunt utile în conversaţiile cu adolescenţii oricare ar fi subiectul. Este un moment bun să precizez că „fruntea botoxată“ este esenţială aici și îţi sugerez să revezi acea secţiune dacă ai nevoie să-ţi reîmprospătezi cunoștinţele.)

Dat fiind că una dintre atracţiile principale ale vapării este faptul că reprezintă o acţiune riscantă și rebelă, este important să nu abordezi conversaţia opunându-te, deoarece asta îţi va face copilul să adopte poziţia contrară. În loc să spui „Știu că vaparea este populară, dar este dezgustătoare și îţi dăunează, iar dacă faci asta vei avea necazuri mari", încearcă o abordare mai iscoditoare. Menționează că ai auzit multe despre vapare și că te întrebi cât este de întâlnită în școala copilului tău. Dacă se arată dispus să vorbească cu tine despre asta, ascultă și fii deschis. În acest punct, ar putea fi de ajutor să folosești o tehnică care mie mi se pare utilă atunci când discut probleme sensibile cu copiii mei. Mă ajută să-mi imaginez că vorbesc cu copilul altcuiva, nu cu al meu. Atunci când îmi imaginez că sunt mai îndepărtată de situație, mă îngrijorez mai puțin pentru viitorul copilului meu și folosesc, în mod natural, un ton mai curios și care condamnă mai puțin. Cred că așa se stabilește un raport mai favorabil conversației. Aflu mai multe, iar copiii mei sunt și ei mai deschiși la ceea ce am de spus.

Mulți părinți încearcă să-și sperie copiii cu amenințarea unor probleme de sănătate viitoare, precum teama de-a face sindromul de „plămân popcorn", o boală care afectează căile respiratorii, dar acest lucru nu a fost dovedit cu certitudine. Oricând nu sunt sigură dacă o „știre de pe internet" este reală, intru pe *Snopes.com* și scriu acolo detaliile principale ale poveștii pe care am auzit-o. Căutarea pe Snopes a termenilor „plămân popcorn, vapare" arată că un studiu realizat de Harvard în decembrie 2015 a analizat dacă vaparea cauzează sindromul de plămân popcorn. Studiul a descoperit că... s-ar putea. Și că sunt necesare cercetări suplimentare. Părinții care caută pe Google *vapare* și *plămân popcorn* vor vedea probabil că multe site-uri de tip *clickbait* au evidențiat această posibilitate, postând imagini ale unui bărbat despre care susțin că a fost spitalizat din cauza sindromului de plămân popcorn cauzat de vapare. De fapt, este o fotografie folosită în mod fals, a unui bărbat căruia țigara electronică i-a explodat în față.

Poate pare că despic firul în patru. Desigur că ne dorim din partea copiilor noștri să evite să le explodeze buza, așadar ce e rău în a le arăta fotografia ca să-i descurajăm? Ei bine, dacă se pricep să caute pe Google (și se pricep), copiii tăi pot găsi cu ușurință articole care dezmint legătura dintre sindromul de plămân popcorn și vapare, mai ales din „surse de știri" online precum *Vaping360.com*. S-ar putea ca copilul tău să nu-și dea seama că un site numit *Vaping360.com* nu este neapărat o sursă grozavă de informații obiective despre sănătate și stare de bine. Însă ideea este că acuratețea contează atunci când vorbești cu copiii tăi despre sănătate. Caută pe site-uri de încredere, cu studii bazate pe date și, neapărat, repetă căutarea deseori. Când am scris inițial acest capitol, nu am inclus informații despre decesele care au legătură cu vaparea, iar la doar câteva luni după prima mea redactare, în septembrie 2019, Centrul de Prevenire și Control al Bolilor a anunțat 12 decese și 805 cazuri de boli de plămâni legate de vapare. Până la publicarea acestei cărți, statistica se va schimba drastic. Atunci când ceva evoluează atât de repede, trebuie să deții informații actualizate, altfel preadolescentul tău va avea motive să-ți discrediteze cunoștințele și apoi părerea.

Iată cum s-ar putea derula o conversație despre vapare (sau orice experimentare cu substanțe).

Pune BAZELE pașnice

Părintele: *Eram astăzi la serviciu și cineva a deschis subiectul vapării. Spunea că acum este la modă la gimnaziu.*

Copilul: *Nu cred că-i chiar așa.*

Părintele: *Vrei să spui că nu-i mare lucru sau că nu sunt mulți care fac asta?*

Copilul: *Ambele, într-un fel.*

RELAȚIONEAZĂ cu copilul tău

Părintele: *Interesant. Crezi că e unul dintre acele lucruri la care adulții au tendința să reacționeze exagerat?*

Copilul: *Cam așa ceva.*

Părintele: *Înțeleg. Știu că adulții, iar aici mă includ și pe mine, reacționează uneori exagerat la astfel de lucruri deoarece ne îngrijorează problemele de sănătate. Nu vreau totuși ca acest lucru să ne împiedice să vorbim despre asta.*

Copilul: *Desigur.*

INTERVIEVEAZĂ pentru a aduna informații

Părintele: *Atunci când spui că nu-i mare lucru, câți copiii de la școală crezi că au încercat vaparea?*

Copilul: *Nu știu. Poate douăzeci?*

Părintele: *În regulă. Și crezi că înțelegi ce înseamnă vaparea și ce face?*

Copilul: *Ce naiba! Nu voi fuma țigări electronice! Nu e nevoie să-ți faci griji.*

Părintele: *Bine, putem vorbi totuși despre asta, chiar dacă n-o să te apuci. Ne face bine amândurora să învățăm despre asta. Vreau doar să vorbim, nu pentru că te-aș bănui. Putem cădea de acord că discutăm subiectul doar la modul general?*

Copilul: *Da, desigur.*

Părintele: *Ai auzit vreun lucru despre ce face? Care-i senzația sau ce-ți provoacă?*

Copilul: *Nu chiar. Cred că seamănă cu fumatul. Și am văzut unii oameni care vapează în baie, așadar nu cred că te face să te porți nebunește, deoarece se duc la ore după aceea.*

Părintele: *În baie! Este o alegere îndrăzneață.*

Copilul: *Știu că nu iese fum, așa că nu pot fi prinși.*

Părintele: *Cât de des vezi asta?*
Copilul: *Poate doar de câteva ori pe săptămână.*

Transmite ECOUL a ceea ce auzi

Părintele: *Pare-a fi un lucru despre care părinții și adulții trebuie să afle mai multe. Colegul meu de serviciu s-a exprimat ca și cum toată lumea o face, dar, din ce spui, unii folosesc țigara electronică, dar nu toți.*
Copilul: *Da.*

Oferă FEEDBACK

Părintele: *Eram curios, așa că am căutat puțin pe Google. S-au descoperit dovezi de necontestat care arată că vaporii conțin chimicale dăunătoare care îți pot chiar modifica ADN-ul. Este aceeași substanță care se folosește la îmbălsămarea cadavrelor! Nu se știe încă dacă asta le va cauza cancer oamenilor care au vapat, deoarece studiul realizat de autorități durează o perioadă îndelungată. Probabil că va trebui să așteptăm câteva zeci de ani ca să știm sigur.*

Așadar, sunt multe necunoscute despre acest subiect. Parțial, acesta este motivul pentru care sunt atât de curios. Înțeleg că și copiii sunt curioși. În final, tu ești persoana care decide ce-și introduce în corp. Niciun părinte nu vrea ca copiii săi să folosească substanțe dăunătoare, totuși asta se întâmplă uneori – ai văzut și tu la școală. Știu că mi-ai spus că nu faci asta și te cred, dar vreau să fii informat, deoarece acest lucru se petrece în jurul tău.

Dacă, la un moment dat, ai prieteni care fac asta și îți cer și ție să încerci, aș vrea să-ți amintești că mereu ai fost în stare să gândești cu capul tău. Sper că vei continua să cercetezi efectele vapării asupra sănătății și sper că vei decide că este un risc pe care nu vrei să ți-l asumi cu sănătatea ta.

Și o ultimă idee pe care vreau să ți-o transmit: pe măsură ce crești, copiii din jurul tău vor experimenta cu tot mai multe lucruri. Dacă vrei vreodată să vorbești cu mine despre asta, chiar dacă simți nevoia să spui „Am făcut o greșeală și am nevoie de ajutor ca să găsesc o soluție", voi fi un ascultător bun. Este mai important pentru mine să te ajut să-ți rezolvi problemele decât să-mi pierd calmul, așadar să știi că poți veni la mine.

Sinuciderea şi autovătămarea

Acum ajungem la partea cea mai dificilă a conversaţiilor despre sănătate. Un număr semnificativ de copii încep să experimenteze cu autovătămarea în jurul vârstei de doisprezece până la paisprezece ani pentru a-și exprima sentimentele de tristeţe, suferinţă, anxietate sau confuzie. Cercetările au descoperit că o treime până la jumătate dintre adolescenţii americani își produc vătămări. Adulţii trebuie să știe că autovătămarea nu are o legătură directă cu sinuciderea, dar că indică totuși nevoia de intervenţie. Repet, dacă descoperi că un copil de care îţi pasă se vătămă singur (se taie, își face vânătăi sau își face rău altfel cu intenţia de-a simţi durere) nu înseamnă că are tendinţe de sinucidere. *Înseamnă* totuși că are nevoie de ajutor ca să-și gestioneze emoţiile.

Dacă descoperi la copilul tău că își face rău singur, reacţia ta contează. Dacă ești îngrozit, dezgustat sau temător, copilul tău ar putea să se închidă în sine și să-ţi ascundă emoţiile pe care nu reușește să le proceseze.

La capătul opus al reacţiei exagerare, unii părinţi cred că tăieturile sunt atât de comune în prezent, încât copiii le încearcă doar ca să atragă atenţia, să se integreze sau să experimenteze și că problema se va rezolva de la sine, în mod natural. Obiceiurile de autovătămare pot dispărea temporar, însă de obicei reapar dacă nu li se oferă copiilor abilitățile de adaptare potrivite. Asta necesită adesea terapie dialectic-comportamentală (TDC), un mijloc foarte eficace de a-i învăța pe copii să gestioneze emoțiile care altminteri ar putea fi copleșitoare sau de nesuportat.

Chiar dacă ai impresia că copilul tău nu s-ar vătăma singur, ar trebui totuși să deschizi subiectul, deoarece l-ar putea îngrijora alți copii de la școală care fac asta sau care vorbesc despre așa ceva. Ca și în cazul altor subiecte sensibile, este bine să te referi la un exemplu din afara familiei. Copiii intră în defensivă dacă își închipuie că abordezi un subiect pentru că îi suspectezi. Folosește un personaj dintr-o carte sau dintr-o emisiune, o vedetă care discută despre asta în mod deschis sau o știre generală despre autovătămare drept o introducere neutră în acest subiect. Apoi cere-i copilului să-ți explice cum a înțeles el problema. Așa îl faci să simtă că te poate ajuta, nu că este nevoit să se apere pe sine sau să-și apere prietenii.

Discuțiile despre sinucidere reprezintă astăzi o altă parte considerabilă din viața copiilor noștri. În anul 2016, sinuciderea a fost a doua cauză a deceselor în rândul persoanelor între zece și douăzeci și patru de ani. În viețile lor saturate de media, copiii află imediat când o vedetă moare sinucigându-se și sunt de asemenea atenți când prietenii lor fac aluzii online la sinucidere sau la autovătămare. De fapt, copiii sunt adesea conectați online cu prietenii prietenilor, așa că veștile circulă repede când se petrece o tragedie. Pe scurt, elevii de gimnaziu absorb mult mai multe informații despre sănătatea mintală decât noi la vârsta lor. Înainte să apuce copilul tău să termine școala primară, ar fi o idee bună să ai cu el discuţii sincere şi deschise despre sănătatea mintală, autovătămare şi sinucidere.

Observaţie importantă: Urmărirea unui personaj fictiv la televizor care încearcă să se sinucidă poate creşte ideaţia suicidară la unii copii, aşadar evitaţi să urmăriţi programe care dramatizează sinuciderea; totuşi, cercetările arată că *discuţiile* cu copilul tău despre sinucidere nu au acelaşi efect. Studiile nu arată nicio creştere statistică în ideaţia suicidară în urma întrebărilor despre gândurile referitoare la suicid. De fapt, discuţiile deschise despre sinucidere le ameliorează copiilor gândurile. Cu alte cuvinte, poţi şi ar trebui să vorbeşti devreme cu copilul tău despre suicid. Acelaşi lucru se aplică şi autovătămării. Includeţi aceste subiecte în conversaţiile voastre de familie.

Sabotori ai conversației specifici autovătămării şi suicidului

Felul în care vorbeşti cu copilul tău despre suicid şi autovătămare este incredibil de important. Pentru sabotorii conversaţiei pe subiectul autovătămării şi suicidului, am discutat cu un expert, dr. Amanda McGough, psiholog clinician specializat în prevenţia şi postvenţia suicidului, preşedinta Fundaţiei Americane pentru Prevenirea Suicidului din Carolina de Nord. Ea sugerează următoarele sfaturi:

Nu întreba „De ce faci asta?" Copilul tău probabil că nu ştie de ce, iar adresarea unei întrebări la care nu are răspuns poate încheia repede conversaţia. Îmbrăţişează-ţi copilul, susţine-l şi spune-i că nu trebuie să poarte singur povara sentimentelor sale. Ești acolo să-l asculți și să găsești pe cineva care îl poate ajuta.

Nu exprima îngrijorare. Rămâi calm. Copiii care au gânduri de sinucidere simt adesea că sunt o povară pentru alții, gândindu-se: „Ai fi mai fericit dacă n-aș fi aici și dacă n-ar trebui să te îngrijorezi pentru mine". Exprimarea temerii sau îngrijorării tale poate contribui la sentimentul lui că este o povară pentru tine. În schimb, subliniază că există mereu alte opțiuni în afară de sinucidere și că îi poți găsi ajutor.

Nu pomeni cuvântul „nebunie". Pacienții adolescenți ai lui McGough îi zic că, atunci când părinții lor le spun lucruri precum „Doar nu te gândești să faci vreo nebunie, de exemplu să te sinucizi, nu-i așa?", sunt mai puțin dispuși să-și dezvăluie sentimentele față de părinți. S-au deschis atunci când părinții le-au adresat întrebări directe, precum „Ce fel de gânduri ai despre viața ta?"

Atenție la cum stigmatizăm sănătatea mintală în fața copiilor noștri. Atunci când vorbești despre sinuciderea unei vedete, nu spune niciodată lucruri de tipul „Pur și simplu nu înțeleg cum ar putea cineva să facă asta" sau „Ce gest egoist!" Aceste declarații îi trimit copilului tău semnalul să-și păstreze gândurile pentru el. Chiar și expresia *a comite suicid* implică un stigmat, deoarece folosim de obicei verbul *a comite* în combinație cu păcat, omor sau crimă. McGough recomandă să întrebi despre „gânduri de sinucidere" în loc de „comiterea de suicid". Ea te încurajează să arăți compasiune față de emoțiile copilului tău, chiar și când acestea te sperie.

Nu spune „Vreau doar să fii tu din nou". Este greu să ne vedem copiii schimbându-se, mai ales atunci când schimbarea aduce tristețe. În perioadele mai dificile ale procesului de creștere, s-ar putea să tânjești după ușurința și bucuria trecutului. Însă, așa cum a spus Theodore Roosevelt, „Comparația este hoțul bucuriei", iar asta nu se aplică doar la compararea fericirii tale cu a altora. Nu-ți răpi ziua de astăzi tânjind prea mult după ziua de ieri. Dacă suferă, și copilul tău ar vrea să se simtă mai bine. Nu ajută să insinuezi că nu este el însuși atunci când se simte trist sau furios. În schimb, recunoaște-i durerea și spune-i că nu este permanentă.

Nu presupune că poți gestiona problema singur. Pune-ți neapărat copilul în legătură cu un terapeut specializat dacă exprimă sentimentul că se simte o povară sau dacă transmite că are gânduri de sinucidere. Dacă riscul este iminent, du copilul la urgențe. Riscul iminent poate apărea atunci când copilul caută online modalități de a-și lua viața sau își exprimă planul personal pentru cum să-și ia viața. Să nu presupui niciodată că discuțiile despre sinucidere sunt un mod de a căuta atenție. Lasă un specialist să evalueze asta.

Copiii de clasa a treia cunosc deja conceptul de sinucidere și este bine să discuți despre asta cu copilul tău, chiar dacă este atât de mic. Dacă exprimă tristețe, anxietate sau confuzie într-atât încât să vorbească despre sinucidere sau autovătămare, este important să discuți cu el, dar asta nu reprezintă un tratament. Ai grijă să ceri ajutorul unui specialist. Asigură-te, de asemenea, că știe că, dacă un prieten exprimă astfel de gânduri sau dacă vede un prieten făcându-și rău singur, nu trebuie să țină secrete aceste lucruri. Informează-l că îți poate povesti în siguranţă şi că îl vei ajuta să găsească cea mai bună cale de a-i oferi prietenului sprijinul de care are nevoie. În final, salvează numărul TelVerde Antisuicid în telefonul copilului tău, ca să îl poată folosi pentru el sau pentru a ajuta pe altcineva: 0800 801 200. Spune-i copilului că orice apel la acest număr este confidenţial, nu presupune chemarea poliţiei sau a ambulanţei şi că majoritatea oamenilor care au sunat au declarat că i-a ajutat să se simtă mai bine.

Te grăbeşti? Iată cursul tău rapid

- Reamintiri blânde sub forma unor întrebări precum „Te simţi epuizat?" sau „Pot face ceva ca să te ajut să-ţi revii?" pot servi drept butoane de pauză într-o zi încărcată. Ajută-ţi preadolescentul să-şi asculte sentimentele, dar nu-l presa să ţi le împărtăşească.
- Demonstrează-i familiei tale importanţa grijii faţă de propria persoană făcându-ţi timp să-ţi reîncarci chiar tu bateriile.
- Fii mai puţin îngrijorat de faptul că nu se dă copilul tău cu deodorant, dar lasă mai multe deodorante prin casă şi în maşină. În final, aproape toţi copiii îşi rezolvă această problemă.
- Încurajează-ţi preadolescentul să-şi dezvolte mecanisme de adaptare făcându-şi o listă „Încearcă asta mai întâi" şi ajutându-te şi pe tine să-ţi faci una.
- Între doisprezece şi şaisprezece ani, băieţii se îngraşă în medie cu douăzeci şi trei până la douăzeci şi şapte de

kilograme. Între zece și paisprezece ani, fetele se îngrașă în medie cu optsprezece până la douăzeci și trei de kilograme.

- Când vine vorba de mâncare, cel mai sănătos lucru pe care îl poate face copilul tău este să învețe să se controleze singur și să mănânce intuitiv.

- Tinerii adolescenți au nevoie de cel puțin nouă ore de somn pe noapte. Nu poți forța pe cineva să adoarmă când vrei tu, așa că lucrul cel mai bun pe care îl poți face este să creezi mediul cel mai propice pentru somn și să-i explici de ce somnul contează.

- Atunci când vorbești cu copiii tăi despre experiențe precum alcoolul sau vaparea, nu ține predici, nu exagera și nu răspândi legende urbane. În schimb, transmite informații clare și așteptările tale.

- Autovătămarea nu are o legătură directă cu sinuciderea, dar necesită și ea terapie.

- Felul în care vorbești despre sinucidere și autovătămare contează foarte mult. Nu pot comprima asta într-un „curs rapid", așadar recitește această secțiune în funcție de nevoie.

Vorbiți acasă despre sinucidere și autovătămare. Studiile nu arată nicio creștere statistică a ideației suicidale din cauza întrebărilor despre gânduri de sinucidere. De fapt, discuțiile deschise despre sinucidere le ameliorează copiilor gândurile negative.

CAPITOLUL

9

Cum să vorbeşti despre corectitudine

Felul în care percepe un adolescent corectitudinea se schimbă în timp şi asta vă poate afecta conversaţiile despre ce este „nedrept". În acest capitol îţi vei şlefui definiţia corectitudinii pentru a te ajuta pe tine şi pe preadolescentul tău să comunicaţi mai uşor pe acest subiect, vei învăţa cum să-l faci pe copilul care se simte nedreptăţit să vadă logica şi vei descoperi cum să-ţi inspiri copilul să ia cuvântul (treptat) pentru alţii care au fost trataţi nedrept. Bonus: Vei învăţa lucrurile pe care le poţi spune (şi cele pe care ar trebui să eviţi să le spui) pentru a-ţi creşte şansele de a fi perceput drept un părinte corect de către adolescentul tău.

Există o versiune a acestui capitol care sună astfel:

Corect? Viaţa nu este corectă. Asta este tot.
Cu cât accepţi mai repede acest lucru,
cu atât viaţa ta va fi mai fericită.

Sfârşit

M-aş putea opri aici. Sunt tentată. Dar îmi umblă prin creier câteva întrebări care nu-mi dau pace. De exemplu… cum? *Cum* treci peste sentimentul că eşti tratat incorect? Sau… cum ar fi dacă? *Cum ar fi dacă* ai vedea că altcineva este tratat nedrept? Ignori acest lucru şi îţi vezi mai departe de viaţa ta, sau încerci să afli cum poţi face lucrurile mai echitabile?

Acest concept de corectitudine îşi face apariţia în mod regulat la preadolescenţi, pe măsură ce navighează prin adolescenţa timpurie, gândindu-se mai întâi la toate modurile în care sunt trataţi nedrept şi, în final, transformându-se în grija pentru felul în care ceilalţi sunt trataţi în lume. A discuta acest subiect devreme şi cu atenţie te va ajuta să-i dai copilului tău puterea de-a analiza critic lucrurile care îl supără şi de-a înţelege ce acţiuni rezonabile poate efectua pe o scară mai largă.

Percepția corectitudinii evoluează de-a lungul timpului

Ai observat vreodată ce contagios este cuvântul *nedrept*? (Dacă nu, felicitări că ai reuşit să eviţi Twitter atâta timp.) Proverbul „necazurile nu vin niciodată singure" este la fel de adevărat online cum este în şcoala primară. De exemplu, un copil care se plânge că profesorul i-a dat o notă proastă fără motiv va atrage repede mulţimi de simpatizanţi. Unii simt că este bine şi corect să consoleze victima. Altora le uşurează anxietatea şi le oferă un soi de confort că au scăpat ca prin urechile acului, ştiind că altcineva a păţit-o. Iar pentru alţii este pur şi simplu plăcut să facă parte dintr-un grup, chiar dacă legătura comună a acelui grup este compătimirea. Pentru prietenii-duşmani, compătimirea oferă o cale acceptabilă social, deşi manipulatoare emoţional, de a-şi exercita puterea. Un prieten-duşman va apăsa pe vânătaia altcuiva doar ca să continue conversaţia despre durerea persoanei respective. (Paranteză: Le spun tinerilor adolescenţi cu care lucrez că pot descoperi cu uşurinţă un prieten-duşman fiind atenţi la cine le strică frecvent veştile fericite, dar le dramatizează veştile proaste. Un prieten-duşman va spune: „Ai intrat în echipa de fotbal? Grozav, dar am auzit că toţi au intrat anul ăsta". Sau: „N-ai intrat în echipă?! E cel mai rău lucru din lume. Povesteşte-mi *totul*!")

Oricare ar fi motivul, preadolescenţii sunt predispuşi să se molipsească de Febra Nedreptăţii. Interesant, felul în care un tânăr ia temperatura corectitudinii evoluează de-a lungul adolescenţei. Un studiu din anul 2017 realizat de Colegiul Dartmouth a examinat felul în care percep corectitudinea persoanele cu vârsta cuprinsă între nouă şi douăzeci şi trei de ani şi a descoperit că percepţia noastră se schimbă de-a lungul adolescenţei în corelaţie cu dezvoltarea creierului. Mai exact, adolescenţii mai tineri cred că lucrul cel mai corect este cel mai egal, în timp ce liceenii mai mari şi studenţii devin mai flexibili pe măsură ce încep să ia în considerare intenţiile şi emoţiile unei persoane atunci când evaluează ce este corect. Cu alte cuvinte, adolescenţii mai mari învaţă că lucrurile nu trebuie să fie egale ca să fie corecte, trebuie doar să se *simtă* ca fiind corecte. Ca atunci când Potter Stewart, judecător la Curtea Supremă, a spus cu cuvinte devenite faimoase că nu poate defini pornografia („O recunosc când o văd"), la fel şi adolescenţii, pe măsură ce se maturizează, îşi dezvoltă un simţ al corectitudinii chiar dacă nu îl pot măsura. Înţelegerea acestei schimbări în percepţia copilului tău te va ajuta să porţi conversaţii mai informate.

Studiul acela de la Dartmouth mi-a spus două lucruri: 1) să nu mă îngrijoreze prea tare strigătul „nu este corect!“ al tinerilor preadolescenţi deoarece este, în mod clar, adecvat din punct de vedere al dezvoltării şi 2) pregătirea căii spre o înţelegere mai bună a corectitudinii ar trebui să aibă loc cu paşi mici şi treptaţi, în concordanţă cu dezvoltarea creierului. Una dintre cele mai simple modalităţi prin care un părinte poate face acest lucru este să discute despre percepţia corectitudinii într-un mod neutru şi curios. Întreabă copiii ce cred că este corect şi de ce şi începe să le sugerezi cu blândeţe să ia în considerare motivaţia şi intenţia pentru a trece la o perspectivă mai matură. De asemenea, din experienţa mea, copiilor le place să li se spună cum le funcţionează creierul. Nu este necesar să faci din biologia creierului un mister pentru preadolescenţi şi adolescenţi. Discută această cercetare cu copilul tău şi începe să-i arăţi diferenţe în felul în care vorbesc oamenii despre corectitudine la vârste şi etape diferite.

Lupta pentru ceilalţi

O altă evoluţie în conceptul de corectitudine este trecerea de la concentrarea asupra a ce este corect pentru mine la ce este corect pentru alţii. Deschide discuţii despre cum se întâmplă să fie alţii trataţi nedrept şi abordează misiunea faimoasă a adolescenţilor de a dovedi că adulţii se înşală. Adolescenţii sunt motivaţi să rezolve problemele create de adulţi şi au încrederea neprihănită că o pot face. Sunt activişti de la natură. Fie că este vorba despre împuşcăturile la şcoală, schimbarea climatică, abuzul sexual sau nedreptatea rasială, adolescenţii de astăzi mărşăluiesc, scriu pe Twitter, publică, fac grevă, contestă și își organizează drumul spre un viitor mai corect și mai sigur pentru ei toți. Aceasta mă face extraordinar de mândră și de plină de speranță.

Am început să lucrez cu elevi de gimnaziu în anul 2004 și îmi amintesc adesea una dintre primele povești despre adolescenți care au devenit virale. În anul 2008, un băiat de clasa a noua din Nova Scotia a venit în prima zi de școală purtând un tricou polo roz; a fost făcut de râs în mod public de un bătăuș din școală pentru tricoul lui „gay". Când doi elevi din anul terminal au auzit zvonul, s-au dus la un magazin cu reduceri după școală și au cumpărat cincizeci de tricouri roz. A doua zi, școala era inundată de o mare roz. Atunci când povestea a ajuns în presă, Ziua Tricoului Roz a devenit o mișcare în întreaga țară.

Acest tip de activism este admirabil, însă vine odată cu maturitatea. Ține minte că evoluția dreptății morale este lungă, la fel ca și evoluția adolescenței. La începutul adolescenței, copilul tău ar putea avea nevoie să exerseze pe probleme mai mici și mai personale înainte să fie gata să-și asume un risc social uriaș pentru altcineva. Nu-ți face griji dacă copilul tău nu organizează întreaga școală împotriva agresiunii. Acum este timpul să trezești în el *curiozitatea* despre egalitatea de tratament. Încet și cu grijă, poți începe să-i îndrepți atenția spre exterior, de la „mă asigur că sunt tratat corect" la „mă asigur că nimeni nu profită nici de ceilalți". Copilul tău nu se va elibera imediat de presiunea socială ca să lupte în numele binelui. Este suficient să plantezi o sămânță.

Poți începe să-ți faci copilul să gândească astfel:

- Lăsându-l să te vadă că le iei apărarea altora.
- Purtând discuții despre tratamentul nedrept pe măsură ce apare în jur și întrebând „Putem face ceva?"

- Arătând cum micile schimbări comportamentale contează mult și făcând brainstorming de idei pentru cum s-o ia cu pași mărunți.

Nu te mai concentra pe uniformitate

În experiența mea, cele mai mari probleme legate de corectitudine par să izvorască dintr-o înțelegere greșită a termenului. Hai să clarificăm situația.

Există o reprezentare grafică populară, creată de Craig Froehle, folosită adesea pentru explicarea tratamentului corect și echitabil în societate. Caută-o pe Google mai târziu dacă poți, deoarece este minunată, dar și fiindcă oamenii au realizat iterații excelente ale imaginii pentru a o face și mai favorabilă incluziunii. Deocamdată, ideea de bază este următoarea: în primul cadru vedem trei persoane de înălțime descrescătoare care încearcă să urmărească un meci de baseball, dar în jurul terenului există un gard care obstrucționează vederea a două persoane. Fiecăruia i se dă o cutie de aceeași mărime, ca să poată vedea mai bine. Un tip este înalt și poate vedea peste linia gardului, însă, pentru egalitate, fiecare persoană stă pe câte o cutie de aceeași mărime. Atunci când stau pe cutii, gardul ajunge la talia primei persoane, la gâtul celei de-a doua, ca să poată vedea totuși terenul, dar vederea celei de-a treia (și celei mai scunde) persoane este încă blocată complet.

Aceasta ilustrează tratamentul corect, în care fiecăruia i se dă exact aceeași resursă, chiar dacă este prea mult pentru o persoană și prea puțin pentru alta. În cadrul următor, persoana cea mai înaltă i-a oferit cutia celei mai scunde, care, stând acum pe ambele cutii, poate urmări jocul. Acesta este un exemplu de tratament echitabil, în care intenția s-a schimbat de la a oferi tuturor același lucru la a oferi fiecăruia ce-i trebuie pentru a avea succes.

Vedem adesea acest tip de utilizare eronată a termenului de „corectitudine" în dezbaterile rasiale din America. *Toate viețile contează* – deși pare o expresie inofensivă și incluzivă, una despre care cred că ar fi fost îmbrățișată cu putere cu cincizeci de ani în urmă, stârnește acum o furtună de emoții și dezbateri.

> Tratamentul corect este când fiecăruia i se dă exact aceeaşi resursă, chiar dacă este prea mult pentru o persoană şi prea puțin pentru alta. Tratamentul echitabil este când fiecare primeşte exact ce-i trebuie pentru a avea succes.

Nu este vorba despre faptul că cele trei cuvinte, „toate", „viețile" și „contează", n-ar compune o declarație „corectă" și validă atunci când sunt folosite împreună. Desigur că toate viețile contează. Problema apare atunci când expresia „Toate viețile contează" este folosită pentru a critica expresia „Viețile persoanelor de culoare contează", folosită ca răspuns specific la decese ale unor persoane de culoare provocate de unii agenți de poliție. Așadar, ceea ce pare corect într-o expresie de sine stătătoare devine nedrept ca răspuns la durerea altei persoane. Astfel, conceptul de corectitudine nu poate exista într-un vid. Atunci când discuți cu copiii tăi despre corectitudinea din societate, ei trebuie să înțeleagă că totul depinde de context.

În cadrul unei structuri familiale, atunci când confundă a fi corect cu a fi egal, părinții sfârșesc adesea prin a-i oferi unei persoane mai mult decât îi trebuie și alteia mai puțin. Dacă unul dintre copiii tăi are nevoie de pregătire la matematică, de exemplu, nu-ţi vei forţa şi pe celălalt copil să facă pregătire doar de dragul egalităţii. Părinţii ar trebui să se preocupe mai puţin de a le da tuturor copiilor acelaşi lucru şi să se gândească mai mult la a-i da fiecărui copil ceea ce-i trebuie pentru a avea succes. Tinerii adolescenţi apreciază când li se explică acest lucru.

Acasă, atunci când se plânge că „Nu-i corect!", copilul tău vrea de obicei să spună „Vreau şi eu asta". Aşa se întâmplă mereu între fraţi. A cui sărbătoare în familie *nu* s-a sfârşit cu lacrimi deoarece un copil a primit o felie de tort mai mare? Este enervant atunci când doi copii vor acelaşi lucru, dar nu este greu de mediat. Pentru împărţirea mâncării, poţi folosi tehnica standard un-copil-taie-şi-celălalt-alege-primul. Pentru jucăriile comune, mulţi părinţi se bazează pe cronometre şi programări. Iar pentru plângerile minore, care apar o dată la zece minute, nu-i nimic greşit în a le rezolva folosind tehnica bună şi veche a ignorării.

Copiii obişnuiesc să se plângă despre ce nu este corect, însă problemele devin mai complexe şi necesită mai multă reflecţie atunci când un copil simte că nu primeşte aceeaşi încredere, ajutor sau atenţie ca fratele său. Se întâmplă în fiecare familie. Un copil poate fi mai responsabil decât celălalt, aşadar are voie să se culce mai târziu. Un copil poate suferi de anxietate, aşa că primeşte mai multă atenţie. Balanţa este rareori echilibrată.

În gimnaziu, unul dintre copiii mei era genul care lucrează la un proiect zile întregi, iar când ajungea la 80%, rupea totul şi o lua de la capăt deoarece arăta „cam neîngrijit". Celălalt punea alarma să sune la ora 5 dimineaţa în ziua în care trebuia să predea proiectul, lucra la el două ore pe masa din bucătărie şi anunţa că este „suficient de bun!" înainte de-a ieşi pe uşă în fugă, spre şcoală. Am încercat să îndrum fiecare copil spre calea de mijloc. Puteam face copilul anxios să accepte că orele petrecute pentru proiectul lui sunt cu adevărat suficiente pentru așteptările profesorului (și poate chiar le depășesc)? Puteam face copilul lipsit de griji să planifice în avans și să lucreze câte puțin în fiecare zi, în loc să înghesuie totul într-o singură dimineață? Am încercat până mi-a ieșit pe ochi. Credeam că-l ajut pe fiecare dintre ei să fie mai bun, dar, în realitate, le ceream să semene între ei. Egali. Voiam să stea pe aceeași cutie și să aibă aceeași înălțime.

Copiii mei nu aveau nevoie de aceeași abordare sau de aceleași reguli. Unul avea nevoie să i se spună să-și asume mai multe riscuri. La un moment dat, i-am sugerat tânărului meu adolescent să se furișeze cu un prieten la un film care necesita compania unui părinte, în speranța de a rupe vraja de anxietate care îi provoca o teamă de încălcarea limitelor aproape paralizantă. Celălalt copil al meu... nu avea această problemă. Totuși, niveluri extreme de FOMO [*fear of missing out* – teama de a nu rata ceva] mi-au condus cel de-al doilea copil, în timpul gimnaziului, la o nevoie obsesivă de-a fi cu prietenii în mod constant, adesea în detrimentul somnului, familiei și bunului-simț. Sunt doi copii foarte diferiți, mereu au fost și mereu vor fi așa, și amândoi au devenit cei mai plăcuți, responsabili, grijulii și distractivi adulți tineri la care am visat vreodată, ca să nu menționez faptul că îi leagă și o prietenie strânsă. Sunt peste măsură de mândră de ei: în mod egal.

Fii propriul tău specialist în relații publice

În anii lor de preadolescență, copiii mei erau nemulțumiți. Unul dintre ei primea mereu mai mult decât celălalt. De la început, problema era una de percepție. Fiecare copil considera că celălalt înşală sistemul pentru a obţine mai multă atenţie, resurse sau acceptare, ajutor, compasiune sau libertate. Evaluau și catalogau fiecare da și fiecare nu pe care îl rosteam, cât de repede răspundeam și în ce circumstanţe. „Dar ea... !" și „Dar el... !" erau refrene comune.

Este imposibil să scapi complet de rivalitatea dintre fraţi, însă ar fi fost util să vorbesc cu copiii mei despre cum abordez creșterea a două tipuri de copii foarte diferiţi. Hai să vedem cum ar putea suna o conversaţie BRIEF la tine acasă despre ce este corect între fraţi, ca să poţi evita comparaţiile. Presupun că această conversaţie începe cu un copil care îi reproșează părintelui un tratament „nedrept", făcând din etapa iniţială o provocare. Se poate totuși. Am văzut cu toţii un film în care un negociator convinge pe cineva să nu se arunce de la etaj. Începe prin a canaliza acest tip de energie. Știu, știu: ar fi o abordare mai directă și mai puţin lingușitoare dacă i-ai cere preadolescentului tău să renunţe la acest comportament ridicol și să facă ce-i spui. Însă, fie că ești părinte sau negociator, trebuie să poţi citi emoţiile. În cazul subiectelor mai puţin sensibile, ai putea încheia un conflict prin „fiindcă așa am spus eu". Totuși, atunci când crede că este tratat nedrept, copilul tău își pierde încrederea în sistem și se comportă precum o persoană aflată pe muchia unei prăpăstii, iar oamenii ajunși la limită fac și gândesc lucruri nerezonabile. Apoi este vorba și despre tine. Vreau ca și *tu* să obţii ce-ţi dorești și presupun că vrei un copil care se calmează, are mintea limpede și cooperează.

Pune BAZELE pașnice

Copilul: *Nu-i deloc corect! Pe el îl lași să se ducă la prietenul lui după școală, dar mie îmi spui mereu că trebuie să-mi fac tema înainte să mă pot distra!*

Părintele: *Stai puțin. Hai să discutăm despre asta. Vreau să aud ce crezi și vreau să-mi păstrez mintea deschisă la observațiile și ideile tale, dar mi-e greu să fac asta când țipi la mine. Dacă putem vorbi amândoi cu calm despre asta, putem găsi o soluție. Vrei să discutăm acum sau preferi să-ți iei câteva minute ca să-ți aduni gândurile?*

Copilul: *SUNT CALM! De ce pe el îl lași să facă tot ce vrea, dar cu mine ești atât de strict?*

RELAȚIONEAZĂ cu copilul tău

Părintele: *Înțeleg de ce vezi lucrurile așa. Precis te face să te simți prost. Țin minte că și eu simțeam la fel când eram de vârsta ta și părinții mei nu înțelegeau. Voi încerca să fac mai bine.*

Copilul: *În regulă. Mulțumesc. Dar de ce nu poți încerca să ne tratezi la fel? Nu-i corect când ne faci reguli diferite.*

INTERVIEVEAZĂ pentru a aduna informații

Părintele: *În regulă... Stai să mă asigur că înțeleg. Spui că ești de părere că totul ar trebui să fie perfect egal între voi doi?*

Copilul: *Dacă vrei să fie corect!*

Părintele: *Așadar... dacă unul dintre voi învață o oră pentru un test, însă celălalt învață treizeci de minute și înțelege totul, ar trebui să vă pun pe amândoi să învățați o oră întreagă? Fiindcă așa ar fi exact egal.*

Copilul: *Nu, nu este exact la fel. Vorbesc despre faptul că ești mai permisiv cu el, lăsându-l să facă alegeri singur, iar cu mine ești mai strict, spunându-mi că trebuie mai întâi să-mi fac tema.*

Părintele: *Bine, dar, înainte să vorbim despre asta, vreau să vedem dacă amândoi înțelegem același lucru prin corectitudine. Crezi că corect înseamnă egal?*

Copilul: Asta *și înseamnă.*

Părintele: *Pentru mine,* corect *înseamnă ca tu să primești ce-ți trebuie ca să te descurci cel mai bine, iar el să primească ce-i trebuie ca să se descurce cel mai bine. Și cred că sunteți oameni diferiți, care au nevoie de lucruri diferite.*

Copilul: *Dar cum de crezi că el are nevoie de mai mult timp de distracție, iar eu am nevoie să fii răutăcios?*

Părintele: *Hmm. Când vine vorba de teme, am observat că, dacă nu-ți faci tema imediat, o amâni până la ora de culcare, iar apoi te agiți că ai prea multe de făcut. Uneori te superi, te înfurii sau plângi fiindcă simți că ești prea copleșit. În ceea ce-l privește pe fratele tău, el poate să aștepte și să-și facă tema după cină fără să se agite. Încerc doar să stabilesc reguli care să te ajute să eviți această cădere nervoasă. Există o cale mai bună prin care aș putea să te ajut să-ți faci tema înainte să ajungi în acel punct?*

Copilul: *Vreau doar să am și eu timp să mă joc după școală. Dar poți să-mi ceri să încep după o oră de pauză. Așa este corect.*

Transmite ECOUL a ceea ce auzi

Părintele: *Înțeleg. Este important pentru tine să ai o pauză imediat după școală și crezi că e corect să ai o oră de joacă înainte de-a începe temele. Așa e?*

Copilul: *Da.*

Părintele: *Mă bucur că mi-ai spus ce nevoie ai.*

Oferă FEEDBACK

Părintele: *Și sunt dispus să facem o încercare. Amintește-ți că, în trecut, ți-a fost greu să te oprești din joacă sau să intri în casă după o oră. Ne-am certat din acest motiv și încerc să evit certurile de acum încolo. Putem fi de acord că, dacă încercăm această abordare, vom seta o alarmă pentru o oră, ca să nu fiu omul rău și să mă cert cu tine când vine timpul să te apuci de teme?*

Copilul: *Da.*

Părintele: *Sună bine. Este important pentru mine să știi că încerc să fiu corect cu voi amândoi, recunoscând că sunteți doi oameni diferiți, care au nevoie de lucruri diferite. Atunci când simți că nu primești ceea ce-ți trebuie ca să te descurci, te rog să-mi spui, ca să discutăm despre asta. În regulă?*

Știu ce gândești: „Această conversație a mers bine fiindcă este fictivă. Într-un caz real, copilul meu nu ar face un compromis atât de repede". Adevărat. Deși, din experiența mea, atunci când abordezi constant negocierea într-un mod înclinat spre colaborare și cooperare, preadolescentul tău devine mai flexibil. Însă asta vine cu timpul. Cum mergi mai departe în etapele inițiale ale adolescenței dacă cerințele preadolescentului tău nu sunt la fel de rezonabile ca „o oră de joacă înainte de teme" și în schimb insistă să nu aibă oră de culcare ca să stea târziu să-și termine temele, vrea să ia cina în cameră ca să termine de lucrat și cere cafeină ca să nu i se facă somn și să poată învăța în ultima clipă, noaptea târziu?

Găsesc inspirație pentru educația parentală în locuri neașteptate. Deoarece mă învârt în jurul acestei metafore în care tu ești un negociator în situații de criză, am cercetat puțin tacticile folosite de FBI și am găsit Modelul Scării de Influență Comportamentală (MSIC). Mi se pare că se potrivește perfect în educația parentală a unui preadolescent și reflectă modelul de conversație BRIEF pe care îl folosesc. Mai jos sunt pașii pe care îi poți face dacă cererile preadolescentului tău sunt echivalentul adolescent al lui „și un elicopter care să mă ducă în Insulele Cayman, cu un milion de dolari în bancnote nemarcate".

1. Ascultare activă: „*Spune-mi mai multe despre chestia asta.*" *Petrece cel mai mult timp în această etapă. Ascultă atât timp cât copilul tău este dispus să vorbească.*

2. Empatie: „*Înţeleg de ce te supără acest lucru.*" *Sau:* „*Înţeleg de ce ţi se pare o idee bună acum*".

3. Relaţionare: „*Cred că avem acelaşi scop, dar poate idei diferite despre cum îl putem atinge. Putem lucra împreună la asta?*"

4. Influenţare: „*Am ceva experienţă în privinţa asta şi vreau să fim fericiţi amândoi, aşadar ai încredere în mine să-ţi recomand ceva?*"

5. Schimbare comportamentală: „*Hai să încercăm acest plan nou timp de o săptămână şi apoi putem discuta dacă a mers şi dacă trebuie să facem alte schimbări.*"

Cu alte cuvinte, câştigă mai întâi încrederea, apoi lucraţi împreună la o soluţie mai bună. Ca în majoritatea cazurilor, dacă sari etapele nu vei obţine rezultate bune.

Creşte-ţi şansele de a fi perceput drept corect

Adolescentul tău nu va crede mereu că eşti corect şi este în regulă, însă, dacă vrei să-ţi creşti şansele, încearcă sfaturile de mai jos.

Defineşte termenii. Înainte de-a lăsa problema să evolueze, asigură-te că acceptaţi sau combateţi acelaşi lucru. Ţine minte, *corect* poate avea un înţeles diferit pentru copilul tău comparativ cu tine.

Fii deschis comunicării despre conflicte. Ascultă cu interes real și curiozitate înainte de-a insista că ai dreptate.

Stabilește în avans așteptări și consecințe clare. Nu poți anticipa fiecare încălcare a regulilor care va apărea atunci când crești un adolescent, așadar nu te chinui exagerat încercând. Îți sugerez să faci pe polițistul bun la prima abatere și să-ți ierți copilul. Acest lucru are beneficiul dublu de-a te scăpa de povara de a prezice viitorul și te poziționează drept o persoană decentă în ochii copilului tău. (Memento, copiii sunt mai dispuși să lucreze din greu pentru o persoană pe care o respectă.)

Să presupunem că *ți-a promis* copilul că își va face curat în cameră până la cină și – *surpriză!* – nu și-a făcut. În loc să-l pedepsești imediat, ai putea spune „Trebuia să-ți faci curat în cameră astăzi, dar n-ai făcut. Te voi ierta de data asta și o putem lua de la capăt“. După ce ai dat dovadă de generozitate, stabilește așteptări și consecințe clare pentru data viitoare, pentru ca, a doua oară când se întâmplă, acest lucru să nu fie perceput drept o ambuscadă. „Mă aștept să-ți faci curat în cameră până mâine la cină. De acum încolo, dacă îmi spui că vei face o sarcină și ratezi termenul-limită, regula va fi să-ți faci sarcina imediat și să stai acasă weekendul următor.“

Stabilește consecințe rezonabile, corespunzătoare și private. O consecință rezonabilă cauzează suficient disconfort pentru a fi memorabilă și a avea însemnătate, dar nu atât de multă durere, încât să creeze panică. Pentru o cameră murdară, ratarea ieșirii din weekend cu prietenii este dureroasă. Ratarea a două luni de distracție ar fi excesiv de dură și mulți preadolescenți ar putea recurge la a se furișa afară pentru a încălca regula incorectă. Consecințele cele mai pline de însemnătate sunt nu doar rezonabile, ci și corespunzătoare. Să luăm drept exemplu scenariul camerei în care nu s-a făcut curățenie. Poate că, în loc să rateze un weekend de distracție, consecința poate fi adăugarea altei sarcini de curățenie. „Te las să scapi de data asta, însă, dacă nu-ți faci curat în cameră până mâine-seară, va trebui să-ți cureți camera imediat și să stai acasă sâmbătă, ca să organizezi garajul." Părinții au adesea reflexul de-a confisca telefonul drept pedeapsă, dar eu prefer să văd un copil lucrând și contribuind pentru familie decât holbându-se la perete. Și, nu în ultimul rând, pedepsele nu trebuie făcute publice. Postarea pe internet de imagini cu copii supărați care muncesc, purtarea unui semn care să le detalieze greșeala sau glumele făcute cu prietenii despre pedeapsă în timp ce copilul tău este prin apropiere... aceste lucruri nu fac decât să adauge resentimente. Nu-i fac niciodată pe copii să se comporte mai bine.

Prezintă modalități clare și măsurabile de îmbunătățire. Copiii tăi vor să te facă mândru. Vor să obțină mai multă independență și responsabilitate. Explică-le clar cum pot face asta. Promiterea libertății „atunci când voi avea încredere în tine" sau „când te vei comporta mai bine" este vagă. Fă-ți timp și gândește-te cum ar arăta acest viitor, apoi comunică-i-l și copilului tău. „Atunci când mă vei contacta în mod regulat când pleci cu prietenii tăi" sau „Atunci când vei merge la meditații în mod regulat ca să-ți crești notele" sau „Atunci când vei depune _ minute de efort pentru a exersa" și așa mai departe. Indicatorii vor fi diferiți pentru fiecare copil și fiecare familie, dar, cu cât ești mai specific și cu cât poți lega așteptările tale rezonabile de privilegiile câștigate de copilul tău, cu atât acesta va depune mai mult efort.

Creează o mentalitate de echipă. Nimănui nu-i place să simtă că muncește într-un vid. Vorbește-i despre faptul că toți membrii familiei contează și că toate contribuțiile ajută. Uneori, nu mereu, du-te lângă copilul tău și lucrați împreună, fie ajutându-l la treburile sale, fie făcându-ți lista ta de sarcini în apropiere.

Sabotorii conversației

„Treci peste asta." Înțeleg impulsul de a-l opri pe cel care se plânge, dar ți s-a spus vreodată să încetezi să suferi pentru un lucru care te deranjează? Această expresie nu este rezolvarea pe care o căutai. Dacă copilul tău este agitat, ascultă-l, apoi pune-i întrebări pentru a începe să găsiți o soluție. Dacă este pe punctul de a-și pierde controlul asupra emoțiilor, niciun raționament și nicio logică nu-l va calma. Încurajează-l să facă un duș, să facă exerciții sau să urmărească o emisiune timp de treizeci de minute, cu promisiunea că veți discuta mai târziu. Vei avea șanse mai mari de-a purta o conversație rezonabilă după ce a fost (sau ai fost) distras de la agitația sa (sau a ta!) crescândă.

„Nu te mulțumi niciodată cu un rezultat pe care nu-l dorești." Am auzit acest lucru în rândul părinților care au mentalitatea câștigului cu orice preț, bazându-se adesea pe manipularea sistemului sau jucând murdar pentru a câștiga. Spiritul de luptă este lăudabil în multe situații, însă negarea neîncetată a rezultatului nu este decât încăpățânare oarbă. Uneori nu poți forța lucrurile să fie așa cum vrei. Atunci când alegerile se încheie și voturile sunt numărate, ce poți face? Să pierzi cu grație este uneori mișcarea cea mai bună.

Acestea fiind spuse, va exista mereu o dată viitoare. Să înveţi să pierzi cu graţie este o componentă importantă a imaginii tale de persoană corectă, iar faptul că te ridici de jos şi încerci din nou după un eşec este cu siguranţă un semn de putere şi de integritate.

„Atunci când vezi o nedreptate, este responsabilitatea ta să o rezolvi.“ Da, dar... Gândeşte-te la vârsta publicului tău. Această cerinţă ar putea fi una imposibil de grea pentru un copil de această vârstă. În loc să spui „Escaladează acest munte!“, lucru care l-ar speria şi i-ar oferi scuza de-a renunţa înainte să înceapă, ai putea obţine rezultate mai bune dacă spui „S-ar putea să nu poţi rezolva treaba în întregime, dar cum ai putea face câţiva paşi în direcţia corectă?“

Te grăbeşti? Iată cursul tău rapid

- Asigură-te că tu şi copilul tău înţelegeţi în acelaşi fel termenul *corect.* Mulţi copii cred că un tratament corect înseamnă un tratament egal, în timp ce adulţii cred că tratamentul corect este atunci când fiecare copil primeşte lucrurile de care are nevoie pentru a avea succes. Nu poţi evalua corectitudinea scoasă din context.
- Atunci când se plânge că ceva nu este corect, un copil vrea de obicei să spună că nu primeşte un lucru pe care îl vrea sau de care are nevoie. Poate fi adevărat, iar părinţii ar trebui să investigheze, dar adesea nu prea are legătură cu ce este într-adevăr corect.
- Dacă îţi tratezi copiii în mod egal, s-ar putea să fii nedrept faţă de ei, deoarece nu-ţi adaptezi stilul parental la

diferenţele dintre ei. Mulţi fraţi nu seamănă şi au nevoie de lucruri diferite de la părinţii lor.

- Copiii se vor plânge mai puţin de faptul că îi tratezi diferit dacă le explici de ce și rămâi deschis la feedbackul lor.
- Pentru a creşte şansele să fii perceput de copiii tăi drept un om corect, adoptă un stil clar de comunicare, mai ales în ceea ce priveşte consecinţele şi recompensele. Atunci când se simt încolţiţi, copiii nu te văd a fi drept cu ei, iar atunci când lucrurile par nedrepte, copiii se simt îndreptăţiţi să riposteze.
- Adolescenţii mai mari sunt mai predispuşi decât cei mai tineri să aibă mintea deschisă la subiectul corectitudine, să ia în calcul intenţia şi motivaţia altora în plus faţă de perspectiva proprie.

Adolescenţilor tineri nu le este uşor să ia apărarea altor oameni care sunt trataţi nedrept. Fii răbdător și recunoaște că paşii mici făcuţi în direcţia corectă sunt un progres.

CAPITOLUL

10

Cum să vorbeşti despre tehnologie

Dat fiind că subiectul tehnologiei şi adolescenților are tendința să stârnească dezbateri aprinse, atât între generații, cât şi în rândul adulților, acest capitol îți cere să începi prin a recunoaşte valoarea pe care o poate oferi tehnologia (vom ajunge şi la pericole), să-ți aminteşti bucuria pe care ți-a adus-o tehnologia când erai adolescent şi să aduci acest sentiment în discuțiile tale de acum. Vei învăța cum să porneşti conversații despre detaliile uimitoare şi în continuă schimbare ale tehnologiei şi să te concentrezi la a-ți ajuta copilul să-şi dezvolte o filozofie a relației sale cu tehnologia şi să apeleze la aceleaşi valori ca în viața din afara ecranului.

Gimnaziul și Silicon Valley au un lucru important în comun: ambele se confruntă cu variaţii zilnice în popularitate și prieteni sau adepţi capricioși. La fel ca preadolescentul sau adolescentul tău, tehnologia însăși este într-o cursă constantă pentru a fi considerată mai relevantă, mai conectată și mai populară zi după zi. Există multe amante capricioase, de la faimă la modă și avere, însă elevii de gimnaziu și programatorii cunosc cel mai bine cum funcționează capriciile.

Adulții se revoltă la ideea amestecului dintre elevii de gimnaziu și tehnologie. Avem și noi tendința de-a fi puțin capricioși, transformând tehnologia în personaj negativ la începutul adolescenței copiilor noștri, deși am construit o relație pozitivă și durabilă cu tehnologia la noi acasă. Gândește-te la iPad-ul liniștitor, la site-urile educaționale, la înțelepciunea aplicației Siri (să fie binecuvântată fiindcă nu obosește să primească întrebări încontinuu) sau la toate celelalte avantaje care au făcut ca viața cu copii să fie puțin mai ușoară. Presupun că simțeam că acea tehnologie de început era sub controlul nostru sau cel puțin ne reflecta alegerile. Până la urmă, părinții nu sunt speriați de rețelele sociale, de mesaje sau de telefoane inteligente, ci de intersectarea acestor lucruri cu liberul arbitru al preadolescenților și, mai exact, de lipsa de control care apare odată cu acestea.

Preadolescenții sunt atrași de tehnologie precum musculițele de flacără – o flacără iluminată din spate, cu lumină albastră, care strălucește și este reîncărcabilă. Motive sunt multe, dar iată-le pe cele trei pe care le consider ca fiind cele mai relevante pentru această etapă a dezvoltării adolescenților: Mai întâi, este un mod de joacă acceptabil social. Chiar dacă au aruncat în spatele dulapului păpușile de plastic și figurinele de acțiune, copiii mai mari sunt totuși atrași de imaginație, iar tehnologia le permite să se joace cu imaginația în feluri care le par magice și nelimitate. Apoi, tehnologia este o cale fiabilă de a se conecta cu prietenii, iar construirea de prietenii este fără îndoială una dintre prioritățile majorității copiilor de această vârstă. În final, tehnologia le oferă copiilor un loc în care să-și păzească intimitatea și în care adulții nu pot pătrunde cu ușurință.

Tehnologia se schimbă repede, dar tu nu eşti obligat să faci la fel

Ritmul rapid al tehnologiei, combinat cu loialitatea imprevizibilă și schimbătoare a consumatorilor preadolescenţi, este exact motivul pentru care nu ar trebui să pierzi deloc timp speriindu-te de aplicaţiile care apar în cea mai recentă listă alarmantă din notificările tale de pe Facebook. „*Cele mai periculoase reţele sociale pe care copiii tăi le adoră!*" Sau „*Cum te poate păcăli copilul tău cu aceste trucuri online!*" Sau „*Dacă copilul tău și-a instalat aceste aplicaţii, ești un părinte foarte rău!*" Listele continuă să apară, deoarece se creează aplicaţii noi sau cele vechi sunt modificate. Nu te lăsa copleșit. Mai important decât să fii la curent cu aplicaţiile de care se sperie oamenii în zilele noastre este să înţelegi tendinţele în ceea ce privește funcţionalitatea și să decizi ce nu este permis. De exemplu, poţi alege să nu permiţi aplicaţii care transmit localizarea copilului tău altor utilizatori, care le cer utilizatorilor să evalueze anonim sau să dea feedback anonim altor utilizatori, care nu au o opţiune fiabilă de raportare pentru a-i bloca pe cei care folosesc aplicaţia greșit sau care conectează toţi utilizatorii de pe platformă în loc să le permită utilizatorilor să-și creeze propria listă de persoane pe care vor să le urmărească. Nu este o listă completă, însă îţi dă o idee despre cum să-ţi antrenezi creierul referitor la tipurile de teme la care ar trebui să fii atent.

Dacă te simţi în întuneric, mereu în urmă și luptându-te să ţii pasul cu cele mai noi ameninţări online pentru familia ta, te concentrezi *mult* prea mult pe apărare și insuficient pe construirea unei ofensive puternice. Nu poţi fi la curent cu tot ce se întâmplă on-line, dar e în regulă. Mă tem că, atunci când vine vorba despre utilizarea tehnologiei și preadolescenți, nu mai vedem pădurea din cauza copacilor. Dacă poți privi în perspectivă, mai departe de detaliile aplicațiilor, și dacă încurajezi o discuție mai largă și mai analitică despre cum putem și cum ar trebui să interacționăm cu tehnologia, copilul tău va fi mai capabil să-și gestioneze viața online cu toate transformările și schimbările pe care le aduce fiecare actualizare.

Nu uita că este un lucru distractiv

Când aveam unsprezece ani, părinții mei au cumpărat o consolă Atari 2600 cu un joc Donkey Kong. Au legat-o la un televizor cu un ecran de 36 de centimetri, așezat pe o comodă înaltă din camera de oaspeți – zău că era o cameră de jocuri grozavă! Stăteam ore întregi cu genunchii îndoiți și jucam Donkey Kong. Scriu despre asta după ce am făcut căutări amănunțite pe internet și am găsit muzica folosită în prima versiune a jocului, iar acum urechile mele mă urăsc. Cum de nu mă înnebuneau acele sunete enervante, zăngăniturile și bâzâielile? Ceea ce sună acum drept o tortură la acea vreme îmi părea o distracție sofisticată și modernă. Îmi plăcea enorm să mă pierd în acea lume pixelată a minunățiilor.

Într-o seară, în timp ce familia se pregătea să iasă din casă, mama m-a trimis sus ca să văd ce-l reține pe tata. L-am găsit stând în fața televizorului conectat la joc, cu joystickul în mână, cu cravata nelegată, iar mama țipa din capătul scărilor că e timpul să plecăm. „Bine, bine“, mi-a spus el acel moment de frivolitate rară. „Numai un nivel!“

Probabil că ai și tu o amintire timpurie a primei clipe în care ai fost cu adevărat entuziasmat de tehnologie. Să fie primul e-mail pe care l-ai trimis? Ziua în care părinţii tăi au cumpărat un aparat video? Prima dată când ai văzut o transmisiune TV de înaltă definiţie, când ai ţinut în mână un iPhone sau când ai descărcat muzică? Dacă poţi retrăi uimirea pe care ai simţit-o atunci când tehnologia ţi-a făcut lumea puţin mai mare sau mai mică, mai incitantă sau mai maleabilă, acest sentiment ar trebui să-ţi servească drept ancoră în a înţelege reacţia emoţională a copilului tău la tehnologia pe care o foloseşte şi de care se bucură. L-am întrebat pe fiul meu, care are şaptesprezece ani acum, când scriu această carte, dacă îşi aminteşte un moment în care a fost fascinat de tehnologie sau dacă tehnologia fost mereu un dat în viaţa lui. A ştiut răspunsul imediat. „Eram în clasa a cincea când am jucat prima dată Black Ops. Asta a fost. Mi-aş dori să mă pot întoarce la genul ăla de distracţie. Mă trezeam devreme înainte de şcoală ca să arunc la coş şi după şcoală jucam Black Ops cu prietenii." Chiar şi nativii digitali simt nostalgie pentru prima clipă în care tehnologia le-a capturat imaginaţia.

Dacă eu şi prietenii mei din gimnaziu eram fascinaţi de cuptoarele cu microunde şi de identificarea apelantului pe telefon, copiii tăi sunt probabil „obsedaţi" de telefoanele lor, de aplicaţii, jocuri video şi servicii de streaming precum YouTube sau Netflix. În calitate de părinţi, avem tendinţa de-a ignora cât de mult înseamnă aceste lucruri pentru copii. Ne îngrijorăm că iubirea lor pentru tehnologie va conduce la un pericol mai straniu, la pierderea abilităţilor sociale, la greşeli neclare şi nefaste care le-ar putea distruge viitorul şi la narcisism. Fiindcă veni vorba, sunt aceleaşi lucruri de care se temeau părinţii adolescenţilor cu mult timp înainte ca *tehnologia* să devină un cuvânt uzual în mediul de acasă. Coincidenţa face ca, tot atunci când începe în mod natural să aibă o atitudine greșită, să se retragă din viața de familie și să fie obsedat de ceea ce cred oamenii despre el, preadolescentul tău să devină și foarte interesat de tehnologie. Totuși, ca întotdeauna, corelația nu înseamnă cauzalitate. Un interes brusc în tehnologie nu este un semn al dependenței copilului tău de unu și zero, doar că unu și zero îl ajută să se conecteze cu oamenii, cu conversațiile și cu lucruri care i se par dintr-odată fascinante.

Întrunire de familie pe tema tehnologiei

Deși poate părea descurajant, ține minte că a-ți învăța copilul cum să folosească tehnologia nu este *foarte diferit* de a-l învăța cum să folosească alte instrumente, precum foarfeca, cuptorul sau mașina. Orice l-am învăța, instrucțiunile sunt urmate de obicei de o metodologie de bază, în care arăți cum se face un lucru nou, ajuți la început, apoi observi fără a ajuta, oferi feedback și, în final, te dai deoparte.

Există totuși o diferență pe care probabil că o resimți puternic: spre deosebire de celelalte lucruri despre care ți-ai învățat copilul până acum, acesta îți este încă străin și, pe lângă lipsa ta de experiență, copilul tău a luat un start fulminant în folosirea tehnologiei, ceea ce te face să te simți de parcă ai rămas făcând cu mâna pe peron, în urma trenului care a plecat din stație cu tot cu copilul tău.

Ar fi o ușurare să știi că, la o anumită vârstă, îți poți trimite preadolescentul într-o tabără de tehnologie și că, la fel cum îl înscrii la școala de șoferi la o vârstă indicată de stat, cu un instructor specializat și o programă, s-ar întoarce acasă după ce a învățat elementele de bază. În plus, n-ar trebui să treci prin acele prime incursiuni terifiante de pe autostrada cibernetică. Pentru tehnologie nu există așa ceva. Desigur, multe aplicaţii le cer utilizatorilor să aibă minimum treisprezece ani, dar, spre deosebire de şcoala de şoferi, aici poţi participa și înainte de vârsta recomandată. (De altfel, este important să știi că vârsta minimă pentru aplicaţii nu are nicio legătură cu faptul că experienţa sau conţinutul sunt adecvate sau nu pentru copii. Cerinţa de vârstă există deoarece programatorii vor să culeagă informaţii despre utilizatori, iar Legea privind protecţia vieţii private a copiilor în mediul online [Children's Online Privacy Protection Act, COPPA] interzice colectarea de informaţii de la persoane mai mici de treisprezece ani. Pentru a rezolva problema, aplicaţiile le cer utilizatorilor să-și indice vârsta, ca să poată continua să culeagă informaţiile pe care le vor.)

Uită de tehnologie și concentrează-te asupra comportamentelor umane de bază pe care vrei să le urmeze copilul tău, în viața reală sau pe ecran.

Recunosc că ţi se poate părea nefiresc să-ţi înveţi copilul cum să aibă o relaţie pozitivă cu tehnologia. Nu te îngrijora. Uită de tehnologie și concentrează-te asupra comportamentelor umane de bază pe care vrei să le urmeze copilul tău, în viaţa reală sau pe ecran.

Dacă nu reușești să definești aceste comportamente de bază, îţi va fi imposibil să ţii pasul cu mulţimea de conversaţii tangenţiale despre tehnologie care vor apărea în adolescenţa timpurie și te vei simţi adesea ca și cum te-ai juca de-a prinselea cu cea mai nouă tendinţă. Este esenţial să stabilești o filozofie tehnologică încă de la început, ca să poţi seta reguli de bază generale pentru modul în care va interacţiona familia ta cu tehnologia, se va raporta la tehnologie și se va bucura de ea. Pentru asta, recomand formatul întrunire de familie, ca să puteți stabili împreună reguli și puncte de ghidaj, asigurând o mai bună acceptare din partea copiilor tăi. Astfel, discuțiile minore care vor apărea, despre „Pot să instalez această aplicație?" și „De ce trebuie să las telefonul deoparte?" și „De ce am necazuri c-am postat asta?", vor avea un fundament pe care să fie purtate.

Sfaturile mele pentru o întrunire de familie pe tema tehnologiei

- **Fii pozitiv.** Ține minte că tehnologia – ca toate instrumentele – poate fi utilizată pentru lucruri bune, rele sau neutre. Dacă începi întâlnirea cu un ton de teamă sau punând accentul pe cum să te ferești de pericole, copilul tău va crede că ești depășit și probabil nu va avea mintea deschisă și nu va colabora în timpul întâlnirii.
- **Fii cu mintea deschisă.** Unele forme de tehnologie sunt ușor de îmbrățișat. Sistemul de alarmă al locuinței o face pe mama să se simtă în siguranță, aplicațiile care monitorizează glicemia fratelui tău mai mic sunt salvatoare, iar portofelele digitale au ușurat cu siguranță plata serviciilor. Însă Snapchat? S-ar putea ca tu să nu vezi nimic folositor la această aplicație, dar pariez că preadolescentul tău te poate ajuta explicându-ți ce-o face atrăgătoare. Ascultă cu mintea deschisă felul în care percep alții valoarea înainte de-a declara că ceva este complet inutil.

- **Stabilește un obiectiv pentru întâlnire.** De exemplu: „Scopul discuției noastre este să creăm o filozofie despre rolul pe care vrem să-l joace tehnologia în familie".

- **Cere-le tuturor membrilor să contribuie cu idei.** Chiar și cei mai tineri membri ai familiei tale vor avea o idee despre folosirea tehnologiei în mod corect și în mod greșit. Atunci când toată lumea contribuie, ai mai multe șanse să obții un rezultat echilibrat.

- **Nu prestabili finalul.** Începe cu mintea deschisă. Copilul tău nu va participa dacă va simți că întrunirea de familie este un șiretlic, că vrei să păcălești pe toată lumea să fie de acord cu regulile tale.

- **Fii flexibil.** Pe cât se poate, fii dispus să faci compromisuri. Este greu să-i mulțumești pe toți pe deplin, însă toată lumea ar trebui să simtă că a câștigat o mică victorie. De asemenea, amintește-le copiilor tăi că nimic nu este permanent. Explică-le că îți este mai ușor să fii flexibil atunci când știi că, dacă încercați ceva și nu merge, puteți să vă mai întâlniți o dată ca să reevaluați situația.

Întrebări de început la întrunirea de familie pe tema tehnologiei

- În ce mod ne ajută tehnologia familia?

- Cum ne poate distrage tehnologia sau cum ne poate duce pe căi greșite?

- Cum ne vom da seama dacă utilizarea tehnologiei s-a transformat din distractivă sau utilă în perturbatoare?

- Putem face ceva ca să folosim mai bine tehnologia? Ne scapă ceva distractiv sau util care ne-ar fi de folos?
- Ce lucruri care nu implică tehnologie ne plac şi ne pot crea un echilibru? Ratăm cumva ceva din afara tehnologiei care ne-ar putea fi folositor sau util?

Declarație personală pe tema tehnologiei

Timpul, spaţiul şi relaţiile au tendinţa de-a deveni confuze în lumea online. Este esenţial să-i reaminteşti preadolescentului tău că lumea online este de fapt reală şi că aceleaşi reguli li se aplică amândurora. Scrierea unei declaraţii personale este un mod plăcut de-a te asigura că nu pierzi legătura cu realitatea. Cere-le membrilor familiei să scrie cinci până la zece lucruri pe care vor ca oamenii să le creadă despre ei. De exemplu, eu aş putea scrie: vreau ca oamenii să creadă că sunt creativă, bună, nostimă, de încredere şi corectă. Această listă devine un ghid pentru modul în care interacţionez online. Înainte de-a posta un comentariu sau de-a ignora atunci când cineva este tachinat online, mă întreb: oare ceea ce fac eu acum online le arată oamenilor ceea ce-mi doresc să creadă despre mine?

Chiar trebuie?

Desigur că nu sunteţi obligaţi să fiţi o familie pasionată de tehnologie! Fiecare familie va decide pentru ea însăși când și dacă le va permite copiilor accesul la diverse forme de tehnologie, fie că vorbim despre a urmări emisiuni la PBS sau de a juca World of Warcraft. Poate că nu ai televizor, iar copiii tăi citesc Thoreau în timpul liber. (Îmi doresc viața ta.) Oricum ar fi, cu siguranță, trebuie totuși *să vorbești* despre tehnologie.

Chiar dacă menții un control strict asupra tehnologiei pe care are voie copilul tău s-o folosească acasă, și presupunând că el îți ascultă regulile atunci când se află la școală sau acasă la un prieten, *tot* va trebui să-l înveți cum să aibă o relație bună cu tehnologia în viitor, iar învățarea dă cele mai bune rezultate atunci când se petrece timpuriu și frecvent. Așa cum este un exercițiu util să porți multe discuții mici despre sex cu copilul tău înainte de-a crede că este activ sexual, este o idee deșteaptă să porți discuții treptate despre tehnologie înainte ca el să devină activ online. Și ține minte că, deși poate că deocamdată n-are cont pe rețele sociale, copilul tău va fi totuși afectat de felul în care folosesc colegii săi rețelele sociale în prezent. În aceeași direcție, îți recomand să începi să vorbești despre pornografia online imediat ce copilul tău începe să folosească un iPad fără ca tu să fii prezent. Spune-i doar că, dacă vede fotografii online cu oameni ale căror părți intime sunt descoperite, să te anunțe și nu te vei supăra. (Mai multe despre pornografie în capitolul 14: Cum să vorbești despre sexualitate.)

Atunci când discut cu părinții și cu copiii despre rețelele sociale, încep cu o imagine care prezintă patru obiecte: un ibric de ceai pe foc, un ciocan, un cuțit de bucătărie și un bidon cu înălbitor. Întreb copiii ce au în comun aceste obiecte și îmi dau mereu același răspuns. „Sunt periculoase!" După cinci sau șase variații repetate ale aceluiași răspuns – „Îți pot face rău" sau „Trebuie să fii atent" – un copil ridică mâna ezitând, ca să meargă împotriva curentului cu „Îți sunt de folos?"

Da. Desigur. Niciun lucru care este util nu poate să nu facă și rău.

Journal of Emergency Medicine (Revista Medicinei de Urgență) a descoperit că cuțitele cauzează mai multe răni decât orice alt instrument folosit manual, ducând la o medie *zilnică* de 1.190 de vizite la urgențe. Totuși, cei mai mulți dintre noi își implorà copiii să fie mai autonomi în bucătărie. La fel, accidentele de mașină sunt cauza principală a deceselor în rândul adolescenților, și totuși majoritatea părinților își încurajează copiii să facă ore de conducere imediat ce ajung la vârsta eligibilă. Zilnic, părinții le permit copiilor și chiar îi încurajează să practice un comportament riscant – să urce în mașină, să meargă cu autobuzul sau cu metroul, să înoate în ocean, să joace fotbal sau să-și taie singuri mărul ca să ia o gustare. De ce le permitem intenționat copiilor să facă anumite lucruri care prezintă un risc statistic crescut de a se răni, dar nu le permitem altele?

Cred că suntem dispuși să ignorăm pericolul din câteva motive esențiale. În primul rând, credem că recompensa merită riscul. Să luăm exemplul mașinilor. Pentru a ne lăsa copiii pentru prima dată la volan, trebuie să ignorăm riscul și să credem că va merita să avem un șofer. Desigur, auzim despre accidente de mașină în fiecare seară la știri, dar... nu ne putem gândi la asta *prea* mult, deoarece, din punct de vedere logistic, n-avem cum să ne ducem mereu cu mașina prin oraș adolescenții insistenți, cu programele lor încărcate, până când devin adulți. În al doilea rând, nu lăsăm consecința *potențială* să fie resimțită ca *personală*. Este relativ ușor să devii imun la știrile despre accidente de mașină până când tu sau o persoană iubită nu sunteți implicați într-un accident grav. În plus, dacă faci un accident, cine ar îndrăzni să te învinovățească sau să te facă de rușine că-ți expui copilul la pericolul șofatului, deși știm cu toții că există oameni răi și neatenți care merg pe aceleași șosele ca și copiii noștri, punându-i pe ceilalți direct în calea pericolului. În al treilea rând, ignorăm riscurile deoarece șofatul pare *important din punct de vedere social.* Școala de șoferi este văzută drept un ritual de trecere. Postăm mândri fotografii ale copiilor noștri cu certificatul și apoi cu permisul lor, imediat ce îl obțin. Desigur, vrei să-ți știi copilul în siguranță mereu, dar... ar fi *bizar* dacă adolescentul tău ar fi singurul care nu conduce, nu-i așa?

Înlocuiește condusul cu tehnologia și iată cum părinții fac trei lucruri diferit. În primul rând, nici nu ne trece prin minte că recompensa este mai importantă decât riscul. Vedem tehnologia copiilor noștri drept distracție, pierdere de timp sau evadare, însă rareori drept un instrument și, fiindcă nu reușim să cântărim argumentele pro și contra, poziționăm tehnologia în mod greșit drept un pericol de evitat, nu o aptitudine care trebuie învățată. Când facem acest lucru, creăm de fapt un pericol mai mare, neînvățând copiii cum s-o folosească corect. În al doilea rând, spre deosebire de alte tragedii, atunci când o tragedie are legătură cu tehnologia, o punem imediat la suflet. Am învățat să lăsăm valul de accidente să treacă pe lângă noi, însă, când auzim despre un copil care s-a întâlnit cu un străin dintr-o cameră de chat sau de altul care s-a sinucis după ce a fost hărțuit pe internet, ne lăsăm purtați imediat de fantezia „dacă familia *mea* ar păți asta?" În al treilea rând, noi părinții nu arătăm față de victimele tragediilor online aceeași empatie pe care o simțim față de victimele accidentelor de mașină, deoarece credem că victima unei tragedii online ar fi trebuit să știe mai bine, iar dacă nu copilul, *cel puțin părinții* ar fi trebuit să fie mai atenți. Mintea noastră sare direct la a diagnostica ce ar fi trebuit să facă mai bine familia, iar învinovăţirea victimei a devenit un fel de talisman infailibil care sperăm să ne protejeze de o soartă asemănătoare.

Tehnologia ca parte a unei vieți sănătoase şi fericite

Dacă simţi că tehnologia acaparează viaţa tânărului tău adolescent, va trebui la un moment dat să stabileşti un echilibru. Urmează o conversaţie BRIEF despre timpul petrecut în faţa ecranului, dar te previn că nu este deloc scurtă. Este unul dintre cele mai lungi modele de conversaţie din această carte, deoarece copiii iau tehnologia foarte personal, iar subiectul poate fi unul aprins. Petrec aici mult timp introducând ideea, pentru ca preadolescentul să nu se enerveze şi să se retragă.

Pune BAZELE paşnice

Părintele: *Bună, cum ţi-a fost ziua?*

Copilul: [Cu ochii în telefon] *Bună.*

Părintele: *E bine. Te relaxezi un minut?*

Copilul: *Da.*

Părintele: *Mă bucur foarte tare. Trebuie să-ţi iei timp ca să te reîncarci. Nu vreau să te întrerup, aşadar când vei lua o pauză?*

Copilul: *Ce s-a întâmplat?*

Părintele: *Absolut nimic! Nu vreau să te întrerup, dar vreau să găsim timp să discutăm puţin. Vrei să vorbim peste treizeci de minute?*

Copilul: *Sigur.*

RELAȚIONEAZĂ cu copilul tău

Părintele: [Treizeci și cinci de minute mai târziu] *Bună. Este timpul. Hai să vorbim.*

Copilul: *Ce e?*

Părintele: *Mă gândeam în dimineața asta că ai mult mai multe de făcut acum și că nu sunt mereu la curent cu felul în care îți petreci timpul, spre deosebire de vremea când erai mai mic. Ceea ce e plăcut pentru mine! Dar m-am gândit să văd ce faci și să mă asigur că nu-mi scapă ceva.*

Copilul: *Nu-ți scapă nimic.*

INTERVIEVEAZĂ pentru a aduna informații

Părintele: *Bun, e-n regulă. Pot face o scurtă verificare ca să mă asigur?*

Copilul: *Cred că da.*

Părintele: *Îți mulțumesc. Unul dintre motivele pentru care fac asta este că nu vreau să te epuizezi. Ți se cer multe lucruri, fie că vorbim despre școală, sport, prieteni sau noi acasă. Sunt conștientă de acest lucru și vreau să mă asigur că ai timp să-ți încarci bateriile, pe lângă toate celelalte pe care le ai de făcut.*

Copilul: *În regulă, bine.*

Părintele: *Așadar… verificarea. Oprește-mă dacă simți că ai nevoie de ajutor cu ceva. Tema: a mers totul bine acolo? Ai proiecte la vreuna dintre materii pentru care trebuie să cumpăr planșe?*

Copilul: *Stai puțin, da… Trebuie să fac un proiect la științe. Poți să-mi cumperi o planșă și niște biluțe de-alea pufoase cu care să construiesc o celulă?*

Părintele: *Desigur. Pot face asta mâine. Îți mulțumesc că mi-ai spus. Acum, la sport: faci antrenamente în mod regulat, dar ai două meciuri sâmbăta asta. Merge bine totul?* [Copilul dă din cap.] *Lucruri legate de casă: încă nu ți-ai făcut curățenie în cameră și am vorbit despre asta...*

Copilul: *O să fac azi.*

Părintele: *Bine, te cred pe cuvânt. Să faci curat până la cină. Dacă nu, trebuie să vorbim despre o consecință. Și prietenii: îți faci planuri de care ar trebui să știu ca să te conduc undeva, inviți oameni acasă sau altceva?*

Copilul: *Chiar nu știu încă.*

Părintele: *În regulă, nicio problemă. Dar mă vei anunța din timp dacă va fi cazul? Cu o zi înainte ar fi ideal.*

Copilul: *Da.*

Părintele: *Atunci, ultimul lucru de pe lista mea este relaxarea: vreau să mă asigur că ai suficient timp de relaxare ca să te simți odihnit, dar nu atât de mult, încât să pierzi noțiunea timpului și să uiți de celelalte lucruri pe care le ai de făcut.*

Copilul: *În regulă, spune-mi cât timp am la dispoziție.*

Părintele: *Păi, nu știu dacă are rost să stabilesc o limită. E corect să spun că modul tău de relaxare preferat este să stai pe telefon?*

Copilul: *Nu știu... Fac și alte lucruri!* [Copilul ar putea să simtă o capcană și să se teamă să recunoască faptul că telefonul este esențial, deoarece i l-ai putea lua.]

Părintele: *Sigur că da. Sunt convins. Crezi totuși că ai putea estima cât timp ar trebui să te las pe telefon?*

Copilul: *Nu știu ce importanță are, dacă fac toate lucrurile pe care mi le ceri.*

Transmite ECOUL a ceea ce auzi

Părintele: *Știi ceva, sunt de acord. De aceea nici nu voiam să-ți stabilesc eu o limită.*

Copilul: *Grozav!*

Părintele: *S-ar părea că amândoi credem că stabilirea unui echilibru între timpul de relaxare (sau timpul cu telefonul) și celelalte aspecte importante din viața ta este ceea ce contează cel mai mult. Ești de acord?*

Copilul: *Desigur.*

Oferă FEEDBACK

Părintele: *Excelent! Așadar, în ceea ce mă privește, astea sunt lucrurile pe care trebuie să le faci în fiecare zi ca să menții acest echilibru:*

- *Fă-ți cum trebuie toate temele. Dacă nu ai nimic de făcut, aș vrea să te văd citind acasă timp de minimum treizeci de minute.*
- *Fă mișcare: Este un lucru ușor în zilele în care ai antrenament. Dar în zilele în care nu ai, ar trebui să faci patruzeci și cinci de minute de mișcare, oricum dorești – să plimbi câinele, să mergi cu bicicleta, să te joci afară, orice.*
- *Ajută la treburile casei. Ne bazăm pe contribuția ta, așadar să ajuți cu ceva în fiecare zi. Putem să mai discutăm despre cum să faci asta.*
- *Petrece timp cu prietenii în viața reală. Știu că ești cu ei pe telefon, însă nimic nu înlocuiește interacțiunea fizică. M-aș bucura să te ajut să faci asta în weekenduri. Copiii pot să vină aici sau te pot duce eu cu mașina undeva.*
- *Timp fără tehnologie. Nu urăsc telefoanele, dar unele clipe sunt mult mai plăcute fără ele, iar această regulă mi se aplică și mie! Lipsa telefoanelor la masă, când mergem cu mașina și în timpul activităților speciale de familie ne va ajuta să ne bucurăm mai mult unul de celălalt. În plus, fără telefon înainte de culcare, ca să te poți liniști.*

- *Dacă faci toate aceste lucruri, atunci duci o viață echilibrată și nu văd niciun motiv pentru care să-ți stabilesc o limită în utilizarea telefonului. Dacă nu, va trebui să fim mai stricți cu modul în care folosești telefonul. Voi folosi echilibrul drept etalon pentru a-ți măsura succesul.*

Timpul folosit cu tehnologia este un câmp de bătălie între părinți și preadolescenți, însă nu tot timpul petrecut online este la fel. Hai să vedem o altă conversație care ar putea apărea, despre ce *face* copilul tău atunci când se holbează la ecran atâta timp.

Pune BAZELE pașnice

Copilul: *Bună, poți aproba aplicația de care ți-am spus?*

Părintele: *Adu-mi telefonul să arunc o privire. Ce aplicație este?*

Copilul: *Se cheamă* [inserează denumirea celui mai nou moft]. *Este doar ca să fac fotografii și apoi să le transform în meme.*

RELAȚIONEAZĂ cu copilul tău

Părintele: *Sună distractiv. Îmi vei trimite și mie o memă?*

Copilul: *Bizar. Chiar vrei să-ți trimit?*

Părintele: *Chiar vreau!*

Copilul: *În regulă, da.*

INTERVIEVEAZĂ pentru a aduna informații

Părintele: *Câteva lucruri înainte s-o aprob. Te-ai uitat la vârsta recomandată pentru aplicație?*

Copilul: *Da, este de la zece ani în sus.*

Părintele: *E bine. Și după ce creezi o memă, ce faci cu ea?*

Copilul: *Doar le-o trimit prietenilor.*

Părintele: *Prin aplicație? Sau se salvează pe telefon și apoi o trimiți prin SMS?*

Copilul: *Nu știu.*

Părintele: *Păi, află. Poți să cauți pe Google și să mă anunți?*

Copilul: *Contează? Adică, o să fii de-acord dacă e într-un fel și n-o să fii dacă e altfel?*

Părintele: *Sincer, nu știu încă. Dar cred că ar trebui mereu să știi mai multe despre tehnologia pe care o folosești înainte s-o utilizezi. Asigură-te că, dacă faci o memă care include fotografia ta, de exemplu, ei n-au dreptul s-o folosească în scopuri de marketing.*

[Copilul revine mai târziu, după ce a cercetat, și explică modul de funcționare.]

Transmite ECOUL a ceea ce auzi

Părintele: *Te-ai descurcat grozav cu documentarea! Sunt impresionat. Se pare că ai găsit informații bune despre confidențialitate.*

Copilul: *Mulțumesc. Nici nu credeam că vor crea o aplicație proastă pentru copii de zece ani. Putem stabili o regulă care să spună că, dacă aplicația este pentru o anumită vârstă, nu trebuie să-ți cer voie?*

Părintele: *Mă bucur că te gândești la vârstele recomandate pentru aplicațiile pe care le folosești și că-ți pasă suficient de mult de regulile mele, încât să te interesezi cum funcționează. Și înțeleg de ce are sens pentru tine să spui că orice aplicație pentru o anumită vârstă ar trebui să fie în regulă, dar hai să vorbim o clipă despre întrebarea ta.*

Părintele: *Ceea ce spuneai, că firmele nu produc o aplicație proastă pentru copii de o anumită vârstă, este adevărat într-un fel... doar că oamenii pot folosi aplicații de bază în moduri rele. Așa cum un ciocan nu este un lucru rău – îl folosesc ca să agăț poze pe perete, ceea ce e bine. Dar l-aș putea folosi și ca să sparg un geam. Mă interesează în primul rând felul în care este menită aplicația să fie utilizată, dar vreau să mă gândesc și la modul în care poate fi folosită greșit de alți oameni. Are sens pentru tine felul în care gândesc?*

Copilul: *Da. Ești doar atent.*

Părintele: *Corect! Încerc doar să acționez inteligent. Și știi, la fel ca toată lumea, că tehnologia este în continuă schimbare. Se schimbă atunci când programatorii modifică modul de funcționare și se schimbă atunci când oamenii care folosesc aplicația îi găsesc utilizări noi. Atunci când spun da unei tehnologii noi nu este ca atunci când îți spun „Da, îți voi cumpăra această minge de fotbal sau acest set Lego". Vreau să mă asigur că tehnologia nu devine ceva diferit de felul în care era la început. Spun da astăzi, dar pentru o perioadă vreau s-o țin sub observație ca să mă asigur că a) este așa cum au promis și b) tu și ceilalți oameni care o utilizează o folosiți în mod corect. Folosirea tehnologiei poate fi ca și cum ai înota în ocean. Știm cu toții că oceanul este distractiv, dar și periculos. Nu vreau să te împiedic să te distrezi, dar, în calitate de părinte al tău, trebuie să mă asigur că ești în siguranță. Gândește-te că e ca și cum ai purta un colac de salvare. Poți intra în ocean, însă, dacă văd că apa ți-a ajuns peste cap, pot să te trag înapoi puțin. Vom funcționa astfel o vreme, până când voi vedea că ești în siguranță acolo, și apoi, pe măsură ce crești, desigur că vei începe să înoți singur. Secretul pentru a ajunge acolo va fi să rămâi* *deschis la conversații sincere, precum cea pe care o purtăm acum. În regulă! Ești gata să-ți aprob aplicația?*

Un ultim sfat important pentru părinţi despre tehnologie: ţi se poate părea complet străină, dar nu uita că ești un profesor bun. Poţi preda și asta, dacă nu te pierzi în echipament și, în schimb, te concentrezi în principal la partea umană a lucrurilor. În plus, ești un elev bun! Orice lucru care te face curios, copilul tău poate probabil să ţi-l explice mai bine decât oricine.

Sabotorii conversației

„Prea mult timp în faţa ecranului îţi face rău." Pe lângă faptul că este prea vagă pentru a fi luată de bună (cât de mult este prea mult?), această afirmaţie are și alte probleme. Academia Americană de Pediatrie și-a revizuit recent declaraţia referitoare la timpul petrecut în faţa ecranelor, înlăturând recomandările de timp și sfătuind în schimb părinţii să se concentreze asupra calităţii în locul cantităţii. Nu toate orele petrecute în faţa ecranului sunt egale. În loc să vorbești de rău timpul petrecut astfel, poartă conversaţii despre echilibru. Timpul petrecut în faţa ecranului este în regulă dacă nu este în detrimentul altor obiceiuri sănătoase.

„Vei deveni dependent." E o ameninţare înfricoșătoare și, în același timp, generică și goală. Îmi amintește de vremea când părinţii le spuneau copiilor că, dacă stau prea aproape de televizor, li se vor încrucișa ochii permanent. Nu vreau să ignor părinţii ai căror copii au trecut prin problema dependenței, de orice natură. Dependența este complicată, înfricoșătoare și, atunci când vine vorba de tehnologie, nu este bine definită. Organizația nonprofit Common Sense Media a publicat cercetări amănunțite pe subiectul dependenței de tehnologie. Înainte să te îngrijorezi prea mult și cu siguranță înainte de a-ți diagnostica copilul, îți sugerez să le citești raportul. Între timp, să știi că tehnologia, alcoolul, drogurile, jocurile de noroc și jocurile informatice nu sunt interschimbabile într-o propoziție despre dependență. Ele sunt unice și necesită o înțelegere completă înainte de-a pune un diagnostic.

„Nu vreau să faci o greșeală care să te urmărească toată viața.“ Cum ar putea să *nu* ne îngrijoreze asta? Auzim atâtea exemple de copii care au suferit daune ireversibile din cauza greșelilor făcute online. În cel mai bun caz? Au fost excluși din liceu sau din facultate. În cel mai rău caz? Cel mai urât coșmar al oricărui părinte. Toți adolescenții vor face greșeli și vor avea de trăit cu ele. Este îngrozitor atunci când acele greșeli continuă să apară pe internet. Problema care apare când trebuie să le spui astfel de lucruri preadolescenților este că pentru ei nu au niciun sens. Știm că adolescenții tineri trăiesc clipa. Sunt într-o stare suspendată de negare că ceea ce se petrece astăzi va conta, într-o măsură oricât de mică, pentru sinele lor îndepărtat, când vor avea douăzeci și cinci de ani. Știi de ce le pasă *totuși*? De ceea ce cred prietenii lor acum. Nu pierde timp încercând să le insufli teamă cu povești despre viitor. În schimb, vorbește-le despre costul unei greșeli pentru fericirea lor de astăzi. Vorbește-le despre izolarea socială pe care o simt copiii atunci când se petrece acest lucru. Vorbește-le despre a face alegeri care să le păstreze reputaţia bună acum, când contează cel mai mult pentru ei.

Te grăbeşti? Iată cursul tău rapid

- Preocupă-te mai puţin de cum să ţii pasul cu tendinţele tehnologice şi mai mult de crearea unei filozofii vii cu privire la modul în care va relaţiona familia ta cu tehnologia.
- Nu uita bucuria şi încântarea pe care le-a adus tehnologia în viaţa ta. Ţii minte prima tehnologie care te-a dat pe spate? Cum te-a făcut să te simţi? Probabil asta simte şi copilul tău. Încearcă să te bucuri şi tu de o parte din distracţia sa.
- Copiii nu iubesc tehnologia de dragul tehnologiei, ci pentru lucrurile de care îi leagă: oameni, conversaţii şi lucruri care li se par fascinante.
- Organizează o întrunire de familie pe tema tehnologiei, folosind-o drept cale prin care să găseşti un numitor comun, linii directoare şi declaraţii personale pe care le poţi folosi pentru a îndruma comportamentul online.
- Instrumentele care ajută pot să şi dăuneze, în mod inevitabil. Păstrează un echilibru atunci când vorbeşti despre tehnologie. Nu este nici complet bună, nici complet rea.
- Fii bun cu oamenii care fac greşeli online, aşa cum ai fi cu o persoană care a suferit un accident de maşină. Suntem oameni cu toţii. Încă mai învăţăm.
- Tehnologia poate fi o componentă fericită şi sănătoasă a unei vieţi fericite şi sănătoase. Secretul este echilibrul.

- Nu tot timpul petrecut în fața ecranului este egal. Încurajează utilizarea creativă și conectată a tehnologiei.

Tehnologia este un subiect aprins pentru preadolescenți, mai ales atunci când se tem că le-o vei lua în orice clipă. Începe conversațiile lin și rămâi deschis la argumente pro și contra. Atunci când ai dubii, cere-le copiilor să te învețe despre ceea ce cunosc și iubesc.

CAPITOLUL

11

Cum să vorbeşti despre critică

Pentru a te ajuta să porți conversații de bună calitate despre gestionarea criticilor, în acest capitol vei înțelege de ce copiii devin mai sensibili la feedback în adolescență, de ce este important să-ți înveți copilul care este diferența dintre critica constructivă şi critica distructivă, cum pot adulții să trimită mesaje neclare despre importanța părerii celorlalți şi de ce feedbackul pe care îl ambalezi într-o prezentare a punctelor forte ale copilului tău este mai eficace decât cel care îi evidențiază defectele.

Într-o zi de primăvară răcoroasă, când fiica mea avea opt ani, ne-am dus la terenul de joacă cu noua ei prietenă, Paige, şi cu mama prietenei ei, Diane. Noi, mamele, ne bucuram de acel avantaj colateral al organizării unor întâlniri de joacă pe care îl ai atunci când te potriveşti cu celălalt părinte. În timp ce eu şi Diane discutam pe o bancă, Paige s-a aşezat lângă mama ei, cu o expresie îndurerată pe față. „Ce s-a întâmplat?" a întrebat-o Diane uşor. A ascultat cum Paige îi şoptea detaliile la ureche, în timp ce eu deveneam neliniștită și jenată, imaginându-mi ce-o fi făcut fiica mea și întrebându-mă dacă va fi prima și ultima dată când eu și noua mea prietenă vom mai discuta astfel. „Se pare că ai primit un feedback“, a spus Diane după ce Paige a terminat de povestit. „Ce vrei să faci cu el?“

Am păstrat această amintire deoarece a fost un exemplu frumos de educație parentală, dar și de maniere impecabile. Copiii pârăsc mereu și își pun părinții în dificultate, mai ales atunci când celălalt părinte este de față. „Să anchetez? Ar trebui să definesc o măsură în consecință? Cine este vinovat? Stăteam și eu aici liniștită și acum m-am trezit cu chestia asta pe cap, iar următoarea mea mișcare va salva sau va strica toată întâlnirea de joacă.“

În loc să se chinuie să găsească o cale de a dezamorsa conflictul, sau să se grăbească să pară diplomată, Diane a plasat grațios ce a spus fiica mea (orice ar fi fost, nici acum nu știu) într-o poziție de neutralitate, de parcă nu era decât o ocazie pe care s-o evalueze fiica ei. Ce modalitate frumoasă de a-i oferi putere fiicei sale după ce s-a simțit rănită!

Dacă îți place această abordare, vei avea o mulțime de ocazii să exersezi. Preadolescenții sunt poate cei mai criticați oameni de pe planetă. Gestionează zilnic comentarii pe bandă rulantă – de la felul în care se îmbracă („Nu ieși afară cu-așa ceva pe tine!“), la teme („Mai mult efort, te rog!“) sau la felul în care își aleg prietenii (când dăm ochii peste cap). În gimnaziu, copiii primesc feedback constant nu numai de la tine, ci de la o mulțime de profesori, antrenori și administratori, toți cu așteptări și preferințe diferite, dar și de la o școală întreagă de copii cu o sumedenie de opinii despre toate alegerile copilului tău. Valul de critici apare în adolescența timpurie și, de atunci încolo, criticile rămân un tovarăș constant în viață; de aceea, este esențial să învețe cum să gestioneze feedbackul.

Criticile sunt necesare pentru dezvoltare. Însă pot veni cu un preț de plătit, mai ales pentru aceia dintre noi care sunt sensibili. Port după mine fără să vreau un catalog cu amintiri ale clipelor în care m-am simțit jenată sau rănită de reacția oamenilor față de mine. De la colegul meu de clasă care a râs de blugii mei care nu erau de firmă, la abuzatorul de pe Facebook care m-a atacat pentru opiniile mele politice, la prietena dragă care voia să mă ajute, dar eram prea iritată în acea zi ca să-i ascult sfatul într-un mod iubitor, mă agăț strâns de critici sub toate formele lor.

În retrospectivă, văd uneori că mesajul în sine nu a fost rău, dar nu eram eu în starea necesară ca să-l primesc. Alteori era nefondat, însă armura mea nu era suficient de puternică, încât să-l respingă. Adesea, feedbackul nici măcar nu era *despre* mine. Atât că sunt eu prea sensibilă la modurile subtile în care transmit oamenii ceea ce gândesc: oftatul, ferirea rapidă a privirii, lipsa de atenție, râsetul întârziat cu o secundă. Mi-aș dori să am pielea mai groasă, să fiu mai nepăsătoare și, în general, să-mi pese mai puțin de ce cred oamenii. Dar unul dintre numeroasele avantaje ale sensibilității este că mă ajută să-mi fac bine treaba, deoarece, pentru a fi un profesor bun, trebuie să mă pun adesea în pielea celorlalți. Dacă, din acest punct de vedere, copilul tău seamănă cu mine și îi poți arăta avantajul sensibilității sale, asta l-ar putea ajuta la ușurarea poverii de a fi sensibil.

Fie că este mereu fragil sau se arată încrezător în sine (ori toate permutațiile dintre acestea), felul în care *tu* privești feedbackul va afecta modul în care îți ajuți copilul să proceseze răspunsurile pe care le primește zilnic. Dacă micul tău măr nu a căzut departe de copacul tău hipersensibil, s-ar putea să-ți fie dificil să-i asculți poveștile fără să ai și tu o reacție emoțională puternică. Încearcă din răsputeri să rămâi conștient de asta și să-ți temperezi răspunsul. Pe de altă parte, una dintre ironiile misiunii de părinte este că adesea ești binecuvântat cu un copil care nu-ți seamănă deloc. Dacă ești rezistent, s-ar putea să nu înțelegi de ce copilului tău îi pasă de ceea ce cred oamenii. Dacă ești sensibil, s-ar putea să-ți faci griji pentru el că își îngroapă sentimentele, chiar dacă este sincer atunci când îți spune că nu-i nimic în neregulă. Începe să fii atent la felul în care percepi feedbackul, ca să poți separa reacția ta de cea a copilului tău.

Paradoxul de a-ți păsa de ceea ce cred oamenii

Pe măsură ce devine adolescent, copilul tău va începe să privească lumea cu o *doză de narcisism.* (Copilul tău probabil că nu este un narcisist adevărat, nu-ți face griji.) Totuși, această parte a dezvoltării unui copil este centrată pe a ieși de sub aripa ta și a porni să-și descopere individualitatea, inclusiv o gamă largă de preferințe personale, limite, credințe, vise, capacități și așa mai departe. Deși acest lucru sună rezonabil și adecvat pe hârtie, copilul tău ți-ar putea lăsa impresia că-i pasă doar de felul în care se învârte lumea în jurul lui.

Pentru un preadolescent, crearea unei identități separate de părinți sau de cei care îl îngrijesc este în egală măsură revigorantă și singuratică. Separarea trezește sentimente de singurătate, iar acest lucru îl împinge pe copil să tânjească după acceptare în grupul său mai larg de colegi și face ca feedbackul pe care îl primește de la colegi să pară foarte important. Un compliment din partea unui coleg de clasă popular face copilul să se simtă ca și cum ar fi câștigat la loterie, însă când primește o insultă se poate simți ca și cum ar fi ratat pasa care putea câștiga un meci de Super Bowl. În pielea goală. Apoi reluat cu încetinitorul pe ecranul gigantic de pe stadion.

Dintr-odată, ceea ce cred alți copii despre el i se pare extrem de important copilului tău. Dacă ai putea asculta gândurile preadolescentului tău, probabil că asta ai auzi: „Nu mai vreau să fiu un copilaș care are nevoie de părinți, dar nici nu vreau să fiu singur. Simt nevoia să mă placă oamenii! Voi face orice ca să mă placă!"

Nu-l vor plăcea mereu. Ai putea încerca să-ți învelești copilul într-o metaforică folie cu bule, ca să-l ferești de a fi rănit de critici. Unii părinți încearcă să facă asta nepermițându-le copiilor să interacționeze cu „influențe negative", oferindu-le hainele și accesoriile cele mai la modă, spunându-le să nu fie slabi, cerându-le să raporteze toate rănile – fizice sau emoționale – către conducerea școlii sau asumându-și rolul de prieten. Nimic din toate astea nu-ți va scuti copilul de durerea respingerii, de stânjeneala sau de izolarea care vin odată cu adolescența.

Una dintre zicalele mele preferate este „Nu-i treaba mea ce cred alții despre mine". Este o mantră utilă pentru cineva cu nivelul meu de sensibilitate, dar adevărul general este că oamenii sunt ființe sociale, așadar ceea ce cred alți oameni *chiar* contează, cel puțin într-o oarecare măsură. Majoritatea părinților par să-și dorească niște copii care să fie complet independenți, să gândească singuri, să pună sub semnul întrebării statu-quoul și să combată noțiunile depășite, rămânând *în același timp* respectuoși față de normele sociale și tradiție, politicoși cu autoritățile și receptivi la nevoile altora. Un paradox, nu-i așa?

Trebuie să acceptăm ambele fețe ale monedei atunci când vine vorba despre a crește oameni buni. Pe de o parte, ar fi mai simplu dacă le-am putea spune copiilor noștri să nu le pese de ceea ce gândesc alți oameni. Pe de altă parte, acest tip de gândire izolată nu funcționează bine atunci când trăiești într-o comunitate. Avem cu toții vecini, șefi, prieteni și familii care ne oferă feedback și, deși nu vrem să ne condiționăm copiii să le facă pe plac orbește altora, dorim totuși ca ei să devină adulți care să poată stabili un echilibru între individualism și apartenența la un grup. Iar a face parte dintr-un grup înseamnă să înveți cum să gestionezi feedbackul.

Tipuri de critică

Nu toate criticile au fost create egale. Atunci când lucrez cu tineri adolescenți în taberele mele de leadership, mă asigur mai întâi că aceștia înțeleg diferența dintre critica constructivă și cea distructivă.

- Critica constructivă are scopul de-a te ajuta să devii mai bun.
- Critica distructivă are scopul de-a te face să te simți prost.

Îți sugerez să explici diferența dintre critica constructivă și cea distructivă. O cale naturală de abordare a acestui subiect este să discuți exemple din seriale TV, filme, cărți, Twitter sau din dinamici sociale din lumea reală (din afara sferei imediate a copilului tău). Pe măsură ce clarifici tipurile de critică și începi să oferi exemple pentru ambele, copilul tău va distinge mai bine diferenţa dintre ele. Apoi, atunci când vorbeşte cu tine despre o experienţă personală, îl vei putea întreba calm ce fel de critică a primit. Odată ce-şi dă seama dacă acea critică este menită să-l ajute sau să-i facă rău, se poate gândi la paşii următori.

Feedback în acțiune: decizia unui antrenor

Să ne gândim la un scenariu care apare adesea la gimnaziu: copilul tău este eliminat dintr-o echipă, de la o audiţie sau dintr-o activitate. Voi folosi modelul BRIEF de conversaţie pentru a-ţi arăta cum s-ar putea derula această discuţie.

Pune BAZELE paşnice

Copilul: *Astăzi au anunţat cine intră în echipa de baschet. N-am intrat. Nu-mi vine să cred.*

Părintele: *Îmi pare rău să aud asta. Îmi poţi spune mai multe?*

Copilul: *Credeam că voi intra. Sunt mai bun decât unii dintre copiii care au intrat. Vreau să spun, mult mai bun. Știam că antrenorul nu mă place. Este atât de nedrept! Și acum oamenii vor crede că sunt mai slab decât jucătorii proşti care au intrat. Unii copii spuneau că nu le vine nici lor să creadă că n-am intrat. Este foarte nedrept.* [Copilul începe să plângă puţin.]

RELAȚIONEAZĂ cu copilul tău

Părintele: *Am păţit şi eu ceva asemănător la gimnaziu și știu că e foarte dificil. Te pot ajuta cu ceva acum? Mi-ar plăcea să stau cu tine și să vorbim despre asta sau să stăm împreună și să ne uităm la televizor, dacă vrei. Sau dacă ai nevoie de timp singur, ca să-ţi procesezi sentimentele în voie, e bine și așa. Este o experienţă dificilă – sunt aici pentru tine, în orice fel vrei.*

Copilul: *Nici nu știu ce vreau. Sunt foarte supărat.*

Părintele: *Înțeleg. Ai dreptul să fii supărat. Îți pot pune câteva întrebări?*

Copilul: *Sigur.* [Sau poate copilul spune *nu acum*. În acest caz, când vine ora de culcare întreabă din nou dacă puteți discuta despre asta. Apoi treci la etapa de Interviu.]

INTERVIEVEAZĂ pentru a aduna informații

Părintele: *Știi câți copii n-au fost acceptați în echipă?*

Copilul: *Nu, dar doisprezece au intrat. Și unii dintre ei nu se pricep deloc la baschet! Nu sunt un nesimțit – mulți dintre ei meritau și sunt mai buni decât mine, dar pe unii dintre ei i-am văzut în pauză și au ratat o mulțime de coșuri. Habar n-am cum de-au intrat.*

Părintele: *Uneori se mai întâmplă și astfel de lucruri. Copii cu abilități mai puțin evidente intră într-o echipă sau primesc rolul cel mai important. Sau, în cazul meu la serviciu, uneori o persoană care își face treaba mai prost este promovată și habar n-am de ce. Lasă-mă să-ți mai pun câteva întrebări. Antrenorul ți-a oferit vreun feedback la probe sau după aceea? Și mai ai prieteni care au fost respinși?*

Copilul: *Niciun feedback. Nimic. Iar Tyler și Marcus au fost respinși și ei. Și sunt și ei buni. Desigur, au fost respinși și mai mulți copii care nu se pricep.*

Părintele: *În regulă, asta mă ajută să văd imaginea de ansamblu. Ce vor face Tyler și Marcus sezonul acesta? Știi cumva dacă se vor înscrie în vreo echipă din afara școlii?*

Copilul: *Habar n-am.*

Transmite ECOUL a ceea ce auzi

Părintele: *Înțeleg că mulți copii au dat probe și mulți au fost respinși. De asemenea, pare că nu este clar modul în care a luat antrenorul decizia. Sunt sigur că pentru mulți jucători este prima* *dată când au fost respinși fără explicație. Este frustrant și jenant, iar asta i-ar putea înfuria pe unii copii. Înțeleg acest lucru.*

Oferă FEEDBACK

Părintele: *Este dificil să înfrunți dezamăgirea, dar vreau să știi că sunt mândru de tine că încerci. În primul rând, mi se pare important să ții minte că faptul că n-ai intrat în echipă reprezintă un feedback de la o persoană. De-a lungul vieții va trebui să-ți amintești că ceea ce decide cineva despre tine nu este neapărat adevărat. Decizia antrenorului nu înseamnă că n-ar mai trebui să joci baschet. Înseamnă doar că nu vei juca pentru el anul ăsta. În al doilea rând, e timpul să te gândești la ce vei face mai departe. Decizia antrenorului e doar începutul acestei povești. Partea cea mai importantă este ce vei face mai departe. Te-ai putea gândi să te alături unei ligi neprofesioniste din afara școlii. Ai putea să-i trimiți un e-mail antrenorului și să-l întrebi ce îl interesează la jucători și la ce ai putea lucra până la probele de anul viitor. Ai putea să-ți îndrepți atenția spre o altă activitate în această iarnă. Depinde de tine și nu trebuie să decizi imediat. Gândește-te la asta. Însă felul în care continui de acum încolo spune despre tine la fel de multe ca și faptul că ai intrat sau nu în echipă anul acesta.*

În acest scenariu, copilul tău trebuie să învețe cum să gestioneze clipele când lucrurile nu merg așa cum vrea el. Atunci când copilul tău îți spune că a fost respins, s-ar putea să ai una dintre cele două reacții obișnuite: înțelegi motivul sau ești la fel de șocat precum copilul tău.

Să spunem că presimțeai că se va întâmpla asta. Știi despre copilul tău că aruncă bine, dar nu blochează. Sau că are o părere prea bună despre capacitățile sale. Sau că dorința sa de-a intra în echipă este mai puternică decât dorinţa de-a exersa. Sau că antrenorul *chiar* îşi alege favoriţii în funcţie de cine sunt părinţii copiilor. Oricare ai şti că este adevărul, păstrează-l pentru tine. Copilul tău n-are nicio şansă de a-şi dezvolta abilităţile necesare pentru a gestiona dezamăgirea dacă eşti cu trei paşi înaintea lui în evaluarea lucrurilor care au mers prost. Chiar dacă înţelegi rezultatul, adresează întrebări prin care să înţelegi mai bine perspectiva copilului tău. Cu cât eşti mai puţin omniscient, cu atât mai abitir va trebui copilul tău să caute răspunsurile în interiorul său.

Pe de altă parte, poate că eşti la fel de nedumerit şi de surprins de acest rezultat ca şi copilul tău. Poate simţi şi tu că respingerea din echipă este o adevărată nedreptate. Păstrează-ţi sentimentul de nedreptate pentru altă dată – atunci când discuţi cu prietenii sau cu partenerul. Preadolescentul tău trebuie să proceseze ce s-a întâmplat fără presiunea suplimentară de-a explora felul în care te simţi *tu.* Dat fiind că ajuţi un copil de doisprezece ani să înveţe cum să se adapteze şi să facă strategii, indignarea nu va face decât să încetinească procesul.

Copiii, la fel ca adulţii, nu vor obţine mereu ceea ce doresc, nici măcar lucrurile pentru care muncesc din greu, şi, deşi feedbackul negativ primit pentru efort este frustrant, comentariile despre personalitatea sau aspectul unui copil sunt o problemă *mult* mai sensibilă, după cum arată dialogul următor.

Feedback în acţiune: atunci când un coleg de clasă te insultă

Un alt scenariu obişnuit de care ne amintim cu toţii prea bine este atunci când afli că cineva de la şcoală te-a vorbit de rău pe la spate. Să vedem cum s-ar putea derula această conversaţie acasă. Dat fiind că, cel mai probabil, nu vei afla despre asta decât dacă îţi spune copilul tău, presupunem că această conversaţie începe cu copilul povestindu-ţi.

Pune BAZELE paşnice

Copilul: *Pot să-ţi spun ceva?*

Părintele: *Desigur.*

Copilul: *Azi a fost masa de prânz cea mai rea din lume. Carly a auzit un zvon că niște tipi au zis că sunt urâtă și apoi i-a chemat la masă ca să-i întrebe dacă au spus asta. A fost foarte jenant.*

RELAȚIONEAZĂ cu copilul tău

Părintele: *Vai! Este incredibil de nepoliticos ca cineva să spună și să facă așa ceva. Îmi pare foarte rău că ai pățit asta. Vreau să spun mai întâi că nu este absolut deloc adevărat. Nu știu dacă mă crezi acum, dar trebuie să-ți spun, fiindcă ăsta-i adevărul. În același timp, știu că acest lucru nu-ți alină durerea. Insultele dor, iar eu sunt aici pentru tine. Mă bucur că mi-ai spus, ca să putem discuta despre asta.*

INTERVIEVEAZĂ pentru a aduna informații

Părintele: *Povestește-mi, ce s-a întâmplat după?*

Copilul: *Îmi venea să plâng când mi-a spus, dar eram în sala de mese, așa că a trebuit să râd. Partea bună este că băieții n-au rămas cu noi, însă au râs atunci când i-a întrebat ea.*

Părintele: *În regulă. Crezi că poate au râs la fel cum ai râs și tu? Pentru că este una dintre acele situații în care nu știi ce altceva să faci?*

Copilul: *Poate.*

Părintele: *Mă întreb dacă Carly spunea adevărul despre ce a auzit. Crezi că există vreo șansă să fi auzit prost sau să fi înțeles greșit? Poate că au spus asta, dar nu despre tine? Nu trebuie să răspunzi la asta, doar gândesc cu voce tare.*

Copilul: *Carly mi-a spus c-o să le ceară să înceteze să mai vorbească despre mine și pe urmă verifică întruna ce fac.*

Părintele: *Ai simțit că lui Carly îi place acest rol? Să se tot plimbe între tine și băieți ca un mesager și să aibă grijă de tine?*

Copilul: *Da, cred că îi place să facă pe mesagerul, cum ai spus. I-a dat ocazia să vorbească mult cu tipii ăia.*

Părintele: *În regulă. Ei bine, probabil că nu vom ști de ce-a făcut asta sau ce s-a întâmplat cu adevărat, deși, dacă lui Carly i-a făcut plăcere scandalul, nici nu mai contează. Ce simți acum?*

Copilul: *Sunt supărată că mi-a spus, preferam să nu știu. Și nu vreau să-i văd mâine pe tipii ăia.*

Transmite ECOUL a ceea ce auzi

Părintele: *Este de înțeles, crede-mă. Majoritatea am vrea să evităm oamenii care sunt nepoliticoși sau răutăcioși. Pare că a fost o zi foarte rea. De asemenea, Carly pare s-o fi făcut și mai rea, așadar, în caz că o să continue să aducă vorba, te-ai putea gândi să-i spui că preferi să nu vorbești despre asta. Iar data viitoare când o să vrea să facă un astfel de lucru, insistă că nu e cazul.*

Oferă FEEDBACK

Părintele: *Am putea să ne petrecem timpul încercând să ne dăm seama dacă acei băieți au spus ceva sau nu și de ce s-a implicat Carly, dar nu cred că vom înțelege vreodată ce s-a petrecut cu adevărat. Oamenii sunt uneori nepoliticoși fără niciun motiv, așa că acum trebuie să vezi cum poți gestiona* *situația. Poți să ignori. Poți să te aperi. Poți căuta oameni mai amabili cu care să-ți petreci timpul. Ai fost mereu matură și sper că te vei gândi la această situație cu aceeași maturitate, înțelegând că purtarea lor urâtă spune mai multe despre ei decât despre tine și întrebându-te dacă oamenii pe care îi iubești și pe care îi respecți ar fi de acord cu acești băieți. Indiciu: Noi n-am fi! Acuma, eu te iubesc și, dacă vrei să continuăm să discutăm acest subiect, putem s-o facem. Dacă preferi să faci altceva ca să-ți iei gândul de la asta, putem face orice ai chef.*

Atunci când primește feedback sub forma unei insulte, copilului îi este ușor să se baricadeze în spatele sentimentelor de tristețe. Ceea ce ajută cel mai mult este ca el să învețe devreme să se liniștească singur cu sprijinul tău. Încurajându-l să facă ceva pentru el însuși, îi rupi ciclul gândurilor rele, iar atunci când ia atitudine în vreun fel, este capabil să-și mențină sentimentul de control asupra circumstanțelor și să evite să se complacă în neajutorare. (În caz că nu citești capitolele în ordine, pentru mai multe informații despre cum să ajuți copiii să gestioneze sentimentele dureroase întoarce-te la capitolul 8: Cum să vorbești despre a avea grijă de tine – în special secțiunea „Încearcă asta mai întâi".)

Conceptele sunt simple, dar preadolescenții, atunci când se simt insultați, nu se opresc să se gândească la intenția mesagerului. Să faci acest lucru drept un prim pas poate fi un gest eliberator. În clasa a opta, am auzit că un fost prieten spusese ceva răutăcios despre felul în care am jucat într-o piesă la școală. În acea noapte, în timp ce mă gândeam ce să fac, tatăl meu mi-a adresat o întrebare simplă: „Îți pasă ce crede această persoană? Îți place această persoană și o respecți? Dacă da, ar trebui să te gândești la opinia sa. Dacă nu, nu te mai gândi la asta". A fost o epifanie să aud situația prezentată atât de simplu. M-am simțit ușurată să scap de povară prin acest simplu test de foc. Cu alte cuvinte, iar acestea nu sunt vorbele *mele*, ci un aforism pe care am început să-l iubesc: „Nu accepta critica unei persoane căreia nu i-ai cere niciodată sfatul".

Apelurile vin din interiorul casei...

Ţii minte acel film de groază clasic în care bona sună la poliție ca să raporteze o serie de apeluri înfricoșătoare pe care le primește, doar ca să i se spună că apelurile vin din partea cuiva aflat în apropierea ei? Din partea cuiva aflat *în interiorul* casei.

Este un lucru să gestionezi critica venită din partea unui antrenor, prieten, agresor, de la sora mătușii sau de la vecinul băgăcios. Vor exista totuși multe ocazii când critica vine din interiorul casei, iar atunci trebuie să gestionezi toată furia, îndreptățirea și negarea copilului tău, care se întorc către tine. Teme-te. Teme-te foarte tare.

Există vreo cale de-a face mai puțin înfricoșătoare criticarea copilului tău? Pentru început, ca răspuns la asta, am făcut un pas înapoi ca să adresez întrebarea: *ar trebui* să vină critici din interiorul casei? Răspunsul la care am ajuns este da, însă este un da cu un asterisc uriaș (sau două). Prima observație este că modul în care livrezi o critică face toată diferența dintre a putea fi utilizată de copil sau a conduce la un colaps înfiorător. A doua observație: probabil că este necesar să-ți critici copilul într-o măsură mult mai mică decât crezi.

Iată argumentul meu: feedbackul tradițional nu este atât de folositor cum ne imaginăm. Identificarea defectelor cuiva sau a „aspectelor care trebuie îmbunătăţite“ (nume de cod pentru „defecte“) nu este un mod eficace de a-l ajuta să progreseze. Un studiu din 2017 realizat de Harvard Business School confirmă că feedbackul care se concentrează pe corectarea defectelor blochează, de fapt, învăţarea. Iată de ce: creierul uman se dezvoltă creând neuroni și sinapse noi. Vedem cea mai mare dezvoltare în creierul omenesc atunci când o persoană se simte încrezătoare și competentă. Probabil că ai observat că ai cel mai mult succes atunci când îţi place o sarcină și ești și foarte priceput la ea. Știu că eu învăţ cel mai mult despre lucrurile care îmi plac cel mai mult. Invers, atunci când simţi deja că nu te pricepi suficient la un lucru, îţi este mai greu să reţii sfaturile de ameliorare, chiar și dacă îţi sunt explicate atent.

Atunci când vorbești cu un copil despre punctele sale forte, neuronii și conexiunile noi apar din abundenţă în creierul lui. Atunci când îţi concentrezi feedbackul pe ce a mers prost, creierul procesează critica drept o ameninţare și blochează dezvoltarea. În termeni simpli, concentrarea asupra slăbiciunilor face ca învăţarea să se oprească.

Mă tem că te cutremuri acum. Nu-ţi sugerez să le umpli copiilor capul cu un sentiment exagerat al importanţei sau al priceperii, nici să nu le spui niciodată atunci când trebuie să facă ceva mai bine. Categoric, continuă să le dai instrucţiuni despre cum pot îmbunătăţi lucruri. „Te rog să nu mă întrerupi atunci când vorbesc cu un prieten“ este o critică valoroasă. „Ești o persoană care nu e în stare să lase oamenii să termine ce au de spus înainte să-i întrerupă“ nu ajută. A doua exprimare va trimite în creierul copilului tău un semnal că trebuie să se apere de critică. Prima exprimare va declanșa învăţarea în copilul tău, mai ales dacă o legi de un punct forte al lui. În mod ideal, ai putea spune ceva de tipul: „Ai multe idei bune. Ține minte să nu mă întrerupi când vorbesc cu prietenii, dar sper că-ți vei nota ideile în carnețel, ca să-mi povestești despre ele când termin".

Orice analogie preferi când vine vorba de copii – sunt plante care trebuie udate, bureți care trebuie înmuiați sau găleți care trebuie umplute –, este datoria noastră de părinți să le oferim instrucțiunile de care au nevoie ca să învețe aptitudinile necesare și să devină adulți. Dacă îți este încă neclar cum să-i oferi feedback preadolescentului tău, gândește-te la tine ca la un manual de instrucțiuni util, nu neapărat ca la un editorial care prezintă opinii.

Misiunea ta este să-ți înveți copilul calea corectă de a-și îndeplini sarcinile în siguranță și, într-o mai mică măsură, cu eficacitate. Eficacitatea, la urma urmei, este subiectivă. Pentru exemplificare, hai să vedem cum învățăm preadolescenții să curețe baia – un subiect care apare surprinzător de frecvent în grupul meu de parenting. Mulți dintre voi aveți elevi de gimnaziu care au un magazin întreg de produse personale – de la vopsea de păr la cremă de ras, machiaj și deodorante – și încă și mai mulți dintre voi aveți preadolescenți care nu țintesc bine la toaletă. (Scârbos, dar normal.) Pe scurt, există mulți copii care trebuie să învețe cum să curețe după ei.

Atunci când înveți copilul despre această sarcină, vei acoperi anumite elemente referitoare la igienă plus ce să facă și ce nu cu produsele de curățare. Apoi, pe lângă interdicțiile absolute, vei fi probabil tentat să-i împărtășești o mulțime de *păreri* referitoare la cele mai bune practici, de la cât de des trebuie făcut ceva la ora până la care trebuie realizată, ordinea operațiilor și cât timp ar trebui să dureze. Rezistă tentației.

Dacă stai în spatele copilului, oferindu-i feedback pe parcurs despre cum ar putea face mai bine, mai repede, mai asemănător modului în care te-a învățat bunica, îl vei scoate din minți. Iar pe tine te va scoate din minți rezistența sa la sfaturile tale. Într-o versiune deformată a Legii lui Murphy despre Gimnaziu, cu cât oferi mai mult feedback, cu atât copilul tău va îndeplini sarcina mai prost.

Ai putea presupune că, dacă precizezi „ai ratat un loc", copilul tău se va descurca mai bine data viitoare. Nu este așa. De câte ori este posibil, încearcă să transformi feedbackul pe care i-l oferi copilului tău de gimnaziu într-un proces de învățare și să te bazezi pe punctele sale forte. „Te-ai descurcat grozav cu baia ta. Oglinda era perfect curată. Nu uita să pui prosopul în mașina de spălat... dar în rest arăta grozav." Când vine vorba de schimbări comportamentale reușite, flatarea va fi mereu de folos.

Una dintre cele mai reușite forme de încurajare pe care le-am descoperit eu și soțul meu când copiii noștri erau mici a fost jocul numit „Te-am prins făcând o treabă bună". Oricând observam la copiii noștri că împart lucruri între ei, au răbdare, sunt amabili sau demonstrează în mod natural opusul comportamentelor pentru care i-am fi pedepsit, strigam entuziasmați: „Hei, te-am prins făcând ceva bun!" Apoi băteam palma. Sună siropos, dar, după ce am început să facem asta, copiii noștri au început și ei să dea dovadă de tot mai multe comportamente bune. Adolescenții, deși se îndepărtează de tine, tot se bucură în secret de laudele tale și au nevoie de ele. Prinde-i făcând o treabă bună și spune-le că s-au descurcat grozav. (Nu bate palma cu ei. Se vor uita la tine de parcă ai fi un adult care bate palma cu adolescenții.)

Folosirea vocii potrivite

Nu uita, copilul tău primește feedback *toată ziua* de la prieteni, profesori, antrenori, din presă și chiar de la străini. Lumea lucrează aproape clipă de clipă, șoptind în urechea copilului tău: „*Așa* ar trebui să arăți și *așa* nu ar trebui să arăți. *Atât* ar trebui să cântărești și cu siguranță nu *atât*. Este la modă să fii interesat de *asta*, nu de *asta*. *Așa* ar trebui să fii în public și *așa* nu ar trebui să fii, orice ai simți în privat".

Cum îți înveți preadolescentul să-și găsească și să-și asculte conștiința în tot acest vacarm? Adolescenții învață când să ignore acele mesaje omniprezente și invazive dacă li se permite să-și dezvolte încrederea în capacitatea lor de a gândi singuri. Asta presupune să le oferi copiilor tăi ocazii frecvente de-a decide singuri și să le lauzi competența, chiar și atunci când fac alegeri diferite de ale tale și mai ales atunci când fac greșeli și îți zdruncină și ție încrederea. Așa cum face un antrenor la pauză când echipa este demoralizată, trebuie să-ți faci și tu copiii să creadă în potențialul lor, iar asta se construiește prin practică și prin discuții de încurajare. Astfel, copilul tău va începe să reziste presiunii colegilor și va învăța să-și asculte instinctul – exact lucrul la care ne dorim să se priceapă copiii noștri atunci când vor începe liceul.

Copiii vor să aibă succes, asta e ideea. Dacă le este dificil să-și mențină echilibrul după ce primesc un feedback dur, ține minte să le dai răspunsul ambalat în punctele lor forte. Nu știi sigur care puncte forte ar putea avea legătură cu o anumită problemă prin care trece copilul tău? Lasă-ți copilul să-ți spună. Ai putea întreba:

1. La ce te pricepi cel mai bine?

2. Cum te-ar putea ajuta punctele tale forte să ieși din această situație?

3. Dacă ar exista ceva care să rezolve această problemă, ce-ar fi?

4. Ce a funcționat pentru tine în trecut într-o astfel de situație?

Sabotorii conversației

„Trebuie să-ți pese mai puțin de părerea lor." Desigur, tuturor ne vine să spunem asta din când în când – sau *din minut în minut* dacă avem copii foarte sensibili la ce cred alții. Dar nu ajută, chiar dacă știm că ar fi mai fericiți dacă ar putea face asta. De fapt, este ca și cum cineva ți-ar spune să nu exagerezi atunci când ești supărat. Nimănui nu i se oprește răspunsul emoțional doar pentru că i se spune să nu mai fie atât de emotiv. În schimb, încearcă să spui: „E greu când îți pasă în mare măsură de ceea ce cred alții. Atunci când ești sensibil la comentariile oamenilor, există ceva care te face să te simți mai bine?"

„Acea persoană e proastă ca noaptea." E tentant să ponegrești persoana care i-a oferit copilului tău un feedback dur, însă nu este recomandat. Ne dorim cu toții ca copiii noștri să-și revină rapid după durerea respingerii. Și, desigur, dacă feedbackul face parte din categoria celor extrem de nepoliticoase sau subiective, sau dacă se referă la un lucru pe care copilul tău nu poate și nu ar trebui să-l schimbe, precum identitatea sa (rasă, etnie, orientare sexuală, gen sau aspect fizic), este în regulă să spui „Acel om este un idiot. Ignoră-l". Însă, în general, copiii trebuie să învețe să evalueze singuri feedbackul și critica. Dacă îți faci obiceiul prost de-a ignora antrenorii, profesorii sau colegii de clasă care au păreri critice despre capacitățile sau comportamentul copilului tău, îți pregătești adolescentul să-i învinuiască pe alții pentru eșecurile sale, trăsătură foarte enervantă la orice adult. În schimb, invită-ți copilul să analizeze sursa și să se gândească la feedback.

„Îți spun eu cum să rezolvi asta..." Atunci când copiii tăi erau mici, le rezolvai adesea problemele. Era un mod practic de-a scăpa de probleme și în același timp un mod de a-ți exprima iubirea. Când ajunge la gimnaziu, copilul tău trebuie să-și rezolve singur problemele. Are nevoie măcar de ocazia de-a exersa cum să-și rezolve problemele singur. Atunci când îi spui unui copil în mod explicit cum să facă un lucru, îi scurtezi experiența. Chiar și dacă oferi sfaturi vagi, precum „Ia-ți și tu apărarea" sau „Du-te mâine la antrenor și află ce s-a întâmplat" sau „Raportează-i acest lucru consilierului de orientare", riști să-l faci să se ferească de tine, deoarece nu se simte în largul lui să-ți urmeze sfatul. Mai rău, dacă suni tu antrenorul sau consilierul de orientare, aproape sigur copilul tău te va tăia de pe lista persoanelor cărora li se destăinuie. Dacă nu ești sigur cum să răspunzi, imaginează-ți că ți se destăinuie un coleg de serviciu. Are nevoie de ocazia de-a ți se plânge de șeful lui, iar tu să-l asculți cât este necesar, până când se descarcă. De obicei, nici măcar nu vrea un sfat. Și nu vrea *niciodată* să-i suni șeful ca să rezolvi problema.

„Ești sigur că e totul în regulă?" Sună inofensiv și în unele cazuri poate fi. Însă, dacă ești îngrijorat că suferă copilul după ce a primit un feedback negativ, o astfel de verificare vagă sună foarte asemănător cu ceea ce dr. Michael Thompson și Catherine O'Neill Grace numesc „chestionar pentru evaluarea nivelului de suferință“ în cartea lor *Prieteni buni, dușmani aprigi*. După un incident supărător, este suficient să-i spui copilului „Dacă te simți vreodată trist sau dacă vrei să vorbești mai multe cu mine despre asta, sunt aici ca să te ascult“. Apoi încheie subiectul. Noi, în calitate de părinți, ne gândim adesea la durerea copiilor noștri mult mai mult decât ei, iar atunci când intervievăm căutând punctele dureroase, îi forțăm să se gândească la ele mult mai mult timp decât ar face-o altfel.

„Voi fi prietenul tău.“ Impulsul de-a fi ceea ce-i trebuie copilului tău cel mai mult vine din cel mai sensibil cotlon din inima ta, însă, dacă instinctul îți spune să te substitui unui prieten atunci când copilul tău are nevoie de unul, este timpul să cauți un răspuns nou. Ceea ce ai tu impresia că spui este „Te iubesc și cred că ești cel mai grozav și voi fi mereu în echipa ta!“ Ceea ce aude preadolescentul tău este „Nu te pricepi să-ți faci prieteni de vârsta ta, așa că voi juca eu acest rol“. În relația dintre tine și copilul tău vor exista clipe în care vă veți sprijini și vă veți amuza unul pe celălalt întocmai ca niște prieteni. Sper că vei prețui aceste momente uimitoare, însă ele nu înlocuiesc relațiile esențiale dintre prieteni. Poți, desigur, să copiezi ceea ce ar face un prieten bun în clipele îndoielii de sine: să susții, să asculți și să nu judeci. Apoi încurajează-ți copilul să apeleze la un prieten sau să încerce o nouă activitate pentru a-și face un prieten nou.

Te grăbești? Iată un curs rapid

- Oamenii le spun adolescenților în mod constant ce să facă și cum să facă. Este important să recunoști că fiecare are o sensibilitate diferită la feedback și să-ți ajustezi modul în care livrezi feedbackul la temperamentul copilului tău.

- Trebuie să găsim cu toții un echilibru între a nu ne păsa de ceea ce cred alții despre noi și a fi membri cooperanți ai comunității.
- Copiilor le este util să poată face diferența între critica constructivă (menită să te ajute să te îmbunătățești) și critica distructivă (al cărei scop este să te facă să te simți prost).
- Suprimă-ți emoțiile în orice situație în care afli despre feedbackul negativ primit de copilul tău. Astfel îi vei permite să se concentreze la cum se simte și la cum va gestiona situația, nu la cum te simți tu sau cum vei gestiona tu asta.
- Atunci când critici un preadolescent, evită să-ți dai cu părerea despre performanța sa. Gândește-te la tine ca la un manual de instrucțiuni, nu ca la un editorial. În loc să-ți dai cu părerea despre cum se descurcă, oferă-i doar instrucțiuni clare despre cum să îndeplinească o sarcină.
- Cercetările arată că feedbackul tradițional (evidențierea greșelilor) nu este eficace. Oamenii învață mai bine atunci când feedbackul le pune în evidență punctele forte. Creierul se dezvoltă mai mult atunci când o persoană se simte încrezătoare și competentă.
- Pentru a ajuta preadolescenții să gestioneze feedbackul dur, adresează întrebări precum „Care dintre punctele tale forte te poate ajuta?“ sau „Ce te-a ajutat atunci când ai trecut printr-o situație dificilă, ca aceasta?“

CAPITOLUL

12

Cum să vorbeşti despre munca asiduă

În acest capitol vei afla de ce este important să evaluezi munca asiduă folosind criterii flexibile, în ce mod ar putea patru tipuri diferite de motivare să afecteze dorința copilului tău de-a munci din greu, cum să încurajezi şi să valorifici efortul chiar şi atunci când rezultatul nu este cel la care spera copilul tău şi cât este de important să vorbeşti deschis despre tendința crescândă către perfecționism şi despre epuizare.

Ai auzit de mai multe ori decât credeai că este posibil „gluma" despre părinţii tăi care erau nevoiţi să meargă prin zăpadă spre școală și înapoi, la deal în ambele direcţii. În ciuda cinismului tău, ai și tu probabil o versiune a ei, cum că erai nevoit să te ridici de pe canapea ca să schimbi canalul, iritarea ta fiind dublată uneori de șocul static produs de atingerea butoanelor după ce-ţi târai picioarele peste covorul miţos. Lista felurilor în care fiecărei generaţii anterioare i-a fost mai greu decât generaţiei următoare ar putea umple programul unui artist de comedie de mâna a treia, ceea ce se şi întâmplă uneori.

Această înfoiere a pieptului generaţional (cunoscută şi drept „lauda cu văitături“) este de mult timp o cale distractivă prin care adulţii se apropie unii de alţii rememorând dificultăţile împărtăşite. Dar cred că facem asta mai ales pentru a păstra o speranţă slabă că *poate*, dacă ar şti prin ce-am trecut, copiii noştri ne-ar lua mai în serios.

Ceea ce spunem cu adevărat atunci când vorbim despre munca grea pe care am depus-o este „Sunt mai mult decât şoferul, bucătarul, terapeutul şi omul tău de serviciu! Am muncit din greu toată viaţa, după cum demonstrează povestea pe care ţi-o spun acum. Sper că mă priveşti într-o lumină nouă“.

Această nevoie colectivă a părinţilor de-a-şi glorifica efortul îmi spune trei lucruri. Unul, părinţii tânjesc după respect şi vor exagera o poveste cât mai mult posibil pentru a-l obţine. (Aici mă includ şi pe mine.) Doi, efortul poate fi o sursă de mândrie reală şi durabilă. Şi trei, efortul este *complet relativ*.

A munci din greu sau a te face că munceşti?

Glorificarea efortului enervează adolescenţii. Ai petrecut vreo vară zidind în căldură toropitoare, curăţând toalete la un parc de distracţii sau servind la mese într-o bombă turistică plină de copii care plâng şi de părinţi nervoşi? Noi, adulţii de vârstă mijlocie, ne simţim foarte mândri când rememorăm puterea şi rezistenţa noastră din tinereţe. Eram Rocky lovind hălci de carne în camera frigorifică! Eram ageri precum tigrii!

Copilul tău de gimnaziu va deveni un licean care, cu puţin noroc, va avea şi el ocazia de-a încerca o slujbă de vară îngrozitoare și va avea povești grozave pe care să le înflorească de-a lungul anilor. Până atunci, rezistă să faci mișto remarcând cât de din greu *nu muncește acum*. Nu mă înțelege greșit. Fă-l să muncească din greu. Însă evită să compari efortul oamenilor care au vârste, abilități și oportunități diferite.

În plus, cum arată de fapt muncitul din greu? Un sportiv profesionist va da prioritate rezultatului, nu efortului. Nu auzi niciodată un interviu după meci în care un jucător să spună „Nu sunt dezamăgit deloc. Am încercat din greu și asta este tot ce contează. Nu e totul să câștigi". Un cercetător, pe de altă parte, va prețui explorarea, nu finalitatea. Nu auzi niciodată interviuri cu un om de știință după experimente, deoarece țării noastre nu-i pasă de asta. Însă, dacă ai auzi, ar spune „Nu era rezultatul pe care îl căutam, însă am exclus câteva teorii importante, așa că ziua de azi a fost un mare succes!" Un soldat ar râde de cum văd eu munca grea, la fel cum eu îmi dau ochii peste cap din reflex atunci când copilul meu se plânge că trebuie să plimbe câinele sau să pună vesela direct în mașina de spălat vase, nu în chiuvetă. Munca grea este subiectivă.

Sunt o persoană care urăște efortul fizic, dar care adoră munca intelectuală. Scriind această carte, stau adesea în același scaun toată ziua, luând pauze rare doar pentru lucruri esențiale (mâncare și Facebook) ca să pot rezista. Dar pune-mă pe o bandă de alergare și, în prima clipă de disconfort, cedez. Fiica mea, campioană statală la dezbateri și care nu se dă niciodată înapoi de la munca grea, a făcut cândva o glumă seacă despre mersul devreme la aeroport. „Prefer să pierd zborul decât să alerg în aeroport." Sunt de acord cu ea. Urăsc *acel* tip de efort. Fiul meu are nevoie de o mulțime de pauze în care să-și limpezească mintea atunci când învață, dar este neobosit în sala de gimnastică. Ar alerga ca să prindă un zbor *și* între timp ar căra și geanta surorii sale, nu doar pe-a lui. Muncim cu toții din greu, însă, dacă ne-ai evalua folosind aceleași criterii, am da greș cu toții.

Părinții vor copii care să aibă o etică a muncii puternică, dar cum te asiguri că lovești ținta atunci când îi ții copilului tău un discurs încurajator despre efort, mai ales când efortul este atât de subiectiv și de personal?

Înainte de-a începe, pune-ți următoarele întrebări, menite să te ajute să clarifici aprecierea ta unică despre ce înseamnă să muncești din greu. Poți face asta acum, în minte, însă cred că aceste întrebări sunt un subiect de conversații bogate și cu un partener sau cu un prieten.

- În ce măsură acorzi prioritate efortului intelectual sau celui fizic?
- Cum știi când vine momentul să încetezi să mai muncești din greu? Când ajunge munca să fie precum o roată de hamster – te ține ocupat, dar nu duce nicăieri?
- În biografia sa, Barbara Bush a scris: „La finalul vieții tale nu vei regreta niciodată că nu ai trecut încă un test, că nu ți-a fost favorabil încă un verdict sau că nu ai încheiat încă o afacere. Vei regreta timpul pe care nu l-ai petrecut cu soțul, copilul sau părintele tău". Cum menții echilibrul între muncitul din greu și gândurile tale despre sensul mai important al vieții?
- Cum reacționezi atunci când rezultatul nu este pe măsura aportului tău? De exemplu, dacă muncești din greu, dar nu obții slujba, promovarea sau recunoașterea pe care ți-o doreai, cum procesezi valoarea efortului?

Analizarea răspunsurilor tale te va ajuta să stabilești cadrul pentru abordarea acestei conversații cu preadolescentul tău, iar realizarea acestei activități împreună cu altcineva îți poate oferi o perspectivă mai vastă asupra tipurilor diferite de efort, deoarece fiecare dintre noi are tendința să creadă că modul nostru de a munci din greu este cel mai dificil.

După ce ți-ai stabilit filozofia referitoare la efort, asigură-te că ești un exemplu. Copiii se grăbesc să semnaleze când un adult are o atitudine de tipul „fă ce spun eu, nu ce fac eu" și învață cel mai bine atunci când le demonstrezi, nu le ții doar prelegeri. Dat fiind că efortul nu este întotdeauna la vedere, spune-le prin ce treci: „Voiam să renunț fiindcă era foarte dificil, însă am făcut x, y sau z ca să pot termina". Astfel, preadolescentul tău va începe să-și antreneze vocea interioară pe măsură ce temele devin mai complicate, îi este din ce în ce mai greu să intre în echipă, competiția devine tot mai acerbă, iar tu te aștepți ca el să contribuie mai mult în cadrul familiei. Acum este momentul creării de obiceiuri necesare pentru a finaliza munca dificilă, pentru ca, în clipa în care își va pregăti CV-ul pentru colegiu, pentru serviciu sau pentru orice urmează după liceu, copilul tău să aibă o filozofie proprie a eticii muncii pe care să se sprijine.

Ce te motivează?

Știi, treaba asta cu aeroportul m-a făcut să mă întreb: Care este optica efortului? Cum este perceput? Dacă un copac cade în pădure și nu există nimeni care să-l audă, face vreun zgomot? Nu știu. Dacă un copil muncește din greu și nu îl laudă nimeni, contează totuși? Nu sunt sigură. Mă gândesc la asta deoarece părintele unui copil cu ADHD mi-a povestit recent despre efortul extraordinar pe care îl depune zilnic copilul său pentru a se concentra și a asculta, înainte de-a putea măcar să înceapă acel tip de efort pentru care poate fi lăudat de alții. Trebuie să fie incredibil de dificil, iar părintele, spre lauda lui, are grijă să *vadă* acel efort și să îl marcheze cu un comentariu sau cu o bătaie pe umăr.

Unii copiii trebuie să muncească mai mult decât alții pentru a face ceea ce noi considerăm normal, și ar trebui să recunoaștem asta. Și toți copiii cu vârsta cuprinsă între zece și paisprezece ani lucrează din greu la „Proiectul de construcție din gimnaziu“ pe care l-am menționat în capitolul 8. Încep să-și construiască acele trei lucruri de care au nevoie pentru a deveni adulți: un corp adult, un creier adult și o identitate adultă. Nu este tipul de efort care entuziasmează părinții, dar este o muncă foarte dificilă. Empatizez *foarte* tare cu efortul necesar pentru a face asta și poate insist cam mult să le acordăm copiilor de această vârstă mai multă înțelegere, răbdare și recunoaștere pentru munca grea pe care ei o depun și pe care noi nu o putem vedea.

Copiii sunt condiționați să muncească din greu pentru note și pentru laude, așa că preadolescentul tău ar putea crede că nu merită să depună efort dacă nu există un public care să-l admire și o recompensă. Din acest motiv, ar trebui să vorbești cu copilul tău despre motivația din spatele muncii. Există în general patru clasificări ale motivației: internă, externă, pozitivă și negativă. Pentru a exemplifica, hai să vedem cum se combină aceste tipuri de motivație cu privire la efortul de învățare.

1. Motivație pozitivă internă: Acest copil muncește din greu din dorința de-a învăța ceva nou și de-a avea un sentiment de mândrie.

2. Motivaţie negativă internă: Acest copil învaţă cu sârguinţă pentru a evita să nu ştie răspunsurile şi să se simtă stânjenit în faţa colegilor.

3. Motivaţie pozitivă externă: Acest copil este motivat de rezultatul final al unei note bune sau de comentariul favorabil al profesorului.

4. Motivaţie negativă externă: Acest copil se teme că va fi pedepsit de părinţi pentru rezultatele proaste şi că poate va pierde privilegii.

Şi tu, şi copilul tău veţi beneficia de explorarea originii motivaţiei sale, chiar dacă aceasta nu îi este deocamdată pe deplin clară. Vorbind despre diversele motivaţii ale efortului, preadolescentul tău îşi poate dezvolta, cel puţin la nivel intelectual, o apreciere pentru motivaţia pozitivă internă. Să nu presupui că asta înseamnă că-şi va transfera brusc toată energia motivaţională către această categorie, dar în final profeţia se poate îndeplini, deoarece, cu cât conştientizează mai intens factorii de motivare pozitivă internă, cu atât mai mult ar putea apela la ea inconştient, pe măsură ce se confruntă cu provocări noi. Şi vei putea să îl susţii mândrindu-te cu motivaţia sa pozitivă de-a încerca o sarcină dificilă.

La un moment dat, copilul tău de gimnaziu va refuza cu siguranţă o sarcină dificilă, folosind acest refren care va fi mereu la modă: „De ce trebuie să învăţ să fac asta? Nu-mi va fi niciodată de folos". Hai să vedem cum ar putea suna o conversaţie despre efortul de a învăţa ceva „inutil".

Pune BAZELE paşnice

Copilul: *Algebra e o pierdere de timp. Ce adult cunoşti care chiar foloseşte algebra?*

Părintele: *Ușor de răspuns. Profesorii de algebră.*

Copilul: *Ha, ha. Dar demonstrezi că am dreptate. Este inutilă, așadar de ce trebuie să-mi irosesc timpul învățând-o?*

RELAȚIONEAZĂ cu copilul tău

Părintele: *Ah, vechea Apărare de Algebră. Spuneam și eu același lucru când o învățam.*

Copilul: *Bun, deci ești de acord cu mine. Atunci n-ar trebui să conteze dacă pic la materia asta.*

Părintele: *Sunt complet de acord cu tine că algebra este dificilă și că la vârsta ta nici eu nu înțelegeam ce rost are s-o învăț. Însă... dă-mi o șansă să-ți schimb părerea.*

Copilul: *Poți încerca! Însă, dacă nu-mi poți arăta cum o să mă ajute algebra când o să fiu adult, nu mă răzgândesc.*

INTERVIEVEAZĂ pentru a aduna informații

Părintele: *Ador provocările interesante! În regulă, lasă-mă să adun câteva informații înainte să-mi prezint argumentul. Mai întâi, ce scop crezi că are învățarea algebrei?*

Copilul: *Sincer, nu știu. Asta e ideea. N-are niciun rost.*

Părintele: *Și algebra e cel mai greu lucru pe care a trebuit să-l înveți?*

Copilul: *Da.*

Părintele: *Îți amintești când ai învățat să mergi?*

Copilul: *Nu, dar sunt sigur c-a fost mai ușor, deoarece toată lumea poate să meargă.*

Părintele: *În regulă. Ultima întrebare: care este partea cea mai grea în a învăța algebră?*

Copilul: *N-are niciun sens, Învăț și sunt atent, dar tot nu înțeleg. Și nici profesoara nu explică. Oricând îi pun o întrebare, spune: „Ți-am zis deja cum să faci asta".*

Transmite ECOUL a ceea ce auzi

Părintele: *Asta mă ajută. Deci este dificil deoarece profesoara se așteaptă să înveți mai repede decât înveți acum și fiindcă ți-e greu să tot încerci atunci când nu „pricepi". Înțeleg corect?*

Copilul: *Da. Dar tot n-ai dovedit de ce trebuie să învăț algebră.*

Părintele: *Așa-i. Ai răbdare cu mine.*

Oferă FEEDBACK

Părintele: *În unele privințe, ai perfectă dreptate. Majoritatea oamenilor învață algebra în școală și n-o mai folosesc în viața de zi cu zi când devin adulți (sau, după cum ar spune prietenii mei mai pricepuți la matematică,* nu-și dau seama *că o folosesc). Am glumit doar atunci când am spus că numai profesorii de algebră o folosesc. Mulți adulți folosesc algebra: tâmplarii, sudorii, nutriționiștii, arhitecții, electricienii și oamenii de știință. Dar să spunem că nu vrei să fii niciunul dintre aceștia. Este totuși util să înveți cum s-o înveți.*

Majoritatea copiilor presupun că beneficiul efortului de-a învăța algebra este să știe algebră, însă asta nu e totul. Este grozav să înveți cum să rezolvi probleme atunci când nu toate elementele problemei sunt evidente la început. (Dacă devii vreodată spion, îți va fi util.) Este bine să explorezi lucruri noi, deoarece nu știi niciodată ce s-ar putea să-ți placă. (S-ar putea să-ți placă spionajul după ce devii atras de rezolvarea acestor mistere.) Însă, serios vorbind și mai important decât toate, este bine să-ți exersezi gândirea.

Creierul tău trece am printr-o etapă de dezvoltare intensă și va continua astfel până termini colegiul. Este precum un mușchi. Învățarea îl face mai puternic din multe puncte de vedere și te pregătește să fii capabil să înveți lucruri noi și diferite. Te-am întrebat despre cum ai învățat să mergi dintr-un motiv anume. Când erai mic, mușchii picioarelor tale erau precum jeleul. Mersul a fost un efort imens pentru tine! Dar ți-ai făcut mușchii mai puternici și acum poți nu doar să mergi, ci și să faci surf, să mergi cu bicicleta și să schiezi – toate lucrurile care îți plac mai mult decât „mersul plictisitor". Ce vreau să spun este să nu renunți la a învăța ceva nou pentru că este dificil și pare lipsit de sens. Ideea este că îți faci ție însuți o favoare uriașă exersându-ți creierul. Și, dacă profesoara nu te ajută, te pot ajuta eu. Nu la algebră, fiindcă nu-mi mai amintesc nimic, ci prin faptul că, după ce am muncit din greu s-o învăț acum treizeci de ani, știu mai bine cum să rezolv probleme. Și astfel știu cum să găsesc tot felul de modalități prin care să-ți ofer ajutorul și sprijinul de care ai nevoie. Fie că este vorba de un profesor care să te pregătească sau de tutoriale online, putem găsi idei care să te ajute.

În regulă, am terminat ce aveam de spus. Nu trebuie să fii convins, doar gândește-te la asta. Ți se pare corect?

Cu puțin noroc, copilul tău va reflecta la toate acestea și va ajunge să înțeleagă că efortul de a învăța lucruri noi este valoros indiferent de dificultatea sau de lipsa lor de relevanță la momentul respectiv. Ar trebui să anticipezi totuși încă o etapă a acestei conversații, care sună astfel:

Copilul: *În regulă, m-am gândit. Dacă spui că ideea de-a învăța algebră este ca să-mi ajut creierul să învețe alte lucruri, n-ar trebui să conteze ce notă iau. Corect? Dacă pic la algebră, n-ar trebui vedem asta drept un eșec, dacă o învăț doar ca să exersez.*

Părintele: *Îmi place că analizezi problema. Te gândești la întrebările mai importante, cum ar fi „Oare notele chiar* *contează?" și „Ce rost are să iau note mari?" Notele contează prin prisma faptului că te ajută să evaluezi dacă înveți materia sau nu. Ai putea crede că înțelegi matematica sau că ai scris un eseu convingător la istorie, însă nota îți spune dacă percepțiile tale au fost corecte sau nu. Asta contează atunci când înveți ceva nou. Nu mă aștept să fii bun la toate și cu siguranță nu mă aștept să fii perfect. Sper doar că vei vrea să încerci din greu, chiar și la materiile care sunt o provocare, ca să poți continua să devii mai puternic. Notele îți pot spune când este timpul să depui mai mult efort – sau, uneori, când să lucrezi altfel.*

Partea întunecată a muncitului din greu

În acest punct, presupun că suntem cu toții de acord că, la fel ca în cazul algebrei, are valoare să muncești din greu doar de dragul muncii. Totuși, până ajung la liceu, unii adolescenți sunt epuizați de efortul intens, fie specializându-se într-un sport sau într-un hobby cu intensitate prea mare, fie concentrându-se prea mult asupra școlii în detrimentul unei vieți echilibrate.

Epuizarea este cauzată de stresul prelungit care determină o persoană să se închidă atât fizic, cât și mental; nu trebuie luată în glumă. Ea poate slăbi sistemul imunitar al persoanei, lăsând-o vulnerabilă la boli grave și prelungite, poate convinge o persoană să-și caute alinarea în droguri sau în alcool și poate duce la izolare emoțională și la cinism.

Epuizarea a devenit atât de des întâlnită, încât domeniul medical îi acordă atenție. În primăvara anului 2019, Organizația Mondială a Sănătății (OMS) a adăugat „epuizarea profesională" în Clasificarea Internaţională a Maladiilor. OMS atribuie epuizarea stresului profesional, însă părinţii adolescenţilor foarte stresaţi ştiu că epuizarea nu afectează doar adulţii care lucrează.

Este tentant să glorifici tăria tinereţii. Deşi ne amintim cu uimire de puterea şi de rezistenţa noastră din anii adolescenţei (Puteam sta treaz toată noaptea! Puteam să ridic foarte multe kilograme! Eram de neoprit!), este o greşeală să credem că adolescenţii au o rezistenţă supraomenească. Da, sângele de tigru adolescent este uimitor uneori, dar nu ne putem aştepta de la copii să-şi revină mereu după câteva ore în plus de somn în weekend, un supliment de electroliţi sau o discuţie de încurajare motivantă. Când copilul tău, care în mod normal excelează la şcoală, la sport sau la turneele de şah, îţi spune că vrea să ia o pauză de la acel lucru, crede-l. Iar dacă nu îţi spune, întreabă-l din când în când. Sănătatea nimănui nu ar trebui să fie pe plan secund, după talent.

Unii copii trec peste epuizare, iar acest lucru poate fi şi mai periculos. Nu iau niciodată pauză, continuând să depună un efort intens, alimentat de anxietate, care nu le dă un sentiment real de împlinire. Acest tip de vânare a perfecţiunii conduce preadolescenţii şi adolescenţii spre lupte pe termen lung.

Uneori câte un părinte îmi mărturiseşte că îşi face griji pentru copilul său, care nu este niciodată bucuros sau satisfăcut de realizările sale. Această îngrijorare poate determina părinţii să încerce un şir nesfârşit de „remedii", orice le-ar putea face copiii să aibă o părere mai bună despre ei înşişi. „Poate ar trebui să încerci baletul? Te-ai descurca grozav! / Poate ar trebui să dai iarăşi probă pentru piesă, iar de data asta ai putea obţine rolul principal! / Poate că *următorul lucru* te va face în sfârşit să ai o părere mai bună despre tine?"

Cea mai recentă cercetare asupra stimei de sine arată că această abordare nu este numai neproductivă, ci și contrară modului în care funcționează creierul copilului tău. Doctorii care lucrează cu adolescenți care suferă de probleme de alimentație caută de mult timp modalități de a-și ajuta pacienții să nu mai urmărească perfecțiunea fizică. Chiar și atunci când persoanele iubite sau observatorii neutri văd clar că un adolescent pierde prea mult în greutate sau suferă de tulburare dismorfică corporală, adolescentul continuă să aspire la „mâncatul perfect". Cercetătorii au descoperit o diferență majoră în funcționarea creierului persoanelor care urmăresc perfecțiunea față de cele care nu fac asta – și nu are nicio legătură cu motivația persoanei, ci numai cu diferențe la nivelul creierului.

Unor oameni le place în mod natural să sărbătorească rezultatele muncii lor asidue. Sunt acceptați în echipă la școală sau sunt promovați la serviciu și marchează ocazia fără fast, dar fericiți. Fie că își oferă ceva vesel ori postează un anunț plin de fericire pe rețelele sociale, vor să-și marcheze bucuria cu o recompensă. Alți oameni, care obțin același rezultat, nu trăiesc niciodată acel sentiment de mândrie și de reușită. Minimalizează fiecare reușită spunând că „nu-i mare lucru". Părinții unor astfel de copii se îngrijorează că acest comportament este cauzat de o stimă de sine scăzută, însă nu este așa. Mai exact, oamenii care nu acordă multă importanță efortului lor și reușitelor obținute au pur și simplu centre de recompensă inactive în creier.

Recent a început să se acorde mai multă atenție pericolelor perfecționismului, mai ales în rândul fetelor, deși fenomenul nu este limitat la un singur sex. Este descurajant atunci când reușitele nu te fac să te simți împlinit. Dacă observi această tendință la copilul tău – nevoia constantă de-a face mai mult sau de-a fi mai mult, dar niciodată satisfacția de-a se simți mai împlinit –, poți citi despre terapia cognitiv-comportamentală (TCC), pe care cercetările o descriu ca fiind eficace în reinstruirea centrelor de recompensă. E adevărat: este posibil să antrenezi din nou centrele de recompensă ale cuiva, chiar dacă persoana nu are o înclinație naturală spre a-și sărbători realizările. De exemplu, dacă ai un copil premiant la școală, înainte de a-l lăsa să-și minimalizeze reușita, oprește-te o clipă și sărbătorește cu el, *chiar* dacă nu vrea să facă asta. Ai putea spune „Știu că nu ți se pare mare lucru, însă este important, și vrem să recunoaștem asta și să ne bucurăm cu tine. Ce-ar fi să alegi cum vom sărbători diseară?"

O exprimare alternativă care ar putea ajuta este: „În situația asta, nu cred că te vezi așa cum te văd ceilalți. Suntem impresionați și am vrea să sărbătorim cu [aplauze, înghețată, o bătaie pe spate sau orice alt mod în care arată familia ta că se mândrește cu succesul unuia dintre voi]". Oprindu-te sistematic după câte o reușită, vorbind despre ea și sărbătorind-o, poți începe să recalibrezi creierul copilului tău, ca să se bucure de recompensa muncii sale asidue.

Oprindu-te sistematic după câte o reușită, vorbind despre ea și sărbătorind-o, poți începe să recalibrezi creierul copilului tău, ca să se bucure de recompensa muncii sale asidue.

Agonia înfrângerii

Cunoaștem cu toții pe cineva pentru care succesul pare să vină ușor, aproape nenatural. Știi, acea persoană care zâmbește și bate palma cu toată lumea după ora de sport care pe tine aproape te-a făcut să vomiți. Sau colegul care este promovat întruna la serviciu deși „doar mi-am făcut treaba, aș zice!“ Sau colegul de grupă de la facultate care a renunțat la studii - în ciuda avertismentului tău de bun-simț - ca să demareze un mic proiect din pasiune, care acum este pe punctul de-a se extinde în toată lumea. Și ghici ce? Tu ești acea persoană în ochii altcuiva. În timp ce fiecare dintre noi se preocupă să găsească modalități de-a compensa pentru defectele sale, restul lumii ne admiră calitățile și norocul.

Este tentant să îți compari succesul cu al altora și să aștepți același rezultat pentru un efort similar sau mai mare, însă nu este realist. Pentru tine, acest lucru poate fi frustrant. Preadolescentul tău îl va resimți ca pe o nedreptate imensă. Vorbește cu el despre faptul că este o experiență normală. Spune-i că succesul și fericirea nu sunt resurse limitate. Sunt mai mult decât suficiente pentru toată lumea, iar amărăciunea și resentimentele nu-ți vor aduce mai multe.

Întâmplarea face ca cele patru tipuri de motivație pe care le-am menționat mai devreme să te poată ajuta să explici de ce alți oameni par să culeagă recompense disproporționate în viață. Poate că sportivul vedetă este motivat de mâna grea a părintelui care încearcă să-și retrăiască zilele de glorie, sau colega care pare să ia mereu cele mai bune note este motivată de o teamă de eșec paralizantă, care îi dă dureri de stomac în majoritatea zilelor. Este ușor să evaluezi rezultatele stând pe fotoliu, însă efortul și motivația nu sunt atât de vizibile.

În final, ca în aproape toate lucrurile din viață, sincronizarea contează. Atunci când erau în școala primară și la gimnaziu, copiii mei au făcut parte dintr-o echipă de înot pe perioada verii. În unii ani, le-a mers excelent. În alți ani, nu le-a ieșit. Pentru a-i ajuta să gestioneze această lipsă de coerență, începeam fiecare vară spunându-le că este un sezon de victorie sau de dezvoltare. Dacă erau la limita de jos a grupei lor de vârstă, era un sezon de dezvoltare. Dacă erau la limita de sus, avea să fie probabil un sezon de victorie. Acest lucru i-a ajutat să-și ajusteze așteptările, ca să nu se aștepte ca efortul lor, pe care îl resimțeau ca fiind considerabil în fiecare vară, să aibă mereu aceleași rezultate. Înțelegerea acestui tipar pare să le fi dat motive să muncească din greu în timpul verilor de dezvoltare, chiar și atunci când nu primeau medalii cu care să se laude. Majoritatea părinților explică acest lucru spunând: „Sămânța pe care o plantezi astăzi nu este fructul pe care îl vei mânca tot astăzi".

Sabotorii conversației

În mod normal, în această secțiune a capitolului ofer câteva – sau mai multe – expresii și abordări care s-ar putea întoarce împotriva ta, în legătură cu subiectul abordat. Pentru munca asiduă, am doar una.

„Dacă muncești suficient de mult, poți face orice." Fii atent să nu vinzi munca asiduă drept un leac pentru toate. Nu vrei se te perceapă copiii tăi drept un vânzător de iluzii, care prepară un tratament magic pentru tot ce îi doare. Merită să menționezi că munca asiduă nu are rolul de egalizare pe care ne-am dori să-l aibă. Rasa, genul, locația geografică, sănătatea și averea sunt doar o parte din multitudinea de factori care influențează accesul unei persoane la oportunități și la succes. Chiar și cu muncă asiduă, nedreptățile sistemice fac ca unora să le fie în mod inerent mai greu decât altora. Zicala „Unii oameni se nasc cu o linguriţă de aur în gură" este un mod facil de-a discuta cu copiii despre felul în care circumstanţele norocului şi bogăţiei moştenite la naştere au impact asupra ta de-a lungul vieţii.

Am inventat un fel de folclor în jurul moralităţii muncii asidue, gândindu-ne că orice este posibil dacă o persoană are o etică puternică a muncii. Precum majoritatea oamenilor, şi eu sunt mişcată până la lacrimi de acele poveşti virale reconfortante despre un adolescent fără adăpost care primeşte o bursă la colegiu, despre sportivul care luptă să-și recâștige locul în echipă după ce a fost scos sau despre cineva care își investește și ultimul bănuţ într-o idee ce schimbă lumea în mai bine și în același timp îl îmbogăţește pe creatorul ei. Scenariul în care când cineva depășește toate obstacolele prin muncă grea și cinstită este atrăgător, însă aceste povești ne entuziasmează tocmai *fiindcă* sunt extraordinare.

În viaţa de zi cu zi, vei avea multe ocazii de-a vorbi despre motivele pentru care munca asiduă ar putea să nu fie răspunsul la problemele vieţii. Să luăm exemplul unei persoane fără adăpost care cerșește. Copilul tău ar putea presupune în sinea lui că acea persoană nu vrea să muncească din greu pentru bani și că cerşitul este ușor. Preadolescenţii trebuie să audă de la tine că munca asiduă este o componentă importantă a grijii faţă de tine, dar că nu garantează succesul. Bolile mintale, mediul familial, sănătatea, educaţia, diferenţele în învăţare și sistemele de sprijin, toate joacă un rol în capacitatea unei persoane de-a folosi muncitul din greu drept instrument. Gândește-te la asta atunci când vorbești cu preadolescentul tău și amintește-i că munca asiduă nu este un remediu care le rezolvă pe toate.

Căi simple de-a clădi aprecierea pentru munca asiduă

- **Munciți din greu unul lângă celălalt.** Dacă preadolescentul tău este copleșit de teme, așază-te lângă el și lucrează la un proiect al tău. Compania face munca mai tolerabilă.
- **Sărbătorește micile victorii.** Împarte munca dificilă în bucăți mai mici și mai ușor de gestionat și bucură-te atunci când atingi fiecare reper. O mămică din grupul meu online de parenting a scris că, atunci când își învăța copilul să se dea cu rolele, acesta s-a supărat pe sine însuși fiindcă nu învăța atât de repede pe cât se aștepta. Ea i-a spus să nu mai numere de câte ori a căzut și să înceapă să numere de câte ori s-a ridicat. Această reîncadrare l-a ajutat să-și sărbătorească micile victorii și să încerce în continuare.
- **Recunoaște efortul.** Vorbește exact despre ceea ce observi atunci când copilul tău muncește din greu și laudă-i atitudinea. Poate că nu încearcă atât de mult pe cât ți-ai dori... încă, dar, cu încurajări, are mai multe șanse să continue în această direcție.
- **Găsește motive să iei o pauză.** În cuvintele nemuritoare ale personajului Ferris Bueller: „Viața se mișcă destul de rapid. Dacă nu te oprești să te uiți în jur din când în când, s-ar putea s-o ratezi". Dacă ideea muncii asidue este să te bucuri de o viață bună, asigură-te că *tu* îți înveți copiii să facă asta cu adevărat. Nu lăsa bucuria pe mai târziu. Din când în când, rupe lista cu lucruri de făcut și bucură-te împreună cu persoanele iubite de clipele în care nu muncești deloc.

- **Joacă Bun-Rău la cină.** Sau oricând sunteţi împreună aproape de finalul zilei. Acest joc are şi alte nume, pe lângă Bun-Rău: Fericit-Nefericit sau Trandafiri şi Spini. Ideea este să spui un lucru bun şi un lucru rău care ţi s-au întâmplat în acea zi. Împărtăşirea experienţelor este un mod plăcut de a-ţi da seama că toată lumea are clipe bune şi clipe rele.
- **Revino la fundamente.** Atunci când copilul tău este nemulţumit de sine sau de realizările sale, aminteşte-i că nu trebuie să facă nimic pentru a fi special în ochii tăi. Preadolescenţilor le place să li se amintească din când în când că valoarea lor nu depinde de succesul pe care îl au.

Te grăbeşti? Iată cursul tău rapid

- Adulţii romanţează munca asiduă (mai ales a lor). Este distractiv să-ţi aminteşti de eforturile tale şi să te mândreşti cu ele, însă comparaţiile (şi plângerile) nu-ţi motivează copilul să muncească mai intens. Pe de altă parte, copiii se mândresc cu munca lor atunci când şi alţii fac asta.
- Munca asiduă este subiectivă şi personală. Ţine minte acest lucru. De exemplu, ceea ce un copil face cu uşurinţă ar putea reprezenta un efort uriaş pentru fratele său. Recunoaşte aceste diferenţe.
- Îţi poţi ajuta preadolescentul să-şi creeze propria filozofie despre etica muncii adresându-i aceleaşi întrebări la care ai meditat în acest capitol despre munca asiduă, inclusiv:
    1. În ce măsură acorzi prioritate efortului intelectual sau efortului fizic?

2. Cum știi când eforturile tale sunt eficace sau doar te țin ocupat, fără rezultate?

3. Cum stabilești echilibrul între a munci din greu și a te bucura de relații?

4. Dacă muncești din greu și nu obții rezultatele la care sperai, mai are vreo valoare această experiență?

- Explică-i preadolescentului tău cele patru tipuri de motivare (pozitivă internă, negativă internă, pozitivă externă și negativă externă), ca să poată înțelege mai bine ce îl motivează acum și cum și-ar dori să fie motivat pe viitor.
- Fii atent la epuizare. Când copilul tău îți spune că are nevoie de o pauză de la un sport sau de la o activitate iubită, crede-l. Prea mulți adulți au renunțat la sporturi sau la hobby-uri pe care cândva le iubeau și la care erau talentați, fiindcă au fost expuși prea mult la ele la o vârstă fragedă. Nu ne putem aștepta de la copii să renunțe la satisfacția de-a fi adulți fericiți, activi și împliniți pentru o mică șansă la un succes timpuriu.
- Dacă nu este niciodată satisfăcut de efortul și de realizările sale, copilul tău s-ar putea să aibă în creier un centru de recompensă care nu funcționează corect. Acesta poate fi reinstruit prin terapie.

Vorbește cu copiii tăi despre modul în care gestionezi clipele în care munca ta asiduă nu produce rezultatul pe care ți-l dorești.

CAPITOLUL

13

Cum să vorbeşti despre bani

În acest capitol vei învăța despre cât este de important să porți conversații despre bani care îți vor ajuta preadolescentul să separe emoțiile de finanțe înainte să i se sedimenteze, începând cu a înțelege de ce adolescenții tânjesc după anumite branduri şi cum le poți gestiona aşteptările de-a avea acele lucruri, menținând în acelaşi timp echilibrul bugetului familial. Vei primi, de asemenea, sfaturi despre cum să sporeşti recunoştința şi autocontrolul şi cum să vorbeşti cu respect şi demnitate despre diferențele financiare dintre familii.

Când copiii sunt mici, dacă le dăm vreo lecţie despre bani, aceasta este centrată pe economii. Este o lecţie de început uşoară, pe care părinţii o pot face tangibilă prin puşculiţe sau borcane cu dobândă purtând etichete cu Economii, Bani de cheltuială sau Donaţii. Este bine să vorbeşti despre economisirea banilor, dar probabil că nu trebuie să-ţi faci griji și să insiști pe acest subiect. Majoritatea adolescenților înțeleg deja. Potrivit unei anchete din anul 2002 realizate de Liga Națională a Consumatorilor, „Economisirea de bani este importantă pentru adolescenții americani; aproape nouă din zece adolescenți pun bani deoparte, deși 36% recunosc că fac economii pentru anumite lucruri pe care vor să le cumpere. Aproape un sfert (22%) strâng bani pentru colegiu și 27% economisesc fără un motiv special. Patru din zece adolescenți spun că își economisesc jumătate din bani sau mai mult, iar trei din patru au un cont de economii".

Să-ți înveți copilul despre responsabilitatea financiară ar fi simplu dacă ar trebui să-i explici doar despre economisire și cheltuieli. Însă majoritatea oamenilor nu ajung să aibă datorii fiindcă nu înțeleg logica simplă de „a cheltui mai puțin decât câștigi". Calculele sunt partea ușoară. Gândește-te cât ar fi de ușor să slăbești dacă formula ar fi atât de simplă, să consumi mai puține calorii decât arzi. Oamenii se chinuie deoarece ecuația este incompletă. Adaugă la ea poftele, impulsurile și emoțiile, și-atunci vedem că nu calculele sunt cele care ne fac să rătăcim calea. La fel, atunci când îți ajuți preadolescentul să-și dezvolte o sănătate financiară puternică, concentrează-te la a-l face să înțeleagă partea emoțională a ecuației. Nu este greu să-l afli pe x atunci când x este un număr, însă atunci când factorii sunt vinovăția, valoarea de sine sau supraviețuirea, formula devine mult mai complicată.

Legat de supraviețuire, un studiu recent derulat pe parcursul a cinci ani de Rezerva Federală a descoperit că 39% dintre familii, atunci când se confruntă cu o cheltuială neprevăzută de 400 de dolari, nu ar putea s-o achite cu bani gheață, din economii sau cu un card de credit scadent luna următoare. Deși mulți dintre voi vă învățați copiii cum să-și gestioneze banii de cheltuială și dacă are rost să cumpere acea bluză sau acei cercei, mai există și un mare număr de părinți care se tem de ce se va întâmpla dacă fac pană sau dacă nu trece o durere de dinți. Adolescenții ar trebui să înțeleagă amploarea peisajului financiar în comunitățile lor și mai departe de acestea și să știe că, pentru mai mult de o treime dintre familiile din Statele Unite, anxietatea dată de faptul că se descurcă greu umbrește toate celelalte emoții.

Este nerealist să te aștepți ca cineva să-și separe complet sentimentele de problemele financiare sau să tragă de un dolar mai departe decât sunt deja forțate s-o facă multe familii care muncesc din greu, însă există modalități de a-ți pune copilul în postura de-a se gândi la bani într-un mod funcțional și mai puțin stresant. Totul începe prin purtarea de discuții deschise și sincere despre cum te fac banii să te simți și recunoașterea felului în care îl fac și pe el să se simtă.

Loialitatea față de marcă

Imaginează-ți că ești din nou în clasa a șaptea. Îți amintești ce purtai? Tunsoarea pe care încercai s-o facă să-ți stea bine? Pariez că aveai senzația că mai tot ce ține de aspectul tău fizic e greșit. Credeai că ești prea slab sau prea gras, așa că te ascundeai în bluze de trening prea mari, chiar și în zilele călduroase. Părul tău nu stătea ondulat, oricât de multă spumă băgai în el. Sau aveai părul ondulat natural și stătea drept doar o oră înainte să se cârlionțeze iarăși. Acneea lupta să ocupe din ce în ce mai mult teren pe pielea ta. Te simțeai prea înalt, așa că stăteai aplecat ca să atragi mai puțină atenție, sau prea scund, așa că mergeai pe vârfuri ca să vezi copiii care umpleau holurile. Vocea ta suna spart sau încă mai părea de copil. Încrederea ta era la pământ.

Cum puteai tu, cu trupul, creierul și emoțiile tale necooperante, să le transmiți copiilor de la școală că, în ciuda asimetriei tale, meriți votul de încredere socială, păstrarea unui loc în autobuz și cineva care să te strige prietenos pe nume atunci când mergeai pe hol?

Răspunsul este, și a fost întotdeauna, ambalajul.

La mine la școală, blugii Guess (pentru fete) și treningurile Adidas (pentru băieți) le spuneau celorlalți că, deși ești slăbănog, grăsuț, cu părul unsuros sau prostuț, ești totuși de încredere deoarece știi ce e la modă. Controlai tot ce puteai, iar ceea ce puteai controla era „uniforma", marele normalizator. Poate că la școala ta era vorba de Tommy Hilfiger, Nike, Billabong sau L.L. Bean. În timpul adolescenței, anumite nume de branduri devin calul de încredere care cară povara grea de-a te face să te integrezi pe spatele etichetelor mici și scumpe.

În calitate de părinte, s-ar putea să te îngrijoreze creșterea bruscă și neobișnuită a materialismului la începutul adolescenței, însă „nevoia" de o anumită marcă de îmbrăcăminte are legătură cu necesitatea preadolescenților de-a arăta că își au locul acolo, nu cu lăcomia lor. Preadolescentul tău începe să simtă povara singurătății, nesiguranței și îndoielii provocate de separarea de tine și de găsirea unui trib printre colegii săi. Pe de o parte, ar fi bine să empatizezi cu rugămințile sale urgente de a avea aceiași tenişi, echipament sportiv sau jocuri video ca și prietenii săi, însă, pe de altă parte, ai grijă să nu-i faci toate mofturile, chiar dacă îți permiți. Poate că-ți amintești regula lui Hebb, de la cursul de psihologie: „Neuronii care se excită împreună formează sinapse împreună". În acest caz, dacă copilul tău se bucură de succese repetate și timpurii în a impresiona oamenii cu achizițiile sale grozave, s-ar putea ca în creierul său nevoia de acceptare să se lege de cheltuitul banilor. Le spun adesea părinților că, dacă îți permiți să dai bani pe o marcă la care tânjește copilul tău, investește-i în pantofi, rucsac sau hanorac. Aceste obiecte sunt purtate cel mai mult, așadar obții o valoare mai mare pentru banii investiți.

Fii translucid, nu transparent

În *Cum să ții pasul cu familia Jones: Ediția de gimnaziu*, copilul tău va compara în detaliu modul în care se descurcă familia voastră în comparație cu altele. „De ce nu poate merge și familia noastră în Hawaii? Toți se duc în vacanța de primăvară, numai noi nu." „De ce nu putem să ne luăm câine?" „De ce nu ne mutăm într-un cartier cu mai mulți copii de vârsta mea și cu piscină?"

Cum explici starea financiară a familiei fără să-ți pui toate cărțile pe masă, știind foarte bine că ceea ce-i împărtășești preadolescentului tău s-ar putea să se răspândească în afara familiei mai repede decât un zvon... în gimnaziu? Aici ajută transluciditatea. Un nor de secrete în jurul banilor le face un deserviciu copiilor. Este motivul pentru care atât de mulți dintre noi ne-am luat carduri de credit cu dobânzi mari după ce am ajuns la facultate. O fi copilul tău atent la vacanțele grozave și la camerele de joacă ale altor familii, însă habar n-are cine are datorii pe cardul de credit, cine economisește pentru colegiu și cine nu, cine are facturi medicale uriașe sau cine a moștenit o casă modestă. Începe prin a-i explica aceste concepte. Atunci când vine vorba despre finanțele tale, probabil că nu vei dori să-i dai detalii exacte despre salariu sau datorii, însă poți vorbi deschis despre costul alimentelor, salariul mediu pentru diverse profesii și costul chiriei sau al ratelor pentru diferite zone din localitatea, orașul sau statul vostru.

Copiii nu pot înțelege valoarea dacă habar nu au cât costă o piscină, o cameră de jocuri sau un labradoodle și, chiar și atunci, este util să privească acest cost în cadrul unui buget mai extins. Pot începe să vorbești despre valoarea cumpărăturilor tale pentru a-l ajuta să înțeleagă modul în care iei decizii. De exemplu, dacă copilul tău te imploră să îi cumperi un joc nou, spunând „Dar costă doar douăzeci de dolari! Știu că ai douăzeci de dolari și e la reducere!", poți să-i vorbești despre ceea ce percepi tu drept un preț bun în contextul bugetului tău. „Da, am douăzeci de dolari în momentul ăsta, iar jocul este la reducere. În mod normal costă treizeci de dolari, însă pentru mine ăsta nu-i un motiv bun să cheltuiesc douăzeci de dolari. Un motiv bun ar fi dacă am avea nevoie de un joc nou *și* aș intenționa să cheltuiesc treizeci de dolari ca să cumpăr unul. Atunci ar fi un preț grozav. Însă, dat fiind că nu avem nevoie, dacă aș da douăzeci de dolari pe joc, aș folosi banii care îmi trebuie pentru excursia ta, iar asta devine o problemă pentru bugetul nostru. Ar trebui să pui acest joc pe lista lucrurilor pentru care vrei să economisești."

Cum să încurajezi sentimente sănătoase față de bani

Pe lângă a discuta deschis despre emoții și despre bani, iată câteva abordări pe care le poți aplica acasă ca să sporești înțelegerea aspectelor financiare:

Întărește-ți mușchii recunoștinței. Dorința de mai multe lucruri și experiențe poate fi cauzată de sentimentul că nu ai suficiente (sau că nu ești suficient). Pune în valoare exersarea recunoștinței la tine acasă pentru a ajuta la stingerea acestor dorințe. Cercetările arată că părinții recunoscători au copii recunoscători, așadar exprimarea recunoștinței tale este un loc numai bun de unde să începi. Există multe căi inteligente de-a construi apreciere pentru ceea ce ai. Preferata mea este un borcan al recunoștinței pentru toată familia, așezat în bucătărie, lângă foi de hârtie și pixuri. Oricând se simte cineva recunoscător, scrie motivul pe o hârtie și o pune în borcan. Notează recunoștința pentru ceva important, cum ar fi o excursie frumoasă, sau ceva minor, precum o notă bună la un test, o masă delicioasă sau o discuție distractivă. O tradiție grozavă în ajunul revelionului poate fi să citiți și să reflectați la momentele plăcute trăite într-un an, toate la un loc.

Recunoștința are de asemenea legătură cu sentimentul că ești în siguranță și sprijinit din punct de vedere social. Copiii cu vârste cuprinse între zece și șaisprezece ani sunt mai recunoscători atunci când simt mai multă susținere din partea părinților, profesorilor și colegilor. Ține minte că este greu să fii recunoscător atunci când te simți în mod constant atacat sau dezrădăcinat. Ai grijă să-ți rogi copilul să te înștiințeze cum îl poți sprijini cel mai bine în aceste zile.

Stabilește perioade de așteptare pentru cumpărături. Cheltuitul banilor nu este un lucru rău, dar cheltuitul din impulsivitate și din nesiguranță poate sfârși prin a te face să te simți prost. Așază-te cu preadolescentul tău și discutați despre timpi de așteptare rezonabili înainte de-a cheltui diferite sume de bani. Trasează două coloane pe o foaie de hârtie.

Numește o coloană „Sumă“ și cealaltă „Timp de așteptare“. Dacă suma este de cinci dolari, timpul de așteptare aferent poate fi de numai cinci minute. Dacă este o sută de dolari, timpul de așteptare poate fi mai degrabă de o săptămână. Îți poți spune opinia, dar lasă-ți preadolescentul să decidă ce i se pare corect. Atunci când preadolescentul tău vrea să cumpere ceva, trimite-l la acel ghid înainte de-a cheltui.

Explică modul în care funcționează marketingul. Preadolescenții trebuie să știe că unii agenți de publicitate *vor* ca ei să se simtă prost în propria lor piele. La urma urmei, cine se simte complet încrezător n-are nevoie de mai multe haine stilate, de deodorant cu miros rebel sau de șampon pentru extra-volum. Atunci când te poate face să te simți suficient de prost cu privire la o parte din tine, încât să îi cumperi produsul ca să o repari, agentul de publicitate câștigă mai mulți bani. Explică, de asemenea, persistența cu care apar diverse anunțuri de marketing digital după ce ai apăsat pe ceva măcar o dată. Atunci când ajungi să vezi *iar și iar* acei pantofi care ți-au plăcut, începi să simți că nu mai poți fără ei, însă este vorba, de fapt, despre un algoritm al companiei care te presează, nu despre dorința ta. O persoană obișnuită vede cinci mii de reclame pe zi, ceea ce îți oferă destule ocazii să vorbești despre atacul emoțional al mesajelor de vânzări.

Urmărește cheltuielile timp de o lună. Potrivit anchetei periodice Bilanțul Adolescenților derulate de banca de investiții Piper Jaffray (actualmente Piper Sandler) în rândul a opt mii de adolescenți, mâncarea este categoria cea mai importantă în cheltuielile adolescenților. Nu sunt surprinsă, deoarece, pentru o sumă de bani relativ mică, copiii pot cumpăra nu numai o masă, ci şi o experienţă socială completă. Să meargă la restaurantele de la mall sau la Starbucks este pentru preadolescenţi echivalentul mersului la bar când ai douăzeci de ani. O parte din distracţie presupune să fii văzut, să nu ştii peste cine ai putea da şi poate să întâlneşti oameni noi. Există puţine alte locuri unde adolescenţii se pot aduna ca să socializeze la fel ca tinerii adulţi, fără părinţi care să-i păzească. Este atât de distractiv şi de uşor, încât adolescenţii (asemenea multor adulţi) s-ar putea să se mire unde s-au dus toţi banii, fără să-şi dea seama cât de repede se adună câteva frappucino de cinci dolari şi mesele de opt dolari. Dacă preadolescentul tău urmăreşte câţi bani cheltuie pe mâncare şi îşi dă seama că nu-şi poate permite aceste cheltuieli, nu este necesar să stea acasă şi să piardă toată distracţia. În calitate de părinte, trebuie să recunoşti valoarea şi atracţia unei astfel de socializări, însă, în cazul în care copilul tău cheltuie în neştire, sugerează-i să-şi facă un sendviş acasă înainte să iasă, iar când se vede cu prietenii, să comande o băutură sau cartofi prăjiţi în locul unei mese complete.

Cum să echilibrezi încântarea şi moderaţia

Odată ce simte libertatea de-a avea banii săi, preadolescentul poate fi tentat să cheltuie cu fiecare ocazie. Iată cum ar putea suna o conversaţie BRIEF despre bani, emoţii şi independenţă financiară:

Pune BAZELE paşnice

Părintele: *Aşadar, mă gândeam că, adunând banii primiţi când ai făcut pe bona cu banii primiţi de la bunica de ziua ta, ai o sumă mare zilele astea!*

Copilul: *Știu! Sunt bogată!*

Părintele: *Da, relativ vorbind, în momentul de față chiar ești! E distractiv.*

Copilul: *Vrei să-ți spun ce-mi voi cumpăra?*

Părintele: *Chiar mi-ar plăcea.*

RELAȚIONEAZĂ cu copilul tău

Copilul: *În regulă, am o listă. O husă nouă de telefon. Voi face o precomandă pentru un joc care apare de Ziua Recunoștinței. I-am spus lui Evan că-i fac cinste cu prânzul sâmbătă la mall, fiindcă el n-are bani. Și, cât sunt acolo, s-ar putea să-mi cumpăr o șapcă nouă de baseball. Nu știu. Voi decide când voi vedea ce au!*

Părintele: *E o listă lungă. Pari foarte încântată și mă bucur că guști din plin pentru prima dată libertatea financiară anul acesta.*

Copilul: *Dacă ai nevoie de ceva, îți pot împrumuta bani.*

Părintele: *Ești foarte generoasă, asta e clar.*

INTERVIEVEAZĂ pentru a aduna informații

Părintele: *Se pare că intenționezi să cheltui mulți bani deodată. Te-ai gândit la cum te vei simți după ce îi cheltui?*

Copilul: *Hm... fericită că mi-am luat lucruri?*

Părintele: *Da, poate. Unii oamenii așa se simt. Unor oameni le place sentimentul de a-și cumpăra lucruri noi, dar se simt vinovați după ce se termină banii. Regretă că au cheltuit atât de mult și le lipsește sentimentul libertății de alegere. Crezi că-ți place mai mult libertatea de-a alege sau să ai acele lucruri?*

Deoarece, odată ce cheltui banii, alegerile dispar.

Copilul: *Nu prea știu. Vreau totuși să dau precomandă la jocul ăla. Mi-l doresc foarte mult.*

Părintele: *Înţeleg acest lucru. Sunt banii tăi, aşa că tu alegi. Ţi le poţi cumpăra pe toate, dacă îţi permiţi. Sau ţi le poţi lua una câte una, pentru a prelungi distracţia. Poţi chiar să returnezi un produs dacă nu l-ai deschis și te răzgândești. Însă trebuie mai întâi să întrebi care sunt regulile magazinului. Te simţi în largul tău să faci asta?*

Copilul: *Ce ar trebui să întreb?*

Părintele: *Poţi spune pur şi simplu: „Dacă trebuie să returnez produsul, care sunt condiţiile?"*

Copilul: *În regulă.*

Transmite ECOUL a ceea ce auzi

Părintele: *Mă bucur că ai un venit din babysitting, și vei câştiga tot mai mulţi bani pe măsură ce faci asta mai des. Se pare că va trebui să înveţi din încercări şi din greşeli ca să-ţi dai seama cât de mult ești dispusă să cheltui și cât să economisești, dat fiind că e un lucru nou pentru tine. Ţi se pare corect?*

Copilul: *O, da – să economisesc! Am uitat. Cât ar trebui să pun deoparte? Jumătate?*

Părintele: *Îmi place cum gândești. Cred că răspunsul depinde de ce agreezi și ce nu, și s-ar putea să dureze ceva timp până îţi dai seama. Deocamdată, ar fi logic să începi să cheltui mai puţin și să economisești mai mult. Poţi oricând să crești cheltuielile și să scazi economiile, dar invers este dificil. Banii, odată ce se duc, nu se mai întorc.*

Copilul: *Dar am făcut această listă și acum chiar le vreau pe toate.*

Părintele: *Te înţeleg perfect. Este alegerea ta, dar pot să-ţi dau un sfat?*

Copilul: *Da.*

Oferă FEEDBACK

Părintele: *Încântarea pe care o simți acum e distractivă. Îți amintești când te-ai mai simțit la fel de încântată să-ți cumperi ceva nou? Eu îmi amintesc! Ții minte cât de mult îți doreai o păpușă American Girl? Sunt scumpe, așa că am așteptat mult până să cumpărăm una, și erai extaziată când am luat-o! Știu că o iubești pe Samantha și că te bucuri că ai cumpărat-o, dar probabil că nu mai simțeai aceeași bucurie intensă la trei luni după ce ai cumpărat-o. Să-ți dorește ceva este o formă de distracție în sine și îți dă senzația că împlinirea dorinței nu mai suferă amânare, însă* tu *îți controlezi banii. Nu lăsa încântarea să te facă să crezi că trebuie să acționezi rapid. Ia-ți timp. Trage aer adânc în piept și așteaptă o vreme înainte să decizi să-ți cheltui banii pentru care ai muncit din greu. Dacă vrei, te pot ajuta să pregătești o diagramă cu cât timp să aștepți înainte de-a decide să cumperi ceva. Asta te poate ajuta să ții sub control modul în care îți cheltui banii. Este important pentru cineva de vârsta ta să învețe mai multe căi de a-și gestiona resursele.*

Tinerii adolescenți tânjesc după posibilitatea de a-și controla alegerile. Banii le oferă această șansă. Prezintă-le învățarea de noi aptitudini drept ocazii de a-și dezvolta independența și de obicei vor fi de acord să-ți asculte sfaturile, dat fiind că acestea coincid cu scopul lor, de a fi mai autonomi.

Observă că limbajul din această conversație insistă mult pe puterea copilului. Tinerii adolescenți tânjesc după posibilitatea de a-și controla alegerile. Banii le oferă această șansă. Prezintă-le învățarea de noi aptitudini drept ocazii de a-și dezvolta independența și de obicei vor fi de acord să-ți asculte sfaturile, dat fiind că acestea coincid cu scopul lor, de a fi mai autonomi.

Nu judeca alegerile altora

Dacă ai preadolescenți, ești cu siguranță familiarizat cu absurditatea aroganței adolescentine. Un sportiv preadolescent care urmărește un meci de fotbal la liceu ar putea spune: „Eu aș fi putut înscrie cu ușurință de trei ori până acum". Un cititor vorace ar putea spune: „Ce-i așa de greu să scrii un roman? Este ușor". Copiii de această vârstă nu numai că au o părere exagerată despre propriile lor capacități, dar nici nu-și pot imagina de ce altcineva nu ar putea realiza cu ușurință ceea ce fac (își imaginează) ei atât de bine (fictiv).

Asta mă duce la subiectul judecății. Pe măsură ce-l înveți elementele de bază ale responsabilității financiare, copilul va afla destule cât să devină periculos. Cel puțin, periculos de critic. Copiii de această vârstă riscă să-și simplifice prea tare modul în care funcționează banii. După cum am spus, finanțele sunt mai mult decât matematică și copiii ar putea presupune că o familie trebuie să-și poată permite ceea ce își permite alta, fără să ia în calcul lucruri precum datorii pentru colegiu, facturi medicale, membri ai familiei cu dificultăți financiare sau averi moștenite de la alte generații. Etapa a doua în instruirea financiară ar trebui să includă premisa că situația financiară a altor persoane este personală și distinctă și că nu este treaba nimănui să urmărească activitățile altcuiva.

Aud acest tip de gândire atunci când tinerii adolescenți pun întrebări precum:

- De ce unii copii mănâncă mereu de la fast-food dacă nu-și permit să meargă în excursii?
- De ce au o mașină așa de frumoasă, dar locuiesc într-un apartament mic?
- Cum de-și permite familia aia o casă atât de mare, dar nu-și trimite copiii la o școală privată?
- De ce nu lucrează ambii părinți dacă au nevoie de bani?

Iată cum ar putea decurge o conversație BRIEF despre cum e să faci poliție cu banii altora:

Pune BAZELE pașnice

Copilul: *Știai că mulți dintre copiii care primesc prânzul gratuit sau la preț redus au teniși extrem de scumpi?*

Părintele: *Nu, n-am fost atent la asta.*

Copilul: *Vreau să spun, teniși de trei sute de dolari. Dacă aș fi în locul lor, aș folosi acești bani ca să-mi iau la pachet mâncare mai sănătoasă.*

Părintele: *Cred că este una dintre acele situații care par clare, dar care sunt puțin mai complicate după ce intri în detalii.*

RELAȚIONEAZĂ cu copilul tău

Copilul: *Ce vrei să spui? Este un lucru de bază, vorbim tot timpul despre asta. Nu-ți cumperi lucruri pe care nu ți le poți permite.*

Părintele: *Ei bine, apreciez că te gândești la lucrurile despre care am discutat când vine vorba de bani. În general, da, este o regulă în care cred, însă nu cred că ți-am explicat acest lucru pe deplin în afara contextului familiei noastre. Pot să încerc acum?*

INTERVIEVEAZĂ pentru a aduna informații

Copilul: *În regulă.*

Părintele: *Așadar, evident, fiecare familie are un venit diferit, are nevoi de cheltuieli diferite și face alegeri diferite... corect?*

Copilul: *Da.*

Părintele: *Cum ar fi dacă o vedetă ar veni la tine acasă și te-ar întreba de ce nu locuiești într-o casă imensă, ca ea? Ai spune că nu-ți poți permite. Dar dacă ți-ar spune că știe ce să faci ca să poți trăi într-o casă ca a ei? Să nu mai mergi în vacanțe, să nu mai mănânci la restaurante, să nu-ți cumperi haine noi, apoi să-ți vinzi casa și să te muți în una mai modestă, ca să poți economisi mai mult în fiecare an. Peste douăzeci de ani, ți-ai putea cumpăra o casă de trei ori mai scumpă decât cea în care locuiești acum! Ai face-o?*

Copilul: *Probabil că nu.*

Transmite ECOUL a ceea ce auzi

Părintele: *Nici eu! Cum i-ai explica asta?*

Copilul: *Nu merită doar să strângi bani și să nu faci niciodată nimic distractiv.*

Părintele: *Sunt de acord cu tine. Se pare că nu merită să fii atât de restrictiv – doar ca să ții pasul cu alegerile altcuiva.*

Oferă FEEDBACK

Părintele: *În același fel, doar fiindcă cineva ar putea avea mai puțini bani decât tine nu înseamnă că nu ar trebui să se bucure de lucruri în viață. Cu toții ne permitem asta într-o oarecare măsură. Și, la fel de important, nu este treaba noastră să judecăm felul în care alți oamenii își cheltuie banii sau ce alegeri personale fac. Vreau ca tu să fii inteligent* *când faci alegeri personale, dar să nu-ți faci griji pentru alegerile altora. Bine?*

Copilul: *Da.*

Ține minte că starea financiară a unei familii este adesea produsul averii moștenite generații la rând. Este mult mai dificil să acumulezi avere dacă familia ta nu ți-a oferit deja unele oportunități pentru a începe. Am auzit cândva acest concept explicat într-un mod ușor de înțeles pentru copii. Imaginează-ți că prietenii tăi joacă Monopoly de câteva ore. Vii și tu și vrei să joci. Ei îți spun: „Intră în joc! Iată, poți lua jobenul. Nimeni nu l-a vrut. Iată banii tăi de început. Poți fi următorul care dă cu zarul".

Grozav, ai intrat în joc. Însă observi că unii dintre jucători și-au ridicat deja hoteluri și aproape toate proprietățile au fost cumpărate. „Nu-i chiar corect", spui tu.

„Ba da, e corect", spun ei. „Am început toți cu aceeași sumă de bani. A fost egalitate perfectă. Și te-am lăsat să intri. Nu avem ce face dacă ai început să joci mai târziu decât noi."

E o ocazie bună să arăți că ceea ce pare „egal" sau „corect" nu este cu adevărat așa și că nedreptățile sistemice pot face nivelarea terenului de joc mult mai dificilă decât pare.

Sabotorii conversației

„Nu ar trebui să-ți pese atât de mult de lucruri scumpe." Nu funcționează niciodată să le spui oamenilor despre ce nu ar trebui să le pese. De fapt, de obicei are efectul invers, ca atunci când ești foarte enervat și cineva îți spune să te „calmezi". În loc să ignori emoțiile pe care le simte copilul tău atunci când vrea cu ardoare mai multe „lucruri", discută cu el despre ceea ce își dorește: ce înseamnă cu adevărat, cât timp durează, cât de des și așa mai departe. Făcând asta, s-ar putea să-l ajuți să ajungă singur la concluzia la care sperai.

„Este o risipă de bani." Sincer vorbind, probabil că *este* într-adevăr o risipă de bani. Însă, oricare ar fi lucrul pe care preadolescentul tău vrea să cheltuiască banii, e ceva important pentru el. Această etapă a libertății financiare este nouă și incitantă, iar copilul va înceta să te asculte dacă nu recunoști măcar asta. Adresează-i câteva întrebări pentru a-l ajuta să evalueze dacă va fi mulțumit de obiectul cumpărat peste câteva zile sau săptămâni, iar mai târziu verifică dacă a prezis corect. Așa va învăța, cu timpul, să gestioneze cheltuielile impulsive.

„Îți vei putea cumpăra x atunci când vei avea serviciul tău." Este adevărat. Va putea. Nu este nimic greșit în a-i spune asta copilului tău, dar, dacă încerci să educi un preadolescent cu privire la cheltuielile inteligente, astfel de afirmații nu ajută. În schimb, recunoaște-i dorința, mulțumește-i că ți-a povestit despre lucrurile care îi plac și întreabă-l cum are de gând să transforme dorința în realitate.

„E secret. Nu întreba." Este înțelept să păstrezi confidențiale anumite detalii despre starea financiară a familiei, însă, dacă un copil îți pune întrebări despre bani, profită de ocazie ca să-l educi. Atunci când eram mici și părinții noștri ne spuneau astfel de lucruri, nu ne rămânea decât să stăm deoparte și să așteptăm să fim inițiați în lumea salariilor, facturilor și conturilor bancare. În zilele noastre, răspunsurile – cel puțin într-un sens general – sunt la o căutare distanță pe internet. Preadolescenților le place să învețe cum funcționează lumea. Arată-le site-uri cu informații despre salarii, despre prețurile caselor, ale cumpărăturilor sau despre costul vacanțelor. Să învețe să caute cheltuielile și venitul este o pricepere grozavă și un mod distractiv de-a petrece timp făcând pe detectivul online.

Te grăbești? Iată cursul tău rapid

- Vorbește mai puțin despre economisirea banilor (lucru pe care adolescenții îl înțeleg și îl practică deja) și mai mult despre aspectele emoționale ale cheltuirii de bani și acumulării de datorii.
- Preadolescenții folosesc nume de branduri pentru a le transmite colegilor dorința de-a fi acceptați într-o perioadă a vieții lor când se tem de izolare socială și când trec adesea prin stări accentuate de singurătate și de timiditate.
- Fii translucid, nu transparent, cu privire la deciziile financiare ale familiei. Păstrează confidențiale informațiile financiare personale, în timp ce îți educi totuși copilul despre costurile generale ale ipotecilor, vacanțelor, mașinilor, asigurării de sănătate și ale altor lucruri pe care va trebui să le înțeleagă în calitate de tânăr adult.
- Oferă-i exemplul personal al recunoștinței pentru lucrurile pe care le ai deja, în locul tristeții pentru cele pe care nu le ai.
- Poți reeduca impulsivitatea cerându-i copilului tău părerea despre timpi de așteptare rezonabili înainte de

a cheltui, sugerând perioade mai lungi pentru sume mai mari.

- Copiilor le este util să aibă o înţelegere de ansamblu a modului în care funcţionează marketingul şi publicitatea.
- Urmărirea cheltuielilor, chiar începând de timpuriu, de la gimnaziu, îi poate demonstra cum se acumulează cheltuielile din mai multe ieşiri la restaurant.

Pe măsură ce preadolescentul tău află mai multe despre responsabilitatea financiară, asigură-te că înţelege nuanţele situaţiilor altor oameni şi dreptul acestora de-a face alegeri siguri, fără să fie judecaţi.

CAPITOLUL

14

Discuția despre sexualitate

În acest capitol vei afla de ce este important să identifici ingredientele pe care le consideri importante pentru o viață sexuală sănătoasă înainte de-a începe cu adolescentul tău conversațiile despre sex, sexualitate sau întâlniri. Şi nu, nu este prea devreme să începi să vorbeşti despre niciuna dintre acestea. Vei înțelege de ce este important de asemenea să abordezi subiectul pornografiei (şi cum poți face asta fără prea mult disconfort), cum să-ți ajuți copilul să înceapă să se gândească la ce înseamnă să ieşi cu cineva, cum să vorbeşti despre consimțământ astfel încât să-i devină ca o a doua natură, cum să abordezi sau cum să răspunzi la subiecte referitoare la identitate sexuală şi/sau gen într-un mod care îi susține pe toți copiii şi, în final, cum să vorbeşti despre sexualizare şi despre vestimentația provocatoare în rândul tinerilor adolescenți.

Iată-ne. Am ajuns la acest capitol. Unii dintre voi sunteţi încântaţi că faceţi asta. Mulţi dintre voi vă rugaţi pentru o minune, să fie un capitol scurt, să vă spun „cu cât mai puţin, cu atât mai bine", „este prea devreme să incluzi aceste lucruri pe radarul copilului tău" şi „probabil că ai acoperit deja tot subiectul - felicitări, hai să vorbim iarăşi despre independenţă şi prietenie".

Se pare că 19% dintre părinţi nu se simt în largul lor să discute cu adolescenţii lor despre sex, iar 50% dintre copii nu se simt în largul lor să-i asculte, potrivit unei anchete din 2012. Sincer, nu prea cred că *numai* 19% dintre părinţi nu se simt în largul lor să vorbească despre sex. Poate că cei 19% îngroziţi sunt doar cei care vin la toate prelegerile mele!

Presupunând că aceia dintre noi care suntem adulţi şi nu suntem asexuaţi putem cădea cu toţii de acord că o viaţă sexuală sănătoasă este o parte importantă din experienţa noastră umană şi că avem responsabilitatea de-a educa tinerii cu privire la modurile în care se pot pregăti intenţionat pentru relaţii sexuale reuşite şi pline de însemnătate, dar în aceeaşi măsură cu privire la modurile prin care se pot sabota singuri, fără să vrea. Din punctul meu de vedere, o viaţă sexuală sănătoasă include: informaţii corecte despre anatomie şi siguranţă, plăcere reciprocă şi consimţământ, comunicare deschisă cu partenerul tău şi capacitatea de-a gestiona în mod rezonabil rezultate emoţionale şi fizice neaşteptate. Principiile care crezi că sunt esenţiale pentru o viaţă sexuală sănătoasă şi fericită vor deveni mesaje de bază pe care i le împărtăşeşti preadolescentului tău despre sexualitatea sa în dezvoltare. Este în avantajul tău să petreci timp gândindu-te la sentimentele tale despre rezultatul final pe care ţi-l doreşti pentru copilul tău ca adult sănătos şi activ sexual, apoi să mergi înapoi ca să-ţi dai seama cum să începi să le comunici. Dacă nu, te vei trezi învârtindu-te în jurul mesajelor, fără o ţintă clară.

Vei găsi suficiente ocazii de a-ţi împărtăşi valorile fără să vorbeşti direct despre viaţa sexuală iminentă a copilului tău. De exemplu, dacă vă uitaţi la televizor și un personaj masculin se laudă că nu foloseşte niciodată prezervative, ai ocazia să faci un comentariu referitor la capacitatea sa de-a gestiona urmările potenţiale. Dacă (când) apare o ştire despre o persoană în poziţie de putere care abuzează sexual de cineva, poţi aborda atât consimţământul, cât și reciprocitatea. Inserând aceste comentarii în interacţiunile voastre de zi cu zi, condimentezi bine subiectul de-a lungul timpului, în loc să le torni pe toate deodată și să riști să ţipe panicat: „Prea picant!"

Cu cât vorbeşti mai mult despre sex într-un mod calm, neutru și impersonal, cu atât va fi mai deschis copilul tău să te asculte. Dat fiind că este o problemă de sănătate și siguranţă, ca să nu mai spun de fericire și împlinire, sper că vei fi încurajat să-i împărtăşeşti mai multe informaţii preadolescentului sau adolescentului tău, gândindu-te la ce zic adolescenţii că funcţionează cel mai bine. Un studiu recent a descoperit că discuţiile despre sex ale părinţilor cu adolescenţii intră în una dintre următoarele șase categorii: „insuficiente, centrate pe siguranţă, cuprinzătoare, avertisment/ameninţare, aşteptare și nicio discuţie". Adolescenţii au declarat că discuţiile cu părinţii ar fi mai utile dacă aceştia ar da mai multe detalii (da, mai multe detalii!), ar oferi îndrumare și ar adopta o abordare cooperantă (adică să și asculte).

Principiile care crezi că sunt esenţiale pentru o viaţă sexuală sănătoasă şi fericită vor deveni mesaje de bază pe care i le împărtăşeşti preadolescentului tău despre sexualitatea sa în dezvoltare.

Subiecţii adolescenţi au declarat, de asemenea, că categoria cuprinzătoare şi cea de siguranţă au fost cele mai eficace discuţii despre sex, iar studiul a conchis că discuţiile despre siguranţă au dus la cel mai mic nivel de asumare de riscuri. Pe această notă, hai să trecem direct la subiectul dificil, ce spui?

Este în avantajul tău să petreci timp gândindu-te la sentimentele tale despre rezultatul final pe care ți-l doreşti pentru copilul tău ca adult sănătos şi activ sexual, apoi să mergi înapoi ca să-ți dai seama cum să începi să le comunici. Dacă nu, te vei trezi învârtindu-te în jurul mesajelor, fără o țintă clară.

Pornografia

Poate că te întrebi: „Chiar trebuie să vorbesc cu copilul meu de unsprezece ani, dulce şi inocent, despre *pornografie*?" Vârsta medie la care un copil vede pentru prima dată pornografie este discutabilă. Mulţi oameni spun unsprezece ani. Eram şi eu unul dintre ei. Dar, făcând cercetări pentru acest capitol, nu am găsit dovezi puternice care să susţină această afirmaţie, doar o credinţă generalizată că atunci se întâmplă. Există totuşi cercetări care arată că vârsta medie la care copiii încep prima dată să caute pornografie este, ai ghicit, paisprezece ani.

Iar dacă încep copiii să caute pornografie la paisprezece ani, mulţi dintre ei dau probabil peste ea, întâmplător, mult mai devreme. Asta înseamnă că vei dori să abordezi subiectul din timp, altfel laşi sănătatea şi dezvoltarea sexuală a adolescentului tău în mâinile unei echipe de instalatori zeloşi, livratori de pizza şi eleve nebunatice.

Pe subiectul pornografiei, ofer câteva puncte scurte şi critice pe care să le acoperi, nu un dialog, deoarece doar un copil rar și uimitor ar fi dispus să schimbe opinii pe acest subiect. Așadar, respiră ușurat!

Scapi de un dialog complet, totuși trebuie să faci niște afirmații simple. Îți recomand să faci asta atunci când stați unul lângă celălalt (în mașină sau pe canapea în timpul unei reclame) sau într-o altă circumstanță în care nu aveți contact vizual și poți trece cu ușurință peste acest subiect, cu ceva care să distragă atenția. Ai putea chiar să începi cu garanția că vei spune repede ce ai de zis, astfel: „Hei, vreau să abordez un subiect și nu mi-aș face treaba de părinte dacă n-aș vorbi cu tine despre pornografie. Promit să termin repede și apoi putem reveni la ceea ce făceam“.

Oricum ai deschide subiectul, e de dorit să începi și să termini fără să te lungești. Aspectele principale de acoperit sunt că: 1) pornografia nu reprezintă sexul real și 2) te poate conduce la comportamente și la sentimente nesănătoase. Repet, nu este un schimb de opinii, dar iată un mic monolog pe care îl poți adapta ca să sune în stilul tău.

„Trăim într-o lume în care este foarte probabil să vezi pornografie. Poate că ai văzut deja. Nu trebuie să-mi spui. Uneori se întâmplă accidental – poate apărea pe ecranul tău atunci când cauți ceva pe Google, sau poate apeși pe un link care arată bine, dar te duce la un site bizar. Vreau să spun că fie vei da peste ea, *fie* vei auzi oamenii la școală vorbind despre ea, așa că vreau să știi ceva: Pornografia nu este o reprezentare a sexului real, așa cum nici filmele cu Omul Păianjen nu sunt o reprezentare a luptei reale cu criminalitatea. Faptul că nu este ceva real contează deoarece acela care învață despre sex urmărind filme porno se poate trezi cu o viață sexuală nesănătoasă și nefericită când compară sexul real cu aceste reprezentări complet nerealiste, ca să nu menționez faptul că unele filme porno pot fi violente și degradante. Vreau ca tu să ai cândva o viață sexuală sănătoasă cu un partener care te respectă, deoarece este o parte importantă din a fi adult. Oamenii au nevoie de informații corecte, iar pornografia oferă multe informații greșite, din acest motiv îți voi cumpăra cărți despre sex pe care le poți citi în privat sau pot găsi răspunsuri la orice întrebare ai avea pe acest subiect."[1]

Va trebui să evaluezi disconfortul preadolescentului tău referitor la acest subiect înainte de-a decide dacă te oprești aici. Dacă puteți amândoi să continuați, mai există un aspect important de menționat referitor la privirea pornografiei: poate începe prin a-ți da un sentiment plăcut. În calitate de părinte, dacă îți concentrezi mesajul asupra ideii că pornografia este scârboasă, greșită sau imorală, în timp ce copilul tău a văzut deja pornografie și a avut o reacție sexuală, lucrul acesta îi poate transmite un mesaj confuz sau, în cel mai rău caz, poate duce la rușine odată cu dezvoltarea sexualității. Vorbește-i în schimb despre importanța de-a avea o înțelegere sănătoasă a sexului și sexualității. Recunoaște că, uneori, lucrurile care încep prin a ne face să ne simțim bine (sau cel puțin intrigați) pot deveni nesănătoase. Gândește-te la asta în felul următor: Să consumi alimente nesănătoase poate fi o experiență plăcută. Dar să presupunem că tu consumi *doar* alimente nesănătoase și că la un moment dat întâlnești o persoană care îți place și care te invită să ieșiți împreună. Ajungi la un bistro mic și drăguț și în meniu sunt

---

[1] Unele dintre cărțile grozave pentru fete și băieți sunt *For Goodness Sex [Educația sexuală la adolescenți]* de Al Vernacchio, *Sexploitation [Educația sexuală în era digitală]* de Cindy Pierce și *Queer* de Kathy Belge și Marke Bieschke. Doar pentru fete, încearcă *Girls and Sex* de Peggy Orenstein. Doar pentru băieți, încearcă *Respect* de Inti Chavez Perez.

doar feluri pline de savoare și hrănitoare, însă toate îți sunt străine. Lucrul cel mai simplu și mai comod este să alegi ceea ce cunoști deja. Când poți alege între o pungă de Cheetos și pui la grătar cu fasole verde, punga de Cheetos va câștiga. Te vei simți plin după aceea, dar cu o stare de rău și de insatisfacție. Așa este și pornografia. Dacă ideile tale despre intimitate se formează pe lucrurile învățate din pornografie în timp ce creșteai, acest lucru ți-ar putea afecta modul în care vor reacționa mai târziu creierul și corpul tău la o viață sexuală mai realistă și mai sănătoasă.

Gata, am reușit! Scurt și dulce, așa cum am promis.

Întâlnirile

Este perfect normal ca preadolescenții să aibă sentimente romantice și sexuale la începutul adolescenței. Companiile au făcut avere profitând de curiozitatea și de fanteziile preadolescenților. Totuși, poate că nimeni n-a înțeles acest lucru mai bine sau nu l-a evidențiat mai mult decât producătorii muzicali, care le-au prezentat mulțimilor de fane înfocate generații întregi de trupe compuse din băieți. De la Beatles la One Direction și BTS, membrii formației sunt aleși meticulos, pentru ca grupurile de prietene preadolescente să-și poată alege un preferat fără să se lase cu ceartă. Avem băiatul timid, fratele mai mare, glumețul, băiatul rău și, desigur, sex simbolul, care este mai degrabă dezarmant de drăguț decât sexy, ceea ce face fanele să leșine, dar fără a îngrozi părinții.

Părinții ar trebui să accepte ceea ce oamenii de marketing au înțeles demult despre copiii noștri: preadolescenții se gândesc la sex, chiar dacă nu în termeni expliciți. Simt atracție, au fantezii şi se excită. Să pretinzi că aceste sentimente nu există sau că nu ar trebui să existe este contraproductiv. Conflictul stă în acceptarea acestei realităţi biologice alături de nevoia noastră parentală de-a proteja copiii de expunerea la experienţe adulte pentru care nu sunt pregătiţi emoţional sau fizic.

Să faci asta în mod eficace necesită o examinare profundă a temerilor tale. Întrebându-te „De ce mă tem cel mai mult?", poţi descoperi cum să-i oferi tânărului tău adolescent sfaturi şi limite *specifice* îngrijorării tale, nu doar să lansezi afirmaţii generale de dezaprobare. Unii părinţi spun direct „E prea devreme să ieşi la întâlniri cât eşti în gimnaziu". Ce înseamnă asta totuşi? Prea devreme să ai sentimente? (Ştim că nu este adevărat.) Prea devreme să săruţi? Prea devreme să ţii pe cineva de mână? Prea devreme să-ţi revii după o inimă frântă? Prea devreme să rişti o sarcină sau boli transmisibile sexual? Odată ce ţi-ai identificat temerile, vei avea o direcţie mai clară în care să te ducă conversaţiile tale. Începând de aici, oferă îndrumări şi stabileşte limite rezonabile. „Sunt de acord să ieşiţi împreună, dar la vârsta asta eşti prea tânăr ca să faceţi mai mult decât să vă sărutaţi." O linie directoare în mintea copilului l-ar putea ajuta să revină pe calea cea bună dacă simte presiunea să facă mai mult.

Copilul tău are nevoie de îndrumare din partea ta, însă te va ignora dacă vorbeşti despre întâlniri de parcă ar fi calea spre dezastru. Menține-i interesul copilului tău echilibrând răspunsurile de nu cu cele de da, temerile cu speranțele şi lucrurile negative cu cele pozitive.

Aminteşte-ţi să nu te pierzi nici tu în anxietatea pe care o simţi. Copilul tău are nevoie de îndrumare din partea ta, însă te va ignora dacă vorbeşti despre întâlniri de parcă ar fi calea spre dezastru. Menţine-i interesul copilului tău echilibrând răspunsurile de nu cu cele de da, temerile cu speranţele şi lucrurile negative cu cele pozitive. Iată cum ar putea suna o conversaţie BRIEF despre regulile întâlnirilor:

Pune BAZELE paşnice

Părintele: *Am observat că petreci mult timp pe telefon. Îi trimiţi în continuare multe mesaje lui Jordan?*

Copilul: *Da, așa cred.*

RELAȚIONEAZĂ cu copilul tău

Părintele: *Pare un tip drăguţ. Cum e? Joacă vreun sport sau face parte dintr-un club?*

Copilul: *E drăguţ. Deştept. Face atletism, dar abia la primăvară, așa că nu face nimic în perioada asta.*

Părintele: *E bun la atletism?*

Copilul: *Cred că da. El așa spune.*

Părintele: *Ha! Ei, încrederea poate fi o calitate importantă.*

INTERVIEVEAZĂ pentru a aduna informații

Părintele: *Așadar, cum se numește acum când oamenii formează un cuplu? Știu că probabil nu se mai spune că „ies împreună".*

Copilul: *Sigur nu suntem un cuplu. Doar vorbim.*

Părintele. *Bine. Faptul că vorbiţi înseamnă că vă plăceţi?*

Copilul: *Cred că da...*

Părintele: *Ce drăguţ! Și, pe lângă faptul că e încrezător și deștept, se poartă frumos cu tine? Și cu alţii?*

Copilul: *Da, este foarte amabil.*

Părintele: *Mă bucur. Și ați discutat să faceți ceva împreună sau doar vă trimiteți mesaje deocamdată?*

Copilul: *Pot? Să fac ceva doar cu el?*

Părintele: *Depinde. Putem discuta despre ce opțiuni ai la dispoziție. Ce ai vrea să faceți?*

Copilul: *Deocamdată, doar ne trimitem mesaje. Dar, dacă mă invită să merg cu el undeva, vreau să știu dacă am voie.*

Transmite ECOUL a ceea ce auzi

Părintele: *Îmi place că gândești în perspectivă, ca să nu fii luată prin surprindere. Și mă bucur că ești dispusă să vorbești cu mine despre asta, chiar dacă deocamdată este o situație oarecum neclară. Putem continua să discutăm acum despre câteva linii directoare, ca să știi cum să răspunzi în cazul în care se ivește subiectul unei relații sau al unei ieșiri?*

Copilul: *Nu știu... nu e nimic clar între noi.*

Părintele: *Înțeleg și respect acest lucru. Nu încerc să te grăbesc. Dar, dacă discutăm despre acest lucru înainte să se întâmple, va fi mai puțin jenant decât să am o reacție în fața cuiva care îți place. Are sens?*

Copilul: *În regulă, da, nu vreau să mă faci de rușine.*

Părintele: *Și eu gândesc la fel.*

Oferă FEEDBACK

Părintele: *Probabil că voi folosi multe cuvinte greșite, așa că te rog de pe acum să mă ierți, însă voi numi asta „ieșire împreună", iar pe vremea mea i-aș fi spus „întâlnire". Atunci când îți place cineva și începeți să ieșiți împreună, acest lucru îți poate afecta inima, creierul și trupul, așadar iată câteva reguli de început pentru fiecare dintre ele.*

Inima ta: La această vârstă te poți simți fericită și încântată de cineva, iar două săptămâni mai târziu sentimentele ți se pot schimba complet. Emoțiile tale se vor schimba mult, la fel ca și emoțiile celeilalte persoane. E plăcut să-ți deschizi inima către această fericire, dacă poți gestiona tristețea atunci când lucrurile se schimbă. Din experiență, acea tristețe este de obicei temporară, însă, dacă sentimentele te copleșesc sau te împiedică să te descurci la școală ori să fii drăguță cu oamenii, sau dacă îți afectează sănătatea, regula este că trebuie să vorbești cu mine sau cu cineva specializat despre cum să gestionezi acele sentimente.

În regulă?

Copilul: *În regulă.*

Părintele: *Creierul tău: Atunci când îți place de cineva, se poate să simți că-ți ocupă toată mintea. Este distractiv să te gândești la cineva tot timpul și să știi că și el se gândește la tine, până îți dai seama că nu ți-a mai rămas loc pentru alți prieteni, pentru familie și pentru lucruri care-ți plac. Regula este că poți petrece un timp vorbind sau gândindu-te la persoana cu care ieși, însă nu tot timpul. Trebuie să creezi un echilibru între asta și restul vieții tale și, dacă văd că acest lucru nu se întâmplă, va trebui să-ți limitez timpul pe care îl petreci trimițând mesaje sau ieșind. Bine?*

Copilul: *Bine.*

Părintele: *Corpul tău: Apropo de a te duce în diverse locuri... dacă vreți să mergeți undeva împreună, la vârsta ta trebuie să fie un loc luminat și public, nu întunecat și privat. Adică poți merge la pizzerie să iei prânzul, dar nu la film. Când vei ajunge la liceu, vom putea revizui aceste reguli. Dacă prietenul tău vine aici sau tu te duci la el acasă, trebuie să stai în camera de zi, cu un părinte în apropiere. Pentru intimitate,* *puteți sta pe verandă ca să vorbiți sau să jucați un joc în camera de zi, dar voi trece pe acolo din când în când. Asta deoarece sunteți amândoi tineri, aceste sentimente sunt noi pentru voi și ia ceva timp să-ți dai seama ce este confortabil pentru tine. Nu vreau ca vreunul dintre voi să se grăbească. În perioada gimnaziului, regula este că vă puteți ține de mână sau vă puteți îmbrățișa dacă vreți amândoi asta, și nu mi-aș ieși din minți dacă v-ați săruta la un moment dat (deși, din respect pentru familie, nu în camera de zi), însă ești prea tânără pentru mai mult de atât. De asemenea, este normal să ai sentimente fizice acum, însă, dacă cineva te presează să faci mai mult decât te simți pregătită sau să încalci regulile familiei, probabil că asta e o dovadă că nu-i persoana potrivită pentru tine.*

Acestea sunt elementele de bază. Mă bucur că-ți place de cineva drăguț, care te place și el pe tine. Dacă vrei să discutăm mai multe despre aceste reguli, o putem face. Dacă nu, vrei să mă ajuți să decid de unde să comandăm mâncare pentru diseară la cină?

Consimțământul este pe primul loc

Am fost studentă la un mic colegiu umanist (de „arte liberale“) din Vestul mijlociu, la începutul anilor '90. În orașul de lângă colegiul meu exista un colegiu și mai mic, și mai liberal, și mai artistic. Când eram în primul an, colegiul acela a anunțat că implementează o politică nouă referitoare la sex și consimțământ, care stipula, printre alte reguli, că un student trebuie să obțină permisiune verbală înainte de-a săruta un alt student. De fiecare dată! În anii '90! Nu sună atât de radical acum, dar, la acea vreme, auzeai studenții de la mine din campus râzând de treaba asta peste tot. Era considerat ceva absurd, rigid, nepractic și complet lipsit de romantism. Nu văzuse nimeni de la celălalt colegiu vreo comedie romantică? Cum putea un tip sexy să te facă să te topești dacă trebuia să oprească elanul primului sărut neașteptat și incitant cerându-ți voie ca un copil? Scârbos!

Din fericire, am evoluat foarte mult. Consimțământul nu mai este o poantă, cum era cândva, ci a devenit o componentă normală și esențială a educației sexuale. *Celălalt* colegiu, se vede treaba, era un pionier și, ca majoritatea celor care fac muncă de pionierat, a trebuit să sufere fiind ținta glumelor, până să ajungă tot restul lumii să înțeleagă.

Ceea ce ar trebui să știi despre consimțământ și preadolescenți este că acesta nu se rezumă la contactul sexual. Este vorba pur și simplu de-a avea dreptul să decizi cine te atinge și când. Înseamnă să stabilești limite în ceea ce privește atingerea. Dacă vorbești despre consimțământ devreme, începând cu situații non-sexuale, preadolescentul tău se va obișnui cu acest concept și îl va stăpâni, ceea ce îl va pregăti pentru întâlniri sexuale mai sigure în viață.

Dacă vorbești despre consimțământ devreme, începând cu situații non-sexuale, preadolescentul tău se va obișnui cu acest concept și îl va stăpâni, ceea ce îl va pregăti pentru întâlniri sexuale mai sigure în viață.

Oamenii care încă nu s-au obișnuit cu conceptul de consimțământ ar putea să-l minimalizeze ca fiind absurd de restrictiv. „Vasăzică, oamenii nu mai au voie să se *atingă*?" Dacă ai un membru al familiei care nu este de acord să învățați copiii despre consimțământ, care insistă, de exemplu, s-o îmbrăţişeze pe bunica din respect, ţine minte, ideea nu este că oamenii *nu au voie* să se atingă. Pentru mai multă claritate, întrebarea ar trebui să fie „Adică acum trebuie să întrebi pe cineva de fiecare dată înainte să-l atingi?" Şi răspunsul este „Da". „Deci nu pot bate palma cu cineva fără să-i cer voie? «Îmi dai voie să bat palma cu tine?» E o prostie." La care replica ar fi: „Nu. Ridici mâna în aer, ca de obicei. Dar, dacă cineva nu vrea să bată palma cu tine, n-o va face. Şi nu îl poţi obliga".

Mai jos este un exemplu de cum ar putea suna o conversaţie despre consimţământ folosind modelul BRIEF. Se referă la un filmuleţ viral, cu o educatoare care a agăţat o planşă lângă uşa clasei. Fiecare copil care intră în clasă arată pe planşă salutul pe care îl vrea: o îmbrăţişare, să bată pumnul, o strângere de mână, să bată palma sau să danseze. Dacă nu l-ai văzut, caută-l pe Google când poţi. [Căutare pe Google: *kindergarten teacher lets students pick greeting*]

Pune BAZELE paşnice

Părintele: *Ai văzut filmuleţul ăsta drăguţ?* [Părintele arată filmuleţul pe telefon.]

Copilul: *Aaa, e tare drăgălaş.*

RELAŢIONEAZĂ cu copilul tău

Părintele: *M-am gândit că ţi-ar plăcea.*

Copilul: *Aş fi vrut şi eu aşa ceva când eram mic.*

Părintele: *Şi eu la fel. Mi-aş dori să am aşa ceva la muncă.*

Copilul: *Poftim? De ce?*

Părintele: *Doar fiindcă unii oameni încă mai cred că este în regulă să îi atingă pe alţii. Nu că ar fi ceva pervers, dar nu vreau ca o persoană pe care nu o cunosc să mă prindă de umăr când trece pe lângă mine sau să mă strângă de mână când mă salută.*

Copilul: *E foarte ciudat.*

Părintele: *Nu-i așa? De aceea mă bucur că acești copii învață lucrul ăsta devreme.*

INTERVIEVEAZĂ pentru a aduna informații

Copilul: *Mă rog, învață cum să-și salute educatoarea dimineața, dar nu cred că vor avea o astfel de planșă la serviciu.*

Părintele: *Ha! Nu, nu vor avea o planșă la serviciu, dar este de fapt o lecție timpurie despre consimțământ și îmi place. Cunoști acest cuvânt,* consimțământ*?*

Copilul: *E ca și cum ai spune „Sunt de acord" sau ca și cum ai da voie.*

Părintele: *Da. Sau când spui „Nu sunt de acord" ori nu dai voie. Profesorii tăi vorbesc vreodată despre asta?*

Copilul: *Nu chiar. Cum adică, să spună „Sunteți de acord să vă comportați frumos în clasă?"*

Părintele: *Poate fi folosit așa, în sensul general, însă este utilizat mai adesea pentru a vorbi despre limitele tale personale.*

Copilul: *Nu, nu vorbim despre asta la școală. Probabil oricum e ceva ce se face mai mult acasă.*

Transmite ECOUL a ceea ce auzi

Părintele: *Înțeleg de ce spui asta. Școala pare că ar trebui să fie mai structurată și centrată pe învățare, nu-i așa?*

Copilul: *Corect.*

Oferă FEEDBACK

Părintele: *Înțeleg. Deși limitele sunt un lucru pe care îl purtăm cu noi peste tot. Și îmi place că acești copii mici pot alege singuri felul în care le place să fie atinși sau nu. Și sunt la școală.*

Copilul: *Crezi că un copil din filmulețul ăla ar putea să nu aleagă niciuna dintre opțiuni?*

Părintele: *Da. Nu știu de ce, dar copiii de gimnaziu cam fac contact tactil. Vei vedea băieții sărind unul în spatele altuia și fetele ținându-se de braț. Și există mereu câte o persoană căreia îi place să îmbrățișeze pe toată lumea. Știu că mulți oameni fac asta pentru a arăta bucurie sau pentru a împărtăși fericire, dar pot să și depășească limita. Unora nu le place asta și nu știu cum s-o spună. Trebuie doar să fii conștient de acest lucru și să respecți spațiul oamenilor, să le dai ocazia de-a spune dacă vor o îmbrățișare, să fie duși în cârcă sau orice altceva.*

Și vreau ca tu să îți cunoști limitele și ce te face să te simți în largul tău, pentru ca, dacă cineva te face să nu te simți bine, să poți spune ceva.

Unor copii le vine ușor să spună *Nu*, *Oprește-te* sau *Nu vreau*. Alții au nevoie de încurajare ca să înțeleagă că nu este nepoliticos să spui NU. Ai grijă să vorbești cu copilul tău despre căile prin care poate comunica limitele cu care se simte confortabil.

În taberele mele de leadership, de exemplu, ajut elevi de gimnaziu să exerseze refuzul atunci când un prieten le cere să facă ceva ce nu vor. În nouă cazuri din zece, preadolescenții vor minți ca să evite conflictul. Un copil care este prea obosit să se joace, care are nevoie de o pauză de la un prieten insistent sau care ar prefera să rămână acasă ca să termine un joc sau o carte atunci când un prieten insistă să iasă va spune ceva absurd, precum „Sunt pedepsit o lună!" sau „A murit pisica mătușii mele și trebuie să mă duc azi acasă la ea, la înmormântare". Încurajează-ți preadolescentul să răspundă cu un nu simplu și direct atunci când nu vrea să facă un lucru, iar când cineva insistă, să-și repete răspunsul fără a recurge la minciuni mai mari și mai îndrăznețe, în speranța că persoana care îl presează va fi convinsă astfel să-l lase în pace. Este suficient să spună „Azi nu pot, dar sper că vei găsi pe cineva care poate. Distracție plăcută!" și, dacă este presat, „*Chiar* nu pot azi, dar sper că te vei distra".

O altă modalitate de-a explica acasă consimțământul este să vorbești despre nevoia ta de limite în privința spațiului. Toți oamenii au nevoie să simtă atingere, cunoscută drept „foamea de atingere" sau „foamea de piele", iar la începutul adolescenței această nevoie rămâne adesea nesatisfăcută. Copilul pe care îl îmbrățișai cândva de nenumărate ori pe zi este acum un preadolescent care fuge de atingerea ta, însă nevoia sa de contact fizic nu a scăzut. Unii copii își satisfac nevoia de atingere comportându-se foarte afectuos sau jucăuș cu ceilalți la școală. Alții te vor ignora acasă cât pot de mult, apoi ți se vor sui în poală pe neașteptate. Preadolescentul tău se agață uneori prea mult de tine sau îți invadează spațiul? Este important să nu-i refuzi afecțiunea și să știe că n-a crescut prea mare pentru îmbrățișări sau cuibăriri, dar vor exista clipe în care vei avea nevoie de spațiu. Exprimă-i clar limitele tale, ca să vadă cum se face. „Îmi place să ne cuibărim împreună când ne uităm la un film, dar nu poți sta cu picioarele pe mine tot timpul. Hai să stăm unul lângă celălalt."

În final, nu ignora proprietatea personală ca modalitate de-a explica consimțământul. Frații, mai ales, au o abordare stil „ce-i al tău e și al meu" a traiului în comun, cel puțin atunci când le convine. Stabilește reguli de familie pentru a fi respectate lucrurile altora și a se cere permisiunea de-a le folosi. Chiar dacă ai plătit pentru toate lucrurile copilului tău, trebuie să simtă că lucrurile sale personale sunt proprietatea lui, ca să poată exersa această formă timpurie de consimțământ.

LGBTQ+: Înțelegerea și acceptarea noilor etichete

Majoritatea oamenilor spun că nu le plac etichetele, însă acei oameni nu sunt preadolescenţi. Începând din gimnaziu, copiii adoptă etichetele deoarece acestea pot fi folosite la organizarea și explicarea noului lor mediu social confuz și a locului pe care îl ocupă ei în acest mediu. Deși adulţii ar putea percepe acest lucru drept limitativ, preadolescenţii și tinerii adolescenţi îl consideră liniștitor. La vârsta la care încep să-și examineze identităţile de adulţi în dezvoltare (ca să fim sinceri, de *adulţi foarte tineri*), copiii caută vocabularul exact care să definească și să exprime cum se simt și cum se identifică.

Dacă cuvintele precum *cisgen*, *binar*, *fluid*, *transgen* sau *pansexual* îţi sună confuz, cutremurător sau fără rost de complicate, ai aceleași sentimente ca multe persoane trecute de patruzeci de ani. Însă aceste cuvinte nu sunt nici născocite, nici superflue. Ele reprezintă oameni reali care se cunosc pe ei înșiși, iar datoria tuturor adulţilor este să fie la curent cu limbajul care tot evoluează. Nu numai că este relativ ușor să te educi, ci este și important pentru sănătatea și siguranţa copiilor noștri să respectăm și să sărbătorim mulţimea de feluri în care pot exista oamenii în această lume. Internetul ţi le oferă pe toate. Oricând auzi un termen nou, caută-l. Apoi, presupunând că citești de pe un site care susţine comunitatea LGBTQ, dă crezare definiţiei. Centrul de Prevenire și Control al Bolilor (CDC) declară că „majoritatea tinerilor care sunt lesbiene, homosexuali și bisexuali (LGB) [*lesbian, gay, bisexual*] sunt fericiţi și prosperă în timpul adolescenţei. Contează extrem de mult școlile care creează un mediu de învăţare sigur și încurajator pentru toţi elevii și părinţii grijulii și înţelegători".

Însă, deși situația lor s-a îmbunătățit, adolescenții LGBTQ din Statele Unite încă mai sunt supuși huliganismului, hărțuirii și strămutării, iar în cazurile cele mai grave, sunt trimiși la terapie de conversie sau dați afară din casă. CDC citează o statistică sfâșietoare, care spune că aproape o treime dintre tinerii LGB au încercat să se sinucidă în anul anterior, iar Academia Americană de Pediatrie raportează că până la 50% dintre tinerii transsexuali încearcă să se sinucidă. Este clar că trebuie să facem mai multe pentru ca tinerii din aceste grupuri să știe că sunt iubiți exact așa cum sunt.

Chiar și în rândul părinților înțelegători și deschiși la minte cu care lucrez, încă mai văd disconfort atunci când tinerii discută deschis și cu încredere despre identitatea sexuală. Observ că nu termenii sunt cei care sperie părinții, ci vârsta la care vor copiii să-i introducă. Etichetarea, după cum ne amintim cu toții fără prea mare plăcere, este o practică populară la gimnaziu, așadar poate că nu ar trebui să ne surprindă că practica se extinde acum la a clasifica cine este homosexual, bisexual sau în tranziție sau la a-și anunța propria categorie de identificare. Unii părinți se îngrijorează că declararea sexualității la o vârstă fragedă este inadecvată, incorectă sau o posibilă sursă de regrete pe viitor. Chiar dacă împărtășești aceste îngrijorări, nu descuraja niciodată discuțiile deschise despre identitate. Chiar și cel mai mic comentariu poate dezlănțui teama de homofobie internalizată în mintea și inima preadolescentului care își pune întrebări. Asigură-te totuși că copilul tău înțelege vocabularul pe care îl folosește, pentru că unii copii își pun câte o etichetă incorectă fiindcă i-au înțeles greșit sensul.

Dacă copilul tău comentează despre identitatea sa sexuală, nu-l întreba dacă știe cu adevărat, dacă este suficient de mare încât să știe sau dacă nu crede că s-ar putea să regrete anunțul dacă „se răzgândește" pe viitor. Mai important decât să se identifice copilul tău în mod corect, consecvent și fără regrete este să se simtă capabil să se exprime. Un preadolescent ar putea fi bisexual astăzi și homosexual sau heterosexual cândva în viitor, și este în regulă. Iată partea bună a etichetelor: nu sunt permanente. Deși când eram eu în gimnaziu era plin de fete frivole, bogați cu nasul pe sus, juni sportivi râvniți și tineri goth, practic nu cunosc niciunul adult. (Doar tocilarii au rezistat testului timpului. Este, de fapt, singurul eveniment de anduranță la care aș fi putut participa, chiar și fără să vreau, și mă bucur acum de acest sentiment de triumf.)

> Mai important decât să se identifice copilul tău în mod corect, consecvent și fără regrete este să se simtă capabil să se exprime.

Asta nu înseamnă că identitatea copilului tău se va schimba *neapărat*. Sexualitatea nu ar trebui ignorată ca fiind o etapă pe care copilul tău o va depăși, însă ea *poate* evolua, așa că nu te îngrijora de schimbarea etichetelor.

Preadolescentul tău ar putea vorbi deschis despre identitatea altcuiva, dacă nu chiar a lui, în preajma ta. Chiar dacă vorbește despre un alt copil, reacționează cu aceeași sensibilitate ca și cum ar vorbi despre el însuși. În acest fel, pui mereu bazele încrederii. Iată cum ar putea suna o discuție încurajatoare despre identitate sexuală și etichete folosind modelul de conversație BRIEF:

Pune BAZELE pașnice

Copilul: *O ții minte pe Abbie, de anul trecut?*

Părintele: *Desigur! A trecut ceva timp de când i-am auzit numele.*

Copilul: *Era într-un grup de mesaje făcut de cineva și le-a spus tuturor că acum este bisexuală.*

RELAȚIONEAZĂ cu copilul tău

Părintele: *Da? Lumea a primit vestea cu respect?*

Copilul: *Da, nu-i ceva ciudat, mamă.*

Părintele: *Sigur că nu. Când eram de vârsta ta, nu era un lucru pe care oamenii să-l discute atât de deschis, însă generația ta a făcut multe ca să îmbunătățească asta.*

Copilul: *Însă părinții ei sunt foarte supărați și nu sunt de acord cu asta. I-au spus că e prea tânără ca să știe și că de fapt caută atenție.*

INTERVIEVEAZĂ ca să aduni informații

Părintele: *Îmi pare rău să aud asta. Crezi că oamenii spun astfel de lucruri ca să primească atenție?*

Copilul: *Unii oamenii, cred că da. Dar ea pare sinceră.*

Părintele: *Trebuie să-i fie greu. Te-ai gândit cum îi poți fi alături ca să treacă prin toate acestea?*

Copilul: *I-am spus toți că nu este corect ca părinții ei să spună asta.*

Părintele: *Asta-i bine. Și, doar ca să mă asigur, simți că înțelegi ce înseamnă să fii bisexual?*

Copilul: *Îți plac fetele și băieții.* [Copilul te privește de parcă ai fi idiot.]

Transmite ECOUL a ceea ce auzi

Părintele: *Mă rog, poate că este un termen simplu, însă există și alții pe care eu, ca adult, încă îi învăț. Spun doar că, dacă dai peste un termen pe care nu-l cunoști, despre identitate sau orice legat de sex, îți pot da resurse pentru informații* *corecte. În ceea ce o privește pe Abbie, se pare că părinții ei nu sunt dispuși acum să-i ofere suport sau informații fiabile, așa că ar putea avea nevoie de ajutor suplimentar din afara familiei.*

Oferă FEEDBACK

Copilul: *Știu! Cum îi putem face pe părinții ei s-o accepte?*

Părintele: *Nu știu dacă îi poți face să gândească diferit. Vreau totuși să te asigur că faci deja lucrul cel mai important, o susții.*

Înțeleg că părinții ei au spus că e prea tânără ca să știi, și firește că e posibil să interpreteze greșit anumite sentimente, însă nu cred că asta contează. Cred că este greșit să spui cuiva că ceea ce simte nu este „corect", indiferent dacă acel sentiment rămâne neschimbat pe vecie sau se schimbă peste o lună. Oamenii sunt complecși și nu există un singur mod de-a fi. Pentru tine și prietenii tăi, eu voi fi mereu un spațiu sigur unde să vorbești despre aceste lucruri.

Câteva cuvinte despre înfățișarea fizică

Nu pot încheia un capitol despre sexualitate fără a vorbi despre înfățișarea fizică. Vine o zi în care copilul tău intră în încăpere și îți dai seama. Este îmbrăcat puțin cam... sexy. Cel mai adesea, din cauza obsesiei noastre culturale cu atractivitatea tinerelor femei, vedem asta la fete. Ce spui când încercările fetei tale preadolescente de a părea adultă și cool o fac să arate indecent, mai ales atunci când vârsta ei nu ține pasul cu înfățișarea? Ne temem cu toții de nebuni și de agresori. Îți dorești s-o protejezi de orice atenție nedorită pe care o va primi, evitând în același timp s-o faci să se rușineze de corpul sau de sexualitatea ei.

Ar trebui să fii sincer cu fiica ta în ceea ce privește conflictul tău intern. Spune-i că nu ar trebui niciodată să-i fie rușine cu corpul ei și că poate decide singură cu ce se îmbracă. Nu este responsabilă de reacțiile altor oameni la felul cum arată. Totuși, spune-i, de asemenea, fiicei tale că a crescut suficient încât să simtă când nu se simte bine să primească genul de atenție pe care ar putea s-o atragă (sau nu) alegerile sale vestimentare. Uneori această atenție o poate facă să simtă că nu este în siguranță. Nu este corect, dar asta este realitatea. În afara respectării unui cod vestimentar rezonabil la școală și a unei vestimentații respectuoase la alte evenimente, ca atunci când face pe bona, când merge la un concert coral sau la teatru cu bunica, poate purta orice vrea. Poate începe să facă singură aceste alegeri, în limita a ceea ce este adecvat în anumite contexte, atâta timp cât este în stare să proceseze felul în care ar putea răspunde ceilalți la alegerile sale. Blugii rupți și un maiou mulat pot însemna „îndrăzneț și rebel" când te afli la mall, dar „puțin lipsit de respect" la discursul tatei de la clubul Rotary. Și, chiar și la mall, îndrăzneț și rebel poate fi cool pentru băiatul care o place și care lucrează în zona de restaurante, însă atrage și comentarii din partea șefului său singuratic, care spionează de după tejghea.

Atât înfățișarea, cât și stilul reflectă o gamă de alegeri personale fascinante, însă ar trebui să le facem respectând contractul social general care ne include pe toți, ca membri ai comunității. Oferă-i copilului tău autoritatea de-a lua decizii despre înfățișarea sa, însă învață-l să ia în considerare dacă mesajul pe care vrea să-l transmită se potrivește în contextul dat.

„Verific istoricul de căutare de pe toate dispozitivele și, dacă văd că te uiți la ceva inadecvat, îți opresc Wi-Fi-ul." Pare dur, mai ales dacă este un avertisment, nu o reacție la o problemă serioasă și existentă. Copiii vor interioriza tonul de condamnare și cel mai probabil nu-ți vor spune dacă dau peste mesaje sau imagini periculoase online, chiar și accidental. Mai bine spune-le că, dacă dau peste pornografie online, pot veni la tine în siguranță și îi vei ajuta.

„Nu-ți dai seama ce mesaj transmiți când porți asta." Este jenant să depui efort pentru o înfățișare și să ți se spună că nu-ți dai seama ce-ai făcut. În loc să *insinuezi* mesajul, încearcă asta: „Arăți ca un adult. Pari *atât* de mare, încât s-ar putea să obții reacții din partea adulților care să te facă să te simți incomod. Înainte de-a ieși din casă, hai să vorbim un minut despre cum să gestionezi situația și apoi poți decide ce vrei să faci".

„Iubește păcătosul, nu păcatul." Atunci când părinții se confruntă cu identitatea sexuală sau de gen a copiilor lor, mai ales a celor crescuți într-o credință strictă și conservatoare, îi aud că se bazează pe această linie de gândire. Bănuiesc că văd asta drept modul de a concilia două forțe ce par ireconciliabile: iubirea pentru copil și credința religioasă care condamnă acel copil. Această abordare prezintă două probleme. Mai întâi, nu reconciliază nimic. În cel mai bun caz, îi poate câștiga părintelui șovăielnic timpul necesar pentru a decide ce va alege: copilul său cu totul sau doctrina. În cel mai rău caz, îi transmite copilului că iubirea părintelui pentru el este condiționată de a nu fi el însuși. Aceasta deoarece cea de-a doua problemă a acestei abordări este că exclude genul și sexualitatea drept componente ale identității, iar identitatea nu înseamnă ce faci, ci cine ești. „Iubește păcătosul, nu păcatul" funcționează perfect în cazul în care copilul tău a furat ceva sau (Doamne ferește!) a comis o crimă, dar nu atunci când copilul tău nu a făcut nimic altceva decât să fie el însuși. Dacă te lupți cu așa ceva în calitate de părinte, știu că nicio mulțime de informații, citate din scriptură sau dovezi anecdotice pe care le ofer nu te vor convinge. Singurul lucru care te va ajuta să rezolvi conflictul este în inima ta. Fiecare religie se bazează pe iubire și pe compasiune. Cufundă-te în acestea.

„Ești prea tânăr ca să te gândești la fete/băieți/întâlniri." Atunci când spun asta, nu cred că părinții vor cu adevărat să spună că ești prea tânăr ca *să te gândești* la aceste lucruri. În mod evident, nimeni nu poate controla ce gândește cineva și când începe să aibă sentimente romantice. Ca să nu menționez faptul că vorbim despre aceiași părinți care glumeau la grădiniță: „Ia uite cine are o mică iubită!" Cred că are mai puțină legătură cu a fi prea tânăr și mai multă cu teama că gândurile se vor transforma în fapte, iar multor părinți nu le vine la îndemână să definească ce este permis și ce nu. Ține minte, copiii vor ca adulții să intre în detalii. De obicei, nu este bine să stabilești reguli despre sentimentele romantice, dar poți defini așteptări referitoare la intimitatea fizică.

Te grăbești? Iată cursul tău rapid

- Adolescenții declară că discuțiile sexuale cu părinții ar fi mai utile dacă ar intra mai mult în detalii, ar oferi îndrumări și ar fi cooperante.

- Abordarea siguranţei în cadrul discuţiilor despre sex este corelată cu o asumare de riscuri mai scăzută.

- Vârsta medie la care o persoană caută pornografie pentru prima dată este paisprezece ani. Acţionează din timp, vorbindu-i devreme copilului despre pornografie. Nu îţi centra mesajul asupra faptului că pornografia este imorală sau scârboasă, altfel rişti ca ruşinea să se amestece cu sexualitatea în dezvoltare. În schimb, vorbeşte despre faptul că pornografia nu reprezintă sexul real şi despre implicaţiile acesteia asupra unei vieţi sexuale sănătoase mai târziu în viaţă.

- Atunci când copilul tău începe să meargă la întâlniri (sau oricum ai numi acest lucru), stabileşte linii directoare pentru ce este acceptabil cu privire la atingerile fizice, gestionarea emoţiilor noi şi menţinerea atenţiei faţă de şcoală, familie, prieteni şi zone de interes.

- Fii la curent cu noii termeni referitori la sexualitate şi identitate.

- Este normal şi este bine ca preadolescenţii să-şi etichetеze sexualitatea. S-ar putea ca etichetele să nu dureze, spre deosebire de sentimentul pe care îl au atunci când îi accepţi şi îi susţii.

- Vorbeşte despre consimţământ din timp şi adesea, începând cu scenarii non-sexuale. Stabilirea de reguli referitoare la a cere voie înainte de-a atinge lucrurile altcuiva şi formularea clară a preferinţelor tale referitoare la spaţiu şi la atingere sunt două modalităţi prin care poţi începe să explici consimţământul acasă.

Elevii de gimnaziu, în special fetele, ar putea începe să se îmbrace în feluri care ţi se par provocatoare sau sexy. În această etapă, preadolescenţii au nevoie să simtă că îşi controlează corpul şi felul în care se îmbracă sau ce accesorii poartă. Vorbeşte deschis despre cât sunt de pregătiţi pentru atenţia (dorită şi nedorită) pe care ar putea s-o primească şi cum să reacţioneze la aceasta.

CAPITOLUL

15

Cum să vorbeşti despre reputaţii

În acest capitol vei afla cum să vorbeşti despre reputaţii într-un fel ce recunoaşte natura complicată a acestui subiect, dar şi cum să-ţi încurajezi copilul să se gândească la viitorul său într-un mod care să-i folosească într-o măsură cât mai mare pe viitor. Vei înţelege, de asemenea, de ce a-i cere preadolescentului tău să fie sincer nu este o cerinţă atât de simplă cum ţi s-ar părea şi cum să abordezi apariţia unui factor care poate strica reputaţia tinerilor adolescenţi - cererea şi trimiterea de poze nud.

În general, oamenilor le place să susţină persoana defavorizată, nonconformistul care respinge aşteptările societăţii și care îmbrăţișează o acceptare de sine revoluţionară. Hollywoodul face bani de mult timp de pe urma modului în care venerăm rebelii. De la Jim Stark la Ren McCormack și de la Jo March la Katniss Everdeen, ideea cuiva, mai ales adolescent, care încalcă convenţia este incitantă și încurajatoare, parţial fiindcă este oarecum o fantezie. (Merită menţionat că adolescenţii rebeli de la Hollywood sunt aproape toţi albi. Este periculos pentru adolescenţii de culoare să se revolte împotriva autorităţii şi publicul alb adesea nu apreciază acest lucru. Adolescenţii care nu sunt albi trebuie să fie mai subtili în revolta lor pentru a rămâne în siguranţă, arătându-se împotriva sistemului prin modul în care îşi aleg hainele, limbajul sau muzica.) Majoritatea dintre noi, şi în special adolescenţii, suntem îngrădiţi de aşteptările şi aprobarea celor ca noi. Ne lipseşte fineţea necesară pentru a încălca regulile potrivite fără a trece pragul către acel „diferit" care ne-ar face să fim respinşi. Să ştii când se cuvine să răspunzi aşteptărilor oamenilor sau când să le ignori este o componentă importantă a gestionării reputaţiei în adolescenţă.

Nu le uşurăm misiunea copiilor. Mai întâi, adulţii le transmit copiilor, fără să vrea, mesaje confuze în ceea ce priveşte reputaţia. O parte a gurii noastre spune „Cui îi pasă ce cred ceilalţi?" şi cealaltă spune „Nu face asta! Ce vor crede oamenii?!"

Pentru a complica situaţia, lupta cu conceptul de reputaţie se bazează pe o oarecare anticipare a felului în care vei vrea să fii perceput în viitor, abilitate pe care majoritatea tinerilor adolescenţi nu o stăpânesc încă. Preadolescenţii trăiesc clipa. Sunt faimoşi pentru egocentrismul lor, se gândesc în primul rând la ei înşişi şi la nevoile lor şi sunt, de asemenea, centraţi pe prezent prin modul lor de-a vedea timpul. Pentru un tânăr adolescent, acum este singurul moment care contează. Este ca şi cum viitorul i se va întâmpla cuiva complet diferit.

Contul tău de Economii pentru Reputaţie începe de la zero. Atunci când faci ceva care îţi creşte reputaţia bună este ca şi cum ai pune bani în cont. Atunci când faci ceva care îţi scade reputaţia este ca şi cum ai retrage bani din bancă. O cale de-a începe să-ţi abaţi copilul de la gândirea strictă la prezent este să-i explici că este un lucru inteligent ca „tu cel din prezent“ să-i faci favoruri „viitorului tu“. În ceea ce priveşte crearea unui reputaţii, gândeşte-te că e ca şi cum ţi-ai deschide un cont în bancă. În viitor, oamenii se vor uita la soldul contului tău de economii pentru a lua decizii despre tine. De exemplu, să spunem că un profesor te acuză că ai copiat la un test şi apoi te trimite la directoare. Directoarea trebuie să decidă ce să facă, dar ea nu a fost în încăpere şi nu ştie dacă ai copiat sau nu. Tot ce poate face este să-ţi verifice contul de economii. Ai făcut multe depuneri, fiind un elev de obicei bun, sau multe retrageri, fiind un vizitator frecvent în biroul ei? Va folosi acest lucru ca să poată lua o decizie.

Preadolescenţilor le este greu să facă legătura între acţiunile lor şi felul în care sunt percepuţi, deoarece cred că reputaţia este ceva care ţi se întâmplă, nu de ceva construit în mod conştient şi treptat, în timp.

Nu, nu este mereu cinstit sau corect. Dar asta se întâmplă.

De asemenea, preadolescenţilor le este greu să facă legătura între acţiunile lor şi felul în care sunt percepuţi, deoarece cred că reputaţia este ceva care ţi se întâmplă, nu de ceva construit în mod conştient şi treptat, în timp. Aceasta este vina noastră. Gândeşte-te cât de des ne avertizăm copiii că o greşeală îi poate afecta pentru tot restul vieţii. Încercând să-i speriem ca să facă alegeri bune, s-ar putea să le trimitem copiilor, din neatenţie, mesajul că o reputaţie bună se construieşte prin ani de comportament atent şi perfect şi că o reputaţie proastă este la doar o greşeală distanţă.

Cum să răspunzi la bârfă

Bârfa joacă un rol important în influențarea reputațiilor. Pe de o parte, felul în care adulții reacționează la bârfă contează, deoarece importanța opiniei unui adult poate trimite reputația unui copil în direcția greșită, iar pe de altă parte, atunci când bârfesc, adulții îi judecă pe copii din interiorul unui vid. Atunci când șoptesc între ei în tribună, la un meci de softball de la gimnaziu, despre jucătoarea de la a treia bază care a fost prinsă făcând sex oral, ce mesaje le transmit părinții copiilor despre greșeli, reputații și consecințe? Adulții cred că vorbind despre scandaluri vor crește nivelul de conștientizare și vor împiedica alți copii să facă aceleași alegeri. Însă bârfa nu este factorul de descurajare care ai vrea să fie. Bârfa, la fel ca tragedia, pare a fi acel lucru care li se întâmplă *altor* oameni. Această perspectivă aplatizată te face să-ți fie mai ușor să crezi că „astfel de lucruri nu li se întâmplă oamenilor ca mine". Ceea ce le folosește copiilor să audă este că oamenii sunt complecși. Poate că acea jucătoare de la a treia bază a făcut o alegere diferită decât cea pe care ai vrea s-o facă copilul tău. Pe de altă parte, ea muncește din greu pentru colegele ei de echipă și are un suflet bun. E complicat. La fel, atunci când aud cum toți părinții îl laudă pe câștigătorul premiului pentru cel mai bun sportiv, fără să știe

> În general, când vorbești cu copiii tăi despre reputație, printre punctele principale ar trebui să se numere acela că este o idee bună să facă alegeri care îi vor ajuta pe viitor și că este o idee proastă să condamne sau să glorifice pe cineva pe baza unei imagini incomplete.

cum se comportă cu ceilalţi copii când adulţii nu sunt prin preajmă, copiii învaţă că reputaţia este un gen de evaluare destul de superficială.

Când copilul tău vine la tine cu o bârfă este o ocazie bună să vorbeşti despre abilitatea noastră de-a proteja sau de-a strica reputaţia altcuiva. Ajută-l să facă diferenţa dintre persoană şi acţiunile acesteia, adresându-i întrebări precum:

- „Această persoană face adesea astfel de alegeri sau a fost o greşeală neobişnuită?"
- „Pare o decizie proastă. Ce crezi că poate face această persoană ca să evolueze, în loc să rămână blocată?"
- „În ce mod reacţia ta va ajuta sau va împiedica această persoană să treacă peste asta?"
- „Ai toate informaţiile, sau această persoană capătă o reputaţie proastă pe baza zvonurilor şi presupunerilor?"

În general, când vorbeşti cu copiii tăi despre reputaţie, printre punctele principale ar trebui să se numere acela că este o idee bună să facă alegeri care îi vor ajuta pe viitor şi că este o idee proastă să condamne sau să glorifice pe cineva pe baza unei imagini incomplete.

„Decide ce să fii şi fii aşa"

Acesta este un citat din una dintre melodiile mele preferate, "Head Full of Doubt/ Road Full of Promise" [Capul plin de îndoieli/ Drumul plin de promisiuni], de Avett Brothers. E un sentiment potrivit pentru acest capitol, deoarece reprezintă o mantra simplă pentru un subiect complicat. Copiii ar trebui să înţeleagă că o reputaţie nu-ţi va oferi control complet asupra a ceea ce cred oamenii despre tine, dar poate fi un instrument util de folosit pentru a influenţa ce gândesc oamenii. Dacă ai vreodată un moment prietenos şi liniştit cu preadolescentul tău, l-ai putea întreba: „Când oamenii se gândesc la tine, îmi poţi spune trei lucruri despre care speri că le vin în minte?“ Explică-i că nu aştepţi adjective precum *amuzant* sau *atletic*, care să descrie ceea ce poate face, ci trăsături care descriu cine este la un nivel mai profund. Orice trăsături ar alege – de nădejde, de încredere, generos, loial, amabil, deschis la minte –, acestea vor fi temelia pentru el de-a lungul vieţii. Odată ce ştie ce fel de persoană vrea să fie, poate folosi aceste cuvinte drept un etalon care să-l ajute să răspundă situaţiilor dificile ce vor apărea în adolescenţa timpurie.

Problema cu sinceritatea şi reputaţia

Cine a furat fursecul din borcanul cu fursecuri?
Elevul tău de gimnaziu a furat fursecul din borcanul cu fursecuri.

Şi apoi a negat, chiar în faţa ta.

Preadolescenţii sunt mari mincinoşi, iar asta adaugă o altă dimensiune conversaţiei despre reputaţie, deoarece adulţii şi preadolescenţii au, din păcate, opinii diferite despre ce înseamnă o reputaţie bună. De exemplu, adulţii spun adesea că a fi cinstit este un element esenţial în construirea unei reputaţii bune. La urma urmei, este un semn de integritate. Pentru tinerii adolescenţi, integritatea are o definiţie mult mai specifică. Ea se apropie mai mult de loialitatea şi credibilitatea *în rândul colegilor lor* decât de sinceritatea faţă de părinţi. Să spunem că descoperi despre copilul tău că a dormit acasă la cineva şi o persoană l-a provocat să iasă pe geam, să sune la uşa vecinului la ora două dimineaţa şi să fugă. Dacă insişti - fiind o problemă de integritate şi de încredere – să fie cinstit cu tine şi să-ţi spună cine l-a provocat să facă asta, te vei izbi de cu totul alt fel de obstacole. Pentru un preadolescent, integritatea înseamnă *loialitate* cu orice preţ. Pentru tine, integritatea înseamnă *sinceritate* cu orice preţ. Pentru a-ţi răspunde la întrebare, copilul tău va trebui să-şi trădeze valorile ca să răspundă valorilor tale.

Hai să privim mai îndeaproape felul în care „sinceritatea cu orice preţ" poate împiedica o familie să comunice deschis. Potrivit unui studiu realizat de cercetători de la Stanford University, Catholic University of America şi University of Maryland, o mare majoritate (până la 82%) dintre adolescenţi îşi mint părinţii, de obicei cu privire la cel puţin un aspect important. Totuşi, nu toate minciunile au fost create egale. Atunci când părinţii abordează onestitatea drept o obligativitate morală, aceasta se întoarce împotriva lor şi încurajează copiii să coloreze adevărul deoarece nu pot atinge un standard imposibil de ridicat.

Să ştii de ce mint copiii te poate ajuta să afli cum să porţi conversaţii despre sinceritate. Uneori copiii mint ca să-şi apere un prieten sau ca să cruţe sentimentele cuiva. Uneori mint fiindcă regulile părintelui par arbitrare sau nedrepte. Uneori o fac din impulsul de-a se proteja de consecinţe. Adesea este pur şi simplu deoarece copiii cresc şi au o nevoie de intimitate mai profundă şi normală, şi nu vor să le împărtăşească *totul* părinţilor lor. Dacă poţi descoperi cauza pentru care minte copilul tău, puteţi purta conversaţii mai productive și mai analitice, în loc să tot repeți „N-ar trebui să minți niciodată".

Este important că, deși adolescenții înclină să fie de acord că tipurile de minciuni menționate mai sus sunt justificabile, cercetătorii au descoperit că ei înclină și spre a crede că există două tipuri de minciuni față de părinți care nu sunt acceptabile: să mintă pentru a se răzbuna pe părinții care i-au mințit și să mintă ca să vadă cât de mult pot întinde coarda. Altă veste bună: pe măsură ce înaintează în vârstă, adolescenții își mint părinții tot mai puțin dacă aceștia încep să le ofere mai multă libertate și intimitate. Mințitul nu scade în cazul adolescenților ai căror părinți își mențin o abordare rigidă și autoritară în creșterea adolescenților.

Dacă sinceritatea contează cel mai mult pentru tine, evită să-ți pui copilul într-o postură în care ar putea minți ca să scape de un rezultat nedorit. O cale de-a te pregăti pentru succes: nu pune întrebări atunci când știi deja răspunsul.

James, un tată cu care lucrez, era supărat că fiul lui, JJ, își tot lua *fidget spinnerul* la școală, deși profesorul spunea că este interzis. Într-o dimineață, JJ a dat fuga la etaj și, când s-a întors, *fidget spinnerul* îi ieșea din buzunarul de la spate.

– Ce ai în buzunar? a întrebat James.

– Nimic, a răspuns JJ, privindu-și tatăl în ochi.

– Niciun *fidget spinner*?

– Trebuie să plec – o să pierd autobuzul! a strigat JJ în timp ce fugea pe ușă afară.

În aceeași zi, James i-a trimis un e-mail profesorului și a primit confirmarea că JJ fusese prins distrăgând atenția celorlalți băieți din clasă cu *spinnerul* său.

L-am sfătuit pe James să se gândească la o reacție mai directă în loc să se învârtă în jurul cozii și să-i dea lui JJ ocazia să mintă. Data viitoare când JJ a fugit jos în ultima clipă cu obiectul său de contrabandă, James i-a cerut să-și golească buzunarele pe masă ca să vadă ce ia cu el la școală. Apoi a spus: „Știi regulile. Nu poți lua *fidget spinnere* la școală. Îl voi ține pe masă și îl poți duce înapoi în camera ta mai târziu". Problemă rezolvată.

Părinții cu care lucrez se îngrijorează mult când își prind copiii de gimnaziu cu un șir de minciuni. „Oare cresc un sociopat?" Sigur că nu. Aceasta este vârsta la care copiii încep să mintă despre lucruri pentru care ai zice că nu merită să irosești o minciună, precum „M-am spălat deja pe dinți" (nu s-a spălat) și „N-a trebuit să fac tema aia pentru că a venit un suplinitor" (ba trebuia). Dilema este că experimentarea cu lipsa de sinceritate este și o componentă normală a procesului de creștere (pfiu!), *și* o cale către o reputație proastă (of!). Hai să privim cum s-ar putea derula o conversație la tine acasă despre aceste tipuri de minciuni enervante.

Observație: Dat fiind că vorbește în mod direct despre caracterul unui copil, subiectul acesta declanșează repede reacția de apărare. Cea mai bună modalitate de-a o evita este să inițiezi conversația fie ca pe o reflecție asupra unui lucru care s-a întâmplat în urmă cu câteva zile, fie vorbind despre un alt copil. În exemplul de mai jos, părintele a așteptat câteva zile înainte de-a menționa un anume incident.

Pune BAZELE pașnice

Părintele: *Bună! Cum a fost la antrenamentul de înot?*

Copilul: *A fost bine! Azi n-a trebuit să ne antrenăm pe uscat.*

Părintele: *Drăguț! Ai multe teme?*

Copilul: *Nu chiar.*

Părintele: *Aha, grozav. Ai zece minute după cină ca să discuți cu mine niște lucruri referitoare la treburile casei?*

Copilul: *Desigur...*

RELAȚIONEAZĂ cu copilul tău

Părintele: [După cină] *Făceam curat la tine în baie acum câteva zile și am observat că șamponul tău e gol. Presupun că este tot gol, nu?*

Copilul: *Probabil.*

Părintele: *Știu că trebuie să ții minte multe lucruri și poate ai uitat să-mi spui când ai coborât la parter. Ți-e greu să ții socoteala articolelor de toaletă?*

Copilul: *Da, uit mereu.*

Părintele: *Înțeleg.*

INTERVIEVEAZĂ pentru a aduna informații

Părintele: *Ideea este că te-am întrebat dacă te-ai spălat pe păr deoarece nu pare curat și mi-ai răspuns da de fiecare dată. Așadar, ne trebuie un sistem mai bun. Ai idee cum ai putea să-ți amintești să-mi spui când ai nevoie de șampon?*

Copilul: *O să țin minte.*

Părintele: *Păi... asta n-a funcționat. Ce-ar fi să-ți pun o listă de articole necesare pe dulapul din hol și să bifezi când rămâi fără deodorant, pastă de dinți sau șampon?*

Copilul: *Da, ar merge, fiindcă aș vedea-o de fiecare dată când trec pe acolo.*

Părintele: *Grozav! Ai idee de ce m-ai mințit cu șamponul?*

Copilul: *Nu voiam să mă trimiți să fac duș din nou după ce făcusem deja.*

Părintele: *Aha.*

Transmite ECOUL a ceea ce auzi

Părintele: *Deci ai tot uitat să-ți înlocuiești articolele de toaletă și apoi, ca să ascunzi asta, ai mințit că te-ai spălat pe păr ca să nu-ți cer să faci duș din nou.*

Copilul: *Da, îmi pare rău.*

Oferă FEEDBACK

Părintele: *Este în regulă. Nu sunt supărat pe tine c-ai uitat, deoarece știu că ești încă la început cu gestionarea articolelor tale de toaletă. Dar nu sunt încântat de minciună, deși mă ajută să știu de ce ai mințit. Înțelegi cum mi s-a părut minciuna ta?*

Copilul: *Pare un lucru urât.*

Părintele: *Pare un lucru urât. Și asta este problema când spui minciuni mici. De obicei, ele fac lucrurile să pară mai grave decât sunt. Acum, că ești la gimnaziu, ești suficient de mare ca să înceapă să se întâmple două lucruri.*

Numărul unu: Nu voi fi persoana care te obligă să faci duș și să te speli pe cap. Dacă uiți, nu trebuie să mă minți în legătură cu asta. Pur și simplu, vei avea părul gras și vei mirosi urât. La un moment dat, cineva o să-ți atragă atenția la școală sau o să te vorbească pe la spate. Dacă ajungi în punctul în care miroși atât de tare, încât nu mai putem sta în aceeași încăpere, s-ar putea să fiu obligat să fac reguli pentru duș, dar nu vreau să fac asta.

Numărul doi: Ajungi la vârsta la care ești interesat de tot mai multă libertate și vreau să ți-o ofer. Dar… dacă simt că mă minți în legătură cu lucruri mici, atunci mă întreb dacă pot avea încredere în tine cu lucruri mai mari. În acest caz, ai mințit ca să eviți consecința de-a face duș din nou când voiai să te relaxezi. Dar acum ai creat o consecință și mai mare pentru tine, deoarece aş putea avea îndoieli şi pe viitor în privinţa sincerităţii tale.

În ceea ce priveşte şamponul, în general te pricepi să ai grijă de tine. Am încredere că vei urma noul sistem ca să te aprovizionezi cu produsele de care ai nevoie. În ceea ce priveşte micile minciuni, ar trebui să faci o alegere: vrei ca oamenii să aibă încredere în tine şi să ţi se dea mai multe oportunităţi? Dacă da, atunci trebuie să alegi să fii cinstit. Dacă alegi să minţi fiindcă e mai uşor decât să fii sincer, atunci trebuie să accepţi reputaţia pe care ţi-o creezi în jurul acestui lucru.

Acum o să adaug şamponul pe lista de cumpărături. Vrei să încerci vreo marcă sau vreun miros nou?

Gestionarea problemelor mai grave

Să sari peste şampon este una, dar ce ar trebui să facă un părinte dacă descoperă că preadolescentul său a făcut ceva care îi riscă sănătatea mintală sau fizică? În general, filozofia mea este că ar trebui să le oferim copiilor ocazia de a-şi asuma riscuri şi de-a învăţa din ele, până când sau cu excepţia cazului în care fac ceva care devine periculos pentru bunăstarea lor pe termen lung. Dacă afli, de exemplu, că copilul tău aflat în clasa a opta a băut alcool acasă la un prieten şi apoi a vomitat în tot subsolul, trebuie să iei acţiuni ferme. Îmi place această mantra: „Când lumea copilului tău devine prea mare, micşoreaz-o". Este tipul de situaţie care necesită o limitare strictă a libertăţii, în primul rând, şi care beneficiază de pe urma unor conversaţii de calitate, în al doilea rând. În această circumstanţă, aş pleda pentru o pedeapsă memorabilă, inclusiv scuze faţă de toţi cei afectaţi (probabil părintele care a găzduit copiii), urmate de discuţii educative despre efectele alcoolului asupra creierului şi trupului în dezvoltare. Aş lega participarea activă şi de calitate la acest tip de discuţii de comportamentul bun pe care îl poate folosi copilul pentru a-şi recâştiga anumite privilegii pe timpul pedepsei. Capacitatea sa de-a discuta deschis cu tine despre lucrurile dificile este un mod prin care îţi poate recâştiga încrederea. Permite-i să facă asta, fiindu-i un ascultător răbdător şi care nu judecă.

Odată ce ai gestionat problema la tine acasă, vei dori, de asemenea, să te gândeşti şi la managementul reputaţiei. Sfatul meu este să-i acorzi copilului tău acelaşi respect şi intimitate pe care le-ai dori şi tu de la alţii dacă ai face o greşeală. *Nu vorbi despre asta în public.* Poate te-ai gândi să le spui oamenilor ceva care să explice situaţia, să pledezi pentru copilul tău sau să-i repari reputaţia, însă, atunci când spui ceva, nu faci decât să le deschizi celorlalţi uşa invitându-i să comenteze în continuare. Asta nu înseamnă că nu vei avea nevoie sau că nu meriţi o modalitate de-a procesa ce s-a întâmplat, şi este corect să ai un confident sau doi cu care să vorbeşti, dar alege cu înţelepciune oamenii în care ai cea mai mare încredere că vor apăra intimitatea minorului tău. Este povestea copilului tău şi are dreptul s-o discute sau nu cu oameni din afara familiei voastre. Încurajează-l să le-o împărtăşească doar celor în care se încrede cel mai mult şi să discute cu tine *oricând* doreşte să proceseze ce s-a întâmplat. Dacă cineva întreabă despre copilul tău, poţi spune pur şi simplu: „Îţi mulţumesc că te interesezi de noi. A fost dificil, dar învaţă multe din asta şi va fi bine". Dacă insistă, poţi spune: „Am căzut de acord că este povestea lui şi nu vom vorbi despre asta din respect pentru intimitatea sa". Apoi schimbă subiectul.

Dezvoltă o mentalitate de creştere

Nu există un mod perfect de a-ţi educa copiii şi, chiar dacă ar exista, n-ar împiedica un copil să calce strâmb la un moment dat, la gimnaziu sau la liceu. Copilul tău va face greşeli. Copiii mei au făcut greşeli (mari!). Fiecare părinte pe care îl cunosc are copii care fac erori atât minuscule, cât şi îngrozitoare. Să-ţi creşti bine copiii nu înseamnă să-i fereşti de greşeli. Înseamnă să-i înveţi cum să se ridice în picioare şi să meargă mai departe după aceea. Acest lucru va fi mai uşor dacă începi astăzi să vorbeşti despre greşeli ca fiind o componentă a învăţării. Astfel se promovează ceea ce numeşte „mentalitatea de creştere", atunci când o persoană poate vedea o eroare drept o ocazie de-a evolua, nu drept un pas înapoi.

Un copil care face o greşeală în public n-ar trebui să se resemneze cu ideea că are o reputaţie proastă. Ar trebui s-o vadă drept momentul potrivit pentru a lucra puţin la imaginea sa pozitivă. Una dintre cele mai bune lecţii pe care i le poţi da copilului tău atunci când, în mod inevitabil, face o greşeală este cum să ofere scuze sincere. Dacă se uită la ştiri sau intră pe reţelele sociale, copilul tău este deja expus unui val constant de exemple proaste de la politicieni, directori de companii, sportivi şi artişti care oferă scuze menite să le salveze reputaţia şi salariul, însă care îi fac să pară insensibili şi copilăroşi. Copiii au nevoie de exemple mai bune de-atât, care să se bazeze pe o mentalitate a dezvoltării.

O scuză bună nu:

- îi învinuieşte pe alţii pentru că ţi-au interpretat acţiunile greşit;
- îi învinuieşte pe alţii pentru că se simt răniţi sau jigniţi;

- învinuiește circumstanțele că ți-au întunecat judecata;
- irosește cuvinte pentru a convinge oamenii că ești un om bun care doar a făcut o greșeală.

O scuză bună:

- explică ce ai greșit;
- recunoaște pe cine ai rănit și în ce fel;
- spune ce vei face diferit;
- acceptă consecințele.

Cea mai ușoară modalitate prin care preadolescentul tău învață această aptitudine valoroasă este să te privească pe tine când îi arăți cum se face. Nu trebuie să aștepți o greșeală colosală pentru a-l învăța asta. Dacă faci o glumă despre vestimentația copilului tău și îi rănești sentimentele, arată-i cum funcționează o scuză sinceră (chiar dacă *tot* nu-ți place tricoul jerpelit pe care a vrut să-l poate la banchetul de după premiere).

Pozele nud: clădesc sau distrug reputația

Dacă ar trebui să scot un iepure metaforic dintr-o pălărie, trucul meu magic ar fi să stau în fața unei săli pline de părinți cu copii de școală primară și de gimnaziu și să separ cele două grupuri adresându-le o întrebare simplă. (Și nu, întrebarea nu ar putea fi „În ce clasă sunt copiii voștri?") În fața a o sută de părinți din încăpere, împărțiți în jumătate, cincizeci de părinți cu copii de școală primară și cincizeci de părinți cu copii de gimnaziu, aș întreba: „Cine vrea să vorbească despre copiii care trimit poze nud?" Părinții copiilor de școală primară și-ar aduna lucrurile și s-ar ridica să plece în grabă.

Părinții copiilor de gimnaziu s-ar uita la mine de parcă ar zice „Da, hai să vorbim despre asta".

Este dificil să găsești informații actuale și corecte despre preponderența adolescenților care trimit poze nud sau semi-nud. Dat fiind că este un fenomen relativ recent, care se bazează pe declarații personale, nu există încă multe cercetări fiabile. Dar, în cultura pop, copiii aud *mult* despre mesaje sexuale și trimiterea de poze nud. Miniserialul foarte popular, deși controversat, *Cele treisprezece motive* de pe Netflix explorează consecințele tragice ale împărtășirii unei fotografii private, iar filmul despre maturizare *Clasa a opta*, foarte apreciat de critici, a abordat cu sinceritate presiunea pe care o simt fetele de-a trimite poze pentru ca băieții să le placă. Chiar și serialele de comedie de familie prezintă ușurința cu care oamenii trimit poze nud în zilele noastre. Indiferent dacă sunt trimise mai frecvent de adulți sau de copii, aceștia din urmă primesc mesajul că este o componentă a maturizării. Mai mult decât atât, în viața reală, copiii văd cum vedetele nu numai că își revin după ce li se publică poze private, ci devin și mai faimoase după „scandal".

Un studiu din 2018 al *Jurnalului Asociației Medicale Americane de Pediatrie* a descoperit că 14,8% dintre adolescenții americani trimit mesaje cu tentă sexuală și 27,4% le primesc. Fie că ți se pare mult sau puțin, preadolescenții și adolescenții cu care lucrez îmi spun că „toată lumea face asta". Părinții par și ei să creadă că numărul real este mult mai mare decât ceea ce se raportează, pe baza comunicărilor făcute de administratorii școlilor lor. În grupul meu online de parenting, majoritatea părinților sunt de acord cu o mamă care a postat recent: „Întrebarea nu este *dacă* unei fete i se va cere să trimită poze nud la gimnaziu. Întrebarea este când". Fără a avea metode eficace de-a culege informaţii, putem folosi statistica *Jurnalului Asociaţiei Medicale Americane de Pediatrie* drept punct de plecare, dar ştim că procentele sunt probabil mai ridicate. Iarăşi, asta nu înseamnă că toţi fac acest lucru, însă este cu siguranţă o componentă a mediului acestor copii atât de tineri.

Băieţii nu sunt singurii care cer poze şi fetele nu sunt singurele care trimit, însă tendinţa este în această direcţie. Am vorbit cu mulţi părinţi care spun că fiicele lor au fost presate atât de tare, încât în final au cedat doar ca să pună capăt presiunii. Într-un caz în care cunoşteam persoanele implicate, băiatul care a implorat să primească o primă poză a folosit-o apoi pentru a şantaja fata să-i trimită mai multe, o întorsătură neaşteptată pentru fata în cauză. Unii băieţi cer poze nud drept modalitate de a-şi clădi reputaţia ca fiind experimentaţi, puternici, maturi şi masculini. Fetele ar putea spune DA pentru a-şi clădi reputaţia ca fiind dezirabile, plăcute şi populare.

Fie că trimiţi sau primeşti, să fii implicat în poze nud îţi va afecta cu siguranţă reputaţia, dacă se află. Am văzut atât colegi de clasă, cât şi părinţi acuzându-i pe copiii care fac asta. Odată expuşi, copiii sunt adesea nevoiţi să se mute la altă şcoală şi să spere că zvonurile nu-i vor urma. Dacă vrei să le spui copiilor tăi o poveste care ilustrează felul în care ostracizarea cuiva se poate termina tragic, caut-o pe internet pe Amanda Todd, care a făcut un filmuleţ pe YouTube folosind cartonaşe pentru a-şi spune povestea groaznică despre cum a fost şantajată să trimită o poză la bustul gol în clasa a şaptea. Mai târziu s-a sinucis. Mă doare sufletul pentru familia ei şi sper că povestea sa va determina oamenii să trateze cu compasiune copiii care fac această greşeală.

Le recomand tuturor părinţilor să discute cu copiii lor despre această tendinţă cu mult timp înainte de liceu, ideal la începutul gimnaziului. Această conversaţie este una potrivită pentru când vă aflaţi în maşină sau când vă uitaţi la televizor, deoarece copiilor le este greu să vorbească despre acest subiect făcând contact vizual. Iată cum s-ar putea derula:

Pune BAZELE paşnice

Părintele: *Acum, că ești la gimnaziu, mi-am dat seama că unul dintre lucrurile despre care ar trebui să vorbim este despre copiii care cer și trimit poze indecente.*

Copilul: *O, doamne!* [Copilul își ascunde capul în cea mai apropiată pătură.]

Părintele: *Stai liniștit, nu va fi o prelegere. Dar nu mi-aș face treaba dacă nu aș vorbi cu tine despre câteva lucruri. Nu va dura mult, dar poţi reveni la mine ca să-mi pui întrebări sau să mai vorbim despre asta dacă vrei, vreodată.*

Copilul: [Tace mâlc.]

RELAȚIONEAZĂ cu copilul tău

Părintele: *Voi trece direct la subiect. Primul lucru pe care vreau să-l spun este că nu abordez acest subiect deoarece cred că ai făcut sau că vei face ceva. Îl menţionez deoarece, statistic vorbind, există o probabilitate mare ca unui copil de gimnaziu să i se ceară o poză nud și ar trebui să fii pregătit pentru asta din timp. Știu cât de greu este să refuzi pe cineva atunci când te ia pe nepregătite, așa că vreau să mă asigur că te-ai gândit la asta.*

Copilul: *E cel mai rău lucru.*

Părintele: *Ai răbdare.*

INTERVIEVEAZĂ ca să aduni informații

[Copilul ţi-a oferit un feedback clar că nu este dispus să poarte această discuţie, aşa că aş sări peste interviu şi aş trece direct la ceea ce vrei să-i spui.]

Părintele: *Nu te voi întreba ce știi sau ce crezi despre această problemă, deoarece știu că este una sensibilă. Voi trece direct la subiect.*

Copilul: *Uf, putem să terminăm odată?*

Transmite ECOUL a ceea ce auzi

Părintele: *În curând! Știu că te simți stânjenit și promit să nu mă lungesc.*

Oferă FEEDBACK

Părintele: *Iată ce vreau să știi despre acest subiect. Nu este greșit să ai curiozități despre cum arată oamenii. Însă nimeni de vârsta ta nu ar trebui să-i ceară vreodată cuiva să-i trimită o poză nud. Știu că este un lucru aproape obișnuit acum și ar putea părea normal. Am văzut asta la televizor sau în filme. Însă acele povești urmează un scenariu în care totul merge după cum planifică scriitorul. În viața reală apar lucruri neașteptate. Vreau să mă asigur că ai aflat de la mine în ce fel poate să iasă prost.*

Gândește-te cât este de dificil să ții un secret. Persoana în care ai încredere și căreia îi trimiți fotografia ar putea să i-o arate unei singure persoane. *Așa cum tu crezi că poți avea încredere în omul acela, și el crede că poate avea încredere în prietenul lui. Dacă toată lumea are încredere într-o singură persoană căreia îi trimite poza, în curând aceasta devine publică și o văd mulți oameni.*

O altă chestiune este răzbunarea. Poate nu crezi că este posibil, dar oamenii se schimbă, mai ales la această vârstă. O persoană în care ai încredere acum se poate schimba complet peste șase luni. Nu merită riscul să-ți poată utiliza fotografia ca să te facă de râs sau ca să te rănească dacă vă despărțiți.

Mulţi părinţi verifică telefoanele copiilor sau le monitorizează reţelele sociale. Chiar dacă tu crezi că imaginea pe care o trimiţi pe Snapchat va dispărea, ea rămâne totuşi stocată undeva şi poate fi salvată printr-o copie de ecran. Aceştia le pot povesti altor părinţi despre ce ai făcut. Veştile circulă repede şi poţi ajunge să te simţi izolat.

Apoi există şantajul. Odată ce trimiţi o fotografie, persoana care a primit-o o poate folosi ca să te forţeze să-i trimiţi mai multe. Uneori oamenii spun: „Dacă nu-mi trimiţi mai multe, le trimit şi altora poza asta". Poate că tu crezi că persoana căreia i-ai trimis-o nu ar face niciodată asta, însă, dacă îşi pierde telefonul sau dacă unul dintre „prietenii" săi pune mâna pe o copie, o poate folosi ca să te preseze.

Îţi recomand să te gândeşti la ce vei spune dacă cineva îţi cere asta. Am văzut online multe răspunsuri comice, aşa că putem căuta modalităţi de a răspunde cu umor dacă vrei. Doar să fii pregătit în cazul în care ţi se întâmplă ţie sau unui prieten.

Aş vrea, de asemenea, să ştii că oamenii care cer poze sunt la baza problemei. Nimeni nu ar trebui să preseze pe altcineva în acest fel. Oamenii învinuiesc adesea persoana care a trimis poza mai mult decât pe persoana care a cerut-o, iar acest lucru nu este corect. Şi nu împărtăşi niciodată cu alţii o fotografie pe care ţi-o trimite cineva. Dacă primeşti vreuna, şterge-o imediat.

În final, dacă ştii pe cineva care suferă pentru că a făcut această greşeală, nu-i îngreuna situaţia. Nu-l trata de parcă ar fi bolnav şi contagios. Toată lumea face greşeli şi toată lumea merită şansa să-şi revină.

În regulă, sper că vezi că poţi avea încredere în mine ca să-mi vorbeşti despre subiectul ăsta, chiar dacă e bizar şi complicat.

Am terminat! Ești liber! Îți mulțumesc că m-ai ascultat. Acum mă duc să ud grădina.

Dacă poți, încearcă să găsești timp și loc pentru a mai sublinia o dată că este complet normal să fie curios să vadă poze nud la această vârstă. Nu spui că este greșit să fie interesat, ci doar că prea multe lucruri pot și vor merge prost. Fiindcă veni vorba, oamenii sunt mereu curioși înainte de a fi pregătiți pentru lucrurile care le stârnesc curiozitatea. Chiar dacă sunt curioasă cum este în spațiu, nu am competența să mă duc acolo! În acest sens, spune clar că e greșit dacă prietenii sau colegul de clasă îți presează copilul să ceară cuiva poze nud. Copilul tău poate presupune că oamenii care fac asta vor să pară cool sau să scape ei înșiși de presiunea de-a trimite poze convingând pe altcineva. Un răspuns adecvat presiunii colegilor ar fi „Nu". Doar de atât este nevoie. Sau, dacă poate face o glumă: „Da, sigur, vrei să jefuiesc și o bancă și să-ți aduc banii?"

Sabotorii conversației

„Este suficientă o singură decizie proastă pentru a distruge o reputație." În acest caz, la ce bun să te mai străduiești? Copiii trebuie să înțeleagă că o greșeală comisă nu face persoana respectivă să fie rea. O reputație bună poate fi construită în funcție de cât de bine îți revii după greșeli.

„Sinceritatea este mereu politica cea mai bună." Mătușa ta de nouăzeci și patru de ani, Elmira, vrea să știe ce crezi despre bluza pe care ți-a făcut-o. Știi tu, cea care îl are pe piept pe președintele ei preferat, cel care ție nu-ți place. Este sinceritatea cea mai bună politică în acest caz? Ajuns la gimnaziu, copilul tău este suficient de mare cât să aprecieze nuanțele sincerității. În loc să insiști pe clișee, vorbește despre cât de complicată poate fi ideea de sinceritate.

„Poți fi condamnat pentru pornografie infantilă și trimis la închisoare!“ Pe subiectul nudurilor, acesta este avertismentul dat de mulți părinți. (Chiar și în afara acestui subiect, aud adesea părinții cum se sfătuiesc între ei să-și sperie copiii cu scenariul cel mai grav, ca să nu intre în belele.) Nu sunt împotriva ideii de a speria copiii ca să nu facă greșeli grave, însă acest lucru nu sperie cu adevărat preadolescenții, deoarece nu sună plauzibil. Majoritatea elevilor de gimnaziu mai mici au auzit măcar despre alți copii care trimit poze nud, iar cei mai mari cunosc copii care au făcut asta. Cel mai probabil, niciunul dintre acești copii nu a fost condamnat pentru pornografie infantilă. O consecință mai realistă (și mai înspăimântătoare) decât închisoarea este ostracizarea socială. Vorbește despre cum trimiterea de poze nud se poate întoarce împotriva expeditorului atunci când colegii află și îl ridiculizează sau îl marginalizează. De asemenea, nu uita că este un subiect jenant și vulnerabil. Am văzut prea multe știri la nivel național despre copii care s-au sinucis după ce adulții au aflat că trimiteau mesaje cu tentă sexuală, mai ales când adulții îi amenințau cu o acțiune legală care le putea „distruge viețile“. Fii atent dacă ești sau nu prea dur. Adulții au tendința să bazeze aceste conversații pe rușine, jenă și încălcarea legii, când vorbim, de fapt, despre ființe tinere și fragile care încearcă să afle cine le place, cum se integrează și cum îi face să se simtă sexul – lucruri care sunt foarte, foarte normale.

Te grăbeşti? Iată cursul tău rapid

- Adulţii trimit mesaje confuze despre când și dacă ar trebui să le pese copiilor de cea ce cred alţii despre ei. Încurcăm copiii și atunci când spunem că durează mult timp să-ţi clădești o reputaţie bună și că o poţi strica într-o clipă.
- Clădirea unei reputaţii poate fi un concept dificil pentru preadolescenţi, care au o perspectivă axată pe prezent asupra timpului.
- Bârfa are un efect uriaș asupra reputaţiei și este important felul în care răspund adulţii la bârfă. Adresează-le copiilor întrebări pentru a te asigura că iau în calcul imaginea de ansamblu și caracterul complet al unei persoane, în loc să se concentreze asupra unei greșeli.
- Copiii mint din multe motive și nu toate motivele sunt create egale. Să minţi pentru a proteja un prieten sau pentru a cruţa sentimentele cuiva, de exemplu, este diferit de a minţi pentru a face rău cuiva.
- Pe măsură ce se bucură de mai multă libertate și intimitate, adolescenţii mint mai puţin.
- Protejează reputaţia copilului tău ţinându-i secrete greșelile private. Nu împărtăși detaliile fără permisiunea lui.
- Învaţă componentele scuzelor bune și ale celor rele. Exersează oferirea de scuze bune în faţa preadolescentului tău.

Realizarea, trimiterea și primirea de poze nud fac parte acum din experienţa adolescentină modernă. Nu pentru toţi adolescenţii, dar pentru suficienţi încât să merite o conversaţie separată cu privire la reputaţie. Ai grijă ca vorbele tale să nu sune prea dur şi condu mereu discuţia cu empatie. Da, pozele nud pot distruge reputaţia, dar într-o măsură mai mică dacă înţelegem că în centrul acestor scandaluri sunt fiinţe tinere şi fragile, care încearcă să navigheze printre sentimente noi într-un mediu nou.

CAPITOLUL

16

Cum să vorbeşti despre impulsivitate

În acest capitol vei afla de ce impulsivitatea nu este neapărat un lucru rău când vine vorba de adolescenți, care sunt cele două modalități mai des întâlnite prin care impulsivitatea se face văzută în comportamentul adolescenților, cum să reacționezi la comportamentul impulsiv – chiar şi periculos – într-un mod care să nu-i sporească efectele şi cum să vorbeşti cu copilul tău despre comportamentul său impulsiv într-un mod care să încurajeze mai multă gândire critică neînsoțită de ruşine, sau, în cazul în care copilul tău nu este dispus să-şi asume riscuri, cum să-i încurajezi spontaneitatea.

Filmul *We Bought a Zoo* [*Am cumpărat o grădină zoologică*], bazat pe biografia lui Benjamin Mee, povesteşte cum a gestionat acesta împreună cu copiii lui pierderea soţiei, mama copiilor, în lupta cu cancerul. (Spoiler: au cumpărat o grădină zoologică.) Este un film grozav şi, spre deosebire de nenumărate filme de familie pe care le-am uitat la scurt timp după generic, pe acesta l-am reţinut. Am apreciat toate modalitățile prin care personajul lui Mee, jucat de Matt Damon, le-a arătat copiilor săi că viața se bazează pe un oarecare nivel de impulsivitate pentru a-ți aduce satisfacții. Povestind cum a invitat-o pe mama lor la prima întâlnire, Mee spune: „Știi, uneori n-ai nevoie decât de douăzeci de secunde de curaj nebunesc, efectiv douăzeci de secunde de bravură jenantă, și vă asigur că va ieși ceva extraordinar din asta". Mesajul îi viza pe copii, atât în film, cât și la mine pe canapea, dar am încercat să internalizez și eu discuția de încurajare.

Sunt o persoană care are nevoie de multă încurajare când vine vorba să fie impulsivă. La scurt timp după ce am început să ies cu soțul meu, Travis, mergeam cu mașina într-o seară prin centrul orașului Charlotte, în Carolina de Nord, când o mașină a tăiat strada, a traversat piața înclinată pe o parte și a ajuns pe treptele unei clădiri de birouri, oprindu-se doar când parbrizul s-a lovit de balustrada de metal a scării. Travis a oprit mașina imediat, a lăsat-o în modul parcare și a fugit pe trepte, după cealaltă mașină. Ajuns primul la scenă, a verificat starea șoferului și a sunat la urgențe. În timp ce eu... mă uitam. Înghețată în mașină. Ce a făcut el a fost eroic. Și impulsiv. Aceste două trăsături au o relație de simbioză minunată și mă simt recunoscătoare că există oameni în lumea asta care le întrupează.

Spre deosebire de soțul meu, eu am un handicap de impulsivitate. Mă gândesc prea mult la majoritatea lucrurilor. Ceea ce e excelent când găsesc o soluție creativă pentru o problemă care nu-mi dă pace. Mă ajută atunci când mă pregătesc de o prezentare. E enervant când ceva simplu, cum ar fi să cumpăr online o pereche de pantaloni eleganți, durează câteva săptămâni, în care vizitez mereu aceleași site-uri. Și nu este niciodată folositor într-o criză.

Soțul meu, după cum știți acum, este uimitor în situații de criză. Este, de asemenea, cel mai amuzant într-o vacanță în familie. Dar nu se descurcă la fel de bine cu listele de activități prestabilite pentru weekend. „Mai bine hai să lăsăm totul baltă și să mergem în drumeție!" va spune el. Iar eu îi voi reaminti că nu putem (la urma urmei, avem o listă cu lucruri de făcut). Din fericire, împreună am stabilit un echilibru destul de bun. El așteaptă suficient timp cât pregătesc eu o listă solidă cu lucruri de luat cu noi și cât cumpăr gustări pentru mașină, iar eu sunt de acord că spălatul rufelor poate aștepta până ne întoarcem acasă. Uneori mă salvează eroic și impulsiv de la gândirea excesivă. Și uneori îl salvez eu, cu grijă și cu răbdare, de la a fi complet nepregătit. Avem nevoie și ne bucurăm fiecare de echilibrul celuilalt. Iată din nou acea simbioză minunată.

Ideea este că avem cu toții nevoie de o anumită cantitate de impulsivitate, dar și de cumpătare, iar o parte din procesul de creștere este să-ți dai seama cât îți trebuie din fiecare. Specialiștii în dezvoltarea adolescenților vorbesc adesea despre natura impulsivă a creierului adolescent, fapt care îi face pe mulți părinți să se îngrijoreze de multitudinea de feluri în care pot da de bucluc adolescenții lor. Te rog să nu te lași descurajat de această explicație a dezvoltării creierului și în schimb să cauți ocazii de-a vorbi cu preadolescentul tău despre *cum* să ia decizii. Te oprești și respiri adânc mai întâi? Te consulți cu cineva experimentat? Faci o listă cu argumente pro și contra? Uneori, în cazul unui accident de mașină, de exemplu, e grozav să ai instincte rapide. Alteori, dacă nu ai fost învățat cum să faci alegeri chibzuite într-un mod clar și practic, nu este. Pe măsură ce explorezi modalități de-a vorbi cu copilul tău de gimnaziu despre acest subiect, ține minte că scopul este să înțelegi mai bine ce îţi motivează copilul şi să-l încurajezi să se gândească la ce situaţii necesită cumpătare şi gândire prealabilă şi ce situaţii au nevoie de spontaneitate şi curaj.

Impulsivitatea!

„Foloseşti mereu acest cuvânt. Nu cred că înseamnă ceea ce crezi tu că înseamnă."

Ţii minte când Inigo Montoya, jucat de un tânăr şi incredibil de frumos Mandy Patinkin în *File de poveste*, pune la îndoială ce înţelege Vizzini prin propria sa replică, „De neconceput!"? Mă gândesc la această scenă emblematică de fiecare dată când observ o separare în comunicarea părinte-copil. Aproape întotdeauna este cauzată de o *confuzie de vocabular*.

Avem toleranţe diferite la ceea ce reprezintă comportamentul impulsiv şi, ca atare, o înţelegere neclară a ce înseamnă cu adevărat *impulsivitatea*. Hai să începem prin a ajunge la un numitor comun cu privire la funcţia şi forma impulsivităţii în viaţa unui adolescent.

Impulsivitatea nu înseamnă pur şi simplu să acţionezi fără să gândeşti. Mai exact, este „o formă de proces decizional care este foarte sensibilă la impulsurile imediate, fără a lua suficient în considerare consecinţele".

> Impulsivitatea nu înseamnă pur şi simplu să acţionezi fără să gândeşti. Mai exact, este „o formă de proces decizional care este foarte sensibilă la impulsurile imediate, fără a lua suficient în considerare consecinţele." Gândeşte-te la asta. Impulsivitatea nu este lipsa unui proces decizional. Este un gen de luare de decizii.

Gândește-te la asta. Impulsivitatea nu este lipsa unui proces decizional. Este un gen de luare de decizii.

Ceea ce contează nu este dacă copilul tău este spontan sau chibzuit, ci ca el să învețe, cu timpul, să-și gestioneze procesul decizional într-un fel care funcționează pentru el *și* pentru oamenii cu care are relații importante. Încearcă să te gândești la impulsivitate ca nefiind în mod intrinsec nici bună, nici rea. Preadolescentul tău va lua nenumărate decizii zilnic, în nenumărate contexte complicate, ceea ce înseamnă că relația sa cu impulsivitatea se va construi pe parcursul unui proces de învățare lung și încet, care te va scoate din minți, inevitabil. Atunci când preadolescentul tău îți toarnă tot uleiul esențial, foarte la modă și abia cumpărat, într-o baie cu spumă fără să te întrebe (serios?!), când îi dă altcuiva geaca nouă pe care tocmai i-ai cumpărat-o (ce naiba?!) sau când trimite invitații la o petrecere pentru un prieten cu treizeci de copii la tine acasă, fără să te întrebe (#$@&%*!), o să-ți vină să țipi, să-ți torni o băutură puternică, să-ți smulgi părul din cap sau poate toate cele de mai sus. Dacă niciuna – sau toate astea împreună – nu ajută, îți recomand să creezi o legătură strânsă cu cea mai la îndemână aplicație de meditații, cu un prieten empatic sau cu un terapeut care să te ajute să gestionezi un copil ale cărui alegeri te scot din minți. (Nu spun că băutura ta preferată sau țipatul în pernă nu sunt uneori modalități bune de-a te descărca. Dar, dacă ai nevoie de mai mult, nu-ți nega acest sprijin.) Și ține minte că aceste comportamente nebunești (enervante) probabil că nu reflectă adultul care va deveni copilul tău. Gestionează-le adecvat, învățându-ți copilul ce ar fi trebuit să facă și stabilind consecințe rezonabile și corespunzătoare, dar nu te îngrijora prea tare pentru capacitatea copilului tău de-a lua decizii bune pe termen mai lung.

Impulsivitatea ne ia prin surprindere, însă te poţi pregăti puţin înţelegând cum şi când este cel mai probabil să apară în timpul adolescenţei. Cel mai recent studiu despre comportamentul impulsiv la adolescenţi oferă clarificări despre două tipuri de impulsivitate şi despre vârsta la care impulsivitatea atinge cote maxime şi cea la care scade.

Ar trebui să te familiarizezi cu aceste două tipuri de impulsivitate:

1. cea provocată de incapacitatea de-a amâna satisfacţia;

2. cea care vine din impulsul de-a încerca lucruri noi.

Să ştii că primul tip, comportamentul impulsiv care îţi determină elevul de gimnaziu să aleagă satisfacţia imediată, deşi mai redusă, în loc să aştepte o recompensă mai consistentă mai târziu, scade, de fapt, în mod constant de-a lungul adolescenţei. Părinţii care se simt frecvent deznădăjduiţi deoarece preadolescentul amână învăţatul ca să joace jocuri video sau imploră să fie dus cu maşina la magazin de fiecare dată când are o bancnotă de cinci dolari care îi face gaură în buzunar ar trebui să-şi aducă aminte că, precum tunsoarea „flock of seagulls“ [stol de pescăruşi] pe care ai insistat să ţi-o faci în clasa a opta, şi acestea vor fi depăşite.

Diferit de nevoia de satisfacţie imediată, dar totuşi un motiv important pentru care adolescenţii iau decizii pripite şi iraţionale, este impulsul de-a căuta senzaţii intense, care nu scade pe măsură ce cresc adolescenţii, ci atinge apogeul la şaisprezece ani pentru fete şi la nouăsprezece ani pentru băieţi. Cu alte cuvinte, nevoia de satisfacţie imediată scade treptat în rândul adolescenţilor pe măsură ce aceştia cresc, însă „nevoia de viteză“ sau cel puţin de întâlniri noi şi incitante nu scade.

Căutarea de senzaţii, un termen introdus în anii '60 de profesorul de psihologie şi cercetătorul dr. Marvin Zuckerman, se referă la cantitatea de stimulare de care are nevoie o persoană pentru experienţe noi. În anii '90, scara căutării de senzaţii a fost modificată pentru a reflecta o descriere mai corectă a căutării de senzaţii în rândul copiilor şi adolescenţilor. Cercetări noi arată că procesul decizional al preadolescenţilor este condus în mare măsură de nevoia de-a acumula experienţe noi. Are logică, dat fiind că experienţele inedite îi vor ajuta pe adolescenţi să obţină cunoştinţe noi şi să-şi dezvolte şi să exerseze abilităţi noi, având nevoie de toate acestea pentru a deveni adulţi de succes. Creierul susţine acest lucru, trimiţând un val de dopamină atunci când experimentează ceva nou. Dopamina guvernează dezvoltarea cortexului prefrontal, acea parte a creierului care face toate lucrurile la care vrei să se priceapă copilul tău, cum ar fi analiza riscului, rezolvarea de probleme şi gândirea critică. Aşadar, ideea că ar trebui să ne protejăm copiii de experimentarea de lucruri noi deoarece creierul lor nu este pregătit şi creează o situaţie paradoxală. Tinerii adolescenţi *au nevoie* de mai multe experienţe pentru a le face creierul mai capabil să gestioneze experienţele noi.

Atunci când înţelegi că procesul decizional impulsiv este adesea un răspuns la unul din două lucruri, fie incapacitatea de-a amâna satisfacţia, fie dorinţa de-a căuta senzaţii noi, poţi vizualiza traiectoria pe care fiecare o urmează de-a lungul adolescenţei şi îţi poţi adapta aşteptările în funcţie de vârsta şi stadiul lor, iar conversaţia, în funcţie de motivaţia lor. Copiii se descurcă mai bine atunci când înţeleg ce le determină comportamentul. Este jenant să faci lucruri care îi supără pe alţi oameni şi nici măcar să nu ştii de ce le-ai făcut.

Dacă îi explici copilului tău ambele tipuri de impulsivitate, îl poți ajuta să înțeleagă ce îl face să funcționeze. Apoi poți folosi acest lucru drept o modalitate de a discuta despre ce ar putea face diferit data viitoare.

Am trecut cu toții prin asta

În timp ce te gândești la consecințele alegerilor proaste ale copilului tău, fii conștient de modul în care vinovăția și rușinea se pot amesteca, la începutul adolescenței, cu impulsivitatea și cu asumarea de riscuri. Psihologii descriu adesea diferența dintre vinovăție și rușine astfel: *Vinovăția este sentimentul că* ai făcut *ceva rău. Rușinea este sentimentul că* ești *ceva rău.* Vinovăția ne ajută să devenim mai buni, în timp ce rușinea paralizează dezvoltarea.

Acum ar fi un moment bun să te întorci la gimnaziu. Ia o pauză și amintește-ți când ai făcut ceva prostesc, periculos sau care nu-ți stătea în fire. Majoritatea dintre noi încă mai ținem minte greșelile pe care le-am făcut la gimnaziu. Deciziile impulsive pe care le-am luat când eram tineri sunt adesea strâns legate de regret și de alte emoții inconfortabile, iar acest tip de amintiri – cele în care ne-am simțit prost – se șterg mai greu decât amintirile fericite.

Le-am adresat părinților din grupul meu online de parenting aceeași întrebare pe care ți-am adresat-o ție. Răspunsurile au fost rapide, detaliate și introspective. Au acoperit o gamă întreagă de experiențe, de la cele amuzante („Cea care îmi vine în minte este cea pe care mama *încă* o mai menționează, deoarece eu și frații mei făceam asta tot timpul – ne turnam un pahar uriaș de lapte, doar ca să luăm câteva guri și să-l lăsăm pe masă neatins. Țipa la noi că irosim laptele. Am făcut-o de un milion de ori, neputând să mă opresc și să mă gândesc cât lapte voiam de fapt.“) la cele dureroase („Eram în clasa a opta la o mică școală privată și eram hărțuită de o fată voinică, populară și foarte răutăcioasă. M-am dus în baie cu un marker și am început să scriu «O urăsc pe____________». O prietenă de-a ei a intrat în baie și m-a descoperit înainte să-i scriu numele de familie (probabil că nu închisesem ușa toaletei?) și am mințit despre cine scriam. Am spus din impuls numele unei fete cu același prenume, care îmi plăcea de fapt. Am intrat în belele din această cauză și a trebuit să-mi cer scuze de la fata care îmi plăcea. Și acum mă mai simt vinovată pentru asta“). Sau la cele care sfidează moartea („Eram plictisiți, eu și câțiva copii din cartier. Am inventat un joc în care stăteam în cerc pe asfalt, rupeam firul petardelor și le aruncam, una câte una, în cerc. Nu știai niciodată în ce direcție se va îndrepta și sperai că va trece printre două persoane și că nu te va lovi pe parcurs“).

M-a emoționat foarte tare un părinte care a povestit despre cum a încălcat o regulă importantă la școală și și-a încheiat mărturisirea cu: „A fost umilitor și puțin incitant, și n-am mai povestit nimănui despre asta până acum!“

Astfel de povești împărtășite ne reamintesc că o gamă completă de impulsivități este o componentă universală a procesului de creștere și că această parte normală din a fi preadolescent n-ar trebui să te umple de o îngrijorare disproporționată pentru copilul tău. Toți părinții care au spus povești în grupul meu au crescut cu bine și au devenit adulți responsabili. Chiar și copilul cu petardele, care este acum, din întâmplare, polițist.

Felul în care reacționezi contează

Atunci când descoperi că preadolescentul tău a luat o decizie proastă, fie că și-a turnat prea mult lapte sau că a desenat baia cu graffiti, controlează-te înainte de-a reacționa. (Dacă dai peste artificii care pot fi folosite drept armă, simte-te liber să-ți pierzi mințile pentru o clipă.) Însă, în cazul în care copilul tău nu este în pericol iminent, imaginează-ți că ai iarăși doisprezece ani și gândește-te cum ar fi reacționat față de tine un părinte, un profesor sau un antrenor. Ce ar fi funcționat și ce ar fi avut efectul contrar? Cum îți poți ajuta copilul să învețe din experiența sa, în loc să se închidă? Cum îi poți lăsa vinovăția să lucreze *pentru* el, în loc să-l faci să simtă rușine, care va lucra *împotriva* lui?

Iată câteva fraze care să te ajute să începi o conversație care va încuraja reflecția:

- Așadar, s-a întâmplat ceva neașteptat. Ce crezi că ar trebui să urmeze?
- Ce ai face diferit data viitoare?
- E ceva ce ai *făcut*, nu ceea ce *ești*.
- Acțiunile tale vor avea mereu consecințe. Consecințele nu îți spun că ești o persoană rea. Îți spun doar că ești om. Ar trebui să le folosești ca să te gândești dacă trebuie să acționezi diferit data viitoare.
- Văd că te simți prost. Dacă aș putea spune ceva care să te facă să te simți mai bine acum, pe loc, ce ar fi? Ai putea să-ți spui singur asta? Există altcineva în această situație care ar trebui să te-audă spunându-i acest lucru?

- Dacă ar trebui să ghicești, ai spune că s-a întâmplat fiindcă nu te-ai oprit să te gândești, sau fiindcă ți-ai dorit cu adevărat să faci asta? (Acesta este un mod de-a vorbi despre diferența dintre incapacitatea de-a amâna satisfacția și impulsul către căutarea de senzații/experiențe noi.)

Ieşirile impulsive

Dacă ai mai mulți copii, ai fost cu siguranță martor la nenumărate dispute între ei, care duc inevitabil la ieșiri impulsive. Hai să privim cum s-ar derula o conversație despre ieșirile impulsive.

Pune BAZELE paşnice

Părintele: *Ai un minut? V-am auzit pe tine și pe Caleb certându-vă mai devreme.*

Copilul: *Trebuie să vorbești cu el, nu cu mine! A fost vina lui!*

Părintele: *În regulă, da. Intenționez să vorbesc și cu el. Dar mai întâi vorbim tu și cu mine.*

RELAȚIONEAZĂ cu copilul tău

Părintele: *Uite, știu că te calcă pe nervi uneori.*

Copilul: *Uneori?*

Părintele: *Ai dreptul la toate sentimentele pe care ți le trezește faptul de-a avea un frate. Să faci parte dintr-o familie este dificil uneori și cu toții înțelegem cum este să simți că nu ai spațiu.*

INTERVIEVEAZĂ pentru a aduna informații

Părintele: *Vasăzică, în dimineața asta, când v-am auzit pe amândoi, părea ceva mai grav decât o ciondăneală obișnuită. Am crezut că aud o bufnitură puternică… așa a fost?*

Copilul: *Păi, nu mă lăsa să intru în baie și întârziam la școală. Stătea acolo o mulțime de timp fără motiv.*

Părintele: *Cum de ați ajuns la țipete?*

Copilul: *I-am spus că trebuie să se grăbească și m-a făcut idiot și s-a mișcat și mai încet, în mod intenționat.*

Părintele: *Și bufnitura?*

Copilul: [Pauză] *Mi-am trântit geanta cu cărți în ușă fiindcă nu asculta.*

Părintele: *A funcționat?*

Copilul: *Ce să funcționeze?*

Părintele: *Aruncatul genții? S-a grăbit după aceea?*

Copilul: *Nu. Dar m-a făcut să mă simt mai bine.*

Transmite ECOUL a ceea ce auzi

Părintele: *Deci frustrarea ta principală este că Caleb stă prea mult în baie și te face să întârzii.*

Copilul: *Și că se mișcă intenționat mai încet când îl rog frumos să se grăbească.*

Părintele: *E frustrant. Ai spus că te-a făcut să te simți mai bine când ai aruncat cu geanta, dar pare că cel mai bine ar fi să nu trebuiască să aștepți deloc la baie.*

Copilul: *Mi-aș dori să am propria mea baie!*

Oferă FEEDBACK

Părintele: *Știu. Și știu că ți-ai dori să ai mai mult control asupra rutinei de dimineață a lui Caleb și a felului în care îți răspunde. Îți pot spune din experiență că este aproape imposibil să faci alți oameni să se comporte cum vrei tu. Însă ar putea exista câteva lucruri pe care le poți încerca pentru a controla situația mai bine. Poate apuci să intri în baie înaintea lui, dat fiind că te trezești primul. Sau ai putea încerca să vorbești* *cu el despre asta când sunteți amândoi binedispuși. Sau ai putea să-ți duci periuța de dinți în baia de la parter. Probabil că poți găsi modalități de-a gestiona situația chiar dacă nu îl poți gestiona pe el.*

Dar hai să vorbim despre geanta cu cărți. Când ai aruncat-o în ușă, nu s-a întâmplat nimic, doar că m-a supărat pe mine. Ce altceva putea merge prost?

Copilul: *Puteam să-mi sparg ceva din geantă.*

Părintele: *Da. Sau Caleb putea să deschidă ușa și-i spărgeai nasul. Sau puteai sparge ușa. A fost un gest destul de impulsiv, care pe el nu l-a făcut să se grăbească, dar mie mi-a stricat dimineața să aud asta și să-mi fac griji despre ce s-a întâmplat. Data viitoare când te mai înfurii pe Caleb, vreau să-ți întârzii reacția cu zece secunde. După o săptămână, vezi dacă poți crește timpul la cincisprezece secunde. Apoi la treizeci. De-a lungul vieții, vei da peste persoane care îți cauzează probleme. Cel mai bun lucru pe care îl poți face este să iei o pauză înainte să reacționezi din furie. Dacă faci asta, îți acorzi timp să te gândești la* cel mai bun *răspuns, nu la* primul *răspuns. Dacă începi să exersezi de pe-acum, îți vei mulțumi la liceu, când te vei descurca grozav la asta.*

Să îți confrunți copiii cu privire la certurile lor funcționează probabil precum înfățișările în instanță pentru cazuri minore difuzate la televizor. Reclamantul va susține că a fost lezat și că suferă din punct de vedere emoțional, prezentând dovezi despre caracterul rău al acuzatului, care a încălcat flagrant regulile. Acuzatul va sta acolo cu un rânjet care spune „dovedește-o". Vei tânji după un ciocănel cu care să bați și, în lipsa unui astfel de mod demn de a-i aduce la tăcere, vei țipa cât te țin plămânii „Nu mai fiți atât de răutăcioși!!" Fiecare copil te va implora să dai o sentință rapidă și fermă în favoarea sa. N-o face. Schimbă canalul de la drama din sala de judecată la un serial polițist. Plasează fiecare suspect într-o zonă de detenție separată și vorbește cu el doar despre experiența sa. Făcând asta, eviți să ți se spună „Îi iei mereu partea!“ și ai ocazia de a-i ajuta să-și dezvolte abilități personale, în loc să devieze. Așa cum i-a spus cândva unei prietene terapeutul său înțelept, iar ea mi-a transmis mesajul cu multă iubire: „Când familia ta o ia razna, nu te grăbi să te bagi în furtună. Stai deoparte, detașează-te și urmărește spectacolul“.

Tentația

Pot rezista la orice, doar la tentație nu. (Oscar Wilde)

Amânarea satisfacției este o abilitate care se măsoară prin timp, iar asta o face mai ușor de predat decât lecția despre cum să rezistăți impulsului de-a experimenta lucruri noi. Poți spune „Așteaptă două minute înainte de-a mânca asta. E fierbinte“. Cu ajutorul oricărui ceas sau cronometru, poți spune „Nu încă!“, oprindu-ți copilul de la a-și arde impulsiv cerul gurii. Însă nu poți măsura impulsivitatea condusă de căutarea de senzații, iar lucrurile care nu pot fi cuantificate sunt mai greu de predat. Ai putea spune „Nu face lucruri care te pot băga în necazuri doar pentru că sunt incitante“. Mda. Acest tip de instrucțiune sau de sfat are un aer fad. O abordare mai bună este să fii cât se poate de specific.

Imaginează-ți, de exemplu, că vezi o față mică și zâmbitoare desenată cu stiloul pe glezna copilului tău de clasa a opta. Este drăguță, dar este prost făcută și speri să se spele înainte de ședința foto a familiei din weekend. În aceeași seară, stai cu laptopul în pat şi apeşi pe săgeata care arată istoricul de căutare. Nimic ieşit din comun, până când ajungi aproape de final. O vezi şi te strânge în spate. Ultima căutare: tatuaje pe care ţi le faci singur cu acul[1]. După ce priveşti filmarea câteva secunde, îţi dai seama că faţa zâmbitoare nu este desenată şi *NU este temporară*!

Care este următoarea ta mişcare?

Hai să ascultăm cum ar putea suna o conversaţie despre acest tip de impulsivitate. Trăgând aer adânc în piept, te îndrepţi spre camera copilului tău şi baţi la uşă.

Pune BAZELE paşnice

Părintele: *Bună, te deranjează dacă intru o clipă?*

Copilul: [Bucuros să te vadă] *Cum de eşti încă treaz?*

Părintele: *Nu puteam să dorm. Îmi stă ceva pe suflet. Putem vorbi?*

Copilul: [Acum este agitat] *S-a-ntâmplat ceva?*

RELAŢIONEAZĂ cu copilul tău

Părintele: *Sper că nu. Am observat faţa zâmbitoare de pe glezna ta azi-dimineaţă şi n-am spus nimic deoarece credeam că este făcută cu stiloul. Dar în seara asta am văzut ceva pe laptop despre tatuaje pe care ţi le faci singur şi am vrut să vorbesc cu tine despre asta.*

Copilul: *Eşti furios? Am dat de necaz?*

---

[1] Tatuajele pe care ţi le faci singur cu acul se întâmplă să fie o problemă prin care trec şi eu acum. Această conversaţie se poate aplica oricărei mode sau provocări care presupune să-ţi răneşti corpul. Se pare că mereu apare câte una nouă – de la a-ţi freca braţul cu radiera până îţi curge sânge la a sări dintr-o maşină şi a dansa la semafor, a mânca o cantitate sufocantă de scorţişoară sau a-ţi arde pielea cu sare şi gheaţă.

Părintele: *Încă nu-mi dau seama ce simt. Cred totuși că avem multe de discutat. Pot să stau cu tine în pat și să vorbim?* [Copilul ridică pătura ca să lase părintele să se așeze.]

INTERVIEVEAZĂ pentru a aduna informații

Părintele: *Mă simt șocat și nici nu știu de unde să încep. Poți mai întâi să-mi arăți glezna?*

Copilul: *Este foarte mic. Îmi pare foarte rău. Am crezut doar că ar fi distractiv și am vrut să încerc. Apoi, odată ce am început, a trebuit să îl termin, altfel arăta prostesc.*

Părintele: [Mușcându-și limba ca să nu spună că arată prostesc acum] *Îți place?*

Copilul: *Oarecum.*

Părintele: *Cum l-ai făcut?*

Copilul: *Sora lui Camryn și prietenii ei fac asta tot timpul. Așa că ne-au făcut și nouă.*

Părintele: *Din ce am citit, este permanent.*

Copilul: *Păi da, dar se estompează după o vreme.*

Părintele: *Hmm. Cred că întrebarea cea mai importantă este* de ce*? Îmi poți povesti despre această decizie?*

Copilul: *Îmi cam plac. Și am vrut să văd cât de tare doare, deoarece s-ar putea să-mi fac un tatuaj adevărat într-o zi. Și nu știu. Pur și simplu, cunosc o mulțime de oameni care fac asta și-am cam vrut să încerc și eu.*

Transmite ECOUL a ceea ce auzi

Părintele: *Aud mulți de „cam" și „nu știu" și nu sunt sigur dacă le spui fiindcă ești îngrijorat că ai dat de necaz, dacă încerci să mă îmbunezi sau dacă ai făcut acest lucru fără să te gândești până la capăt.*

Copilul: *Știu. Nu prea știu ce să spun.*

Părintele: *Ei bine, pentru mine este ceva important. Să vrei să încerci lucruri noi e perfect în regulă. Dar să alegi să faci ceva permanent cu corpul tău la această vârstă nu este. Riști o infecție, iar asta mă îngrijorează cel mai tare. Însă ce mă mai îngrijorează este că ai luat o decizie care are consecințe permanente și pe care nu ai gândit-o până la capăt. Nu vreau să faci asta și în alte cazuri, când te poți răni grav.*

Copilul: *Oamenii își pot scoate tatuajele.*

Părintele: *Da, dar e o soluție scumpă și dureroasă. Mâine trebuie să mergem la un doctor ca să ne asigurăm că nu s-a infectat. Și după aceea vom vorbi mult mai mult despre cum ai luat decizia în acest caz. Știu că vrei să experimentezi lucruri noi, mai ales pe cele care te fac să te simți mai adult, dar asta îmi arată că ai nevoie de ceva ajutor ca să-ți dai seama ce e bine și ce nu. Pentru început, vreau să lucrezi la o listă cu întrebări pe care să ți le pui singur înainte de-a decide să faci ceva riscant, precum asta. Scrie-le pe telefon, apoi arată-mi-le când vorbim mâine. Acum încearcă să dormi. Te iubesc.*

Copilul: *Hmm, am necazuri?*

Părintele: *N-am avut timp să mă gândesc la consecințe în acest caz, dar deocamdată îți pot spune că nu te mai duci la Camryn și nu te mai vezi cu sora ei până nu decid. Ceea ce vreau să știi este că eu cred că a fost o decizie proastă, însă cred că ești o persoană minunată. Vreau doar să mă asigur că ești pregătit să iei decizii mai bune, care îți vor păstra corpul în siguranță și inima neîngreunată de prea multe regrete, așadar vom lucra la asta.*

O singură conversație nu poate rezolva toate problemele produse de această situație, de aceea abordez evenimentele majore precum acesta prin triaj. Într-o cameră de urgență unde se face triajul, asistenta de la primire va evalua cine este consultat, în ce ordine, în funcție de situația care 1) pune viața în pericol, 2) este urgentă, dar nu pune viața în pericol sau 3) este mai puțin urgentă. Aplicând această metodologie la tine acasă, ai putea stabili trei etape similare de triaj pentru a gestiona urmările impulsurilor adolescenților: 1) amenințări imediate asupra sănătății, 2) pericole serioase, dar mai puțin imediate și 3) complicații posibile. Asta ar trebui să reducă presiunea de-a înghesui totul în prima ta conversație.

În cazul tatuajului pe care ți-l faci singur, aș vedea amenințarea imediată asupra sănătății ca având două componente: prima, un risc de infecție, a doua, riscul ca acest lucru să se repete imediat. În prima mea conversație, aș aplica un garou, ca să zic așa, solicitând implicarea unui doctor care să evalueze paguba (și care să fie o a doua voce a rațiunii), după care aș limita accesul la persoanele care au permis sau au încurajat întâmplarea.

Odată ce am soluționat criza imediată, aș avea mai mult timp să mă gândesc. În conversația următoare aș vorbi despre problemele serioase, dar mai puțin critice, pe care le ridică. În această situație specifică, aș vrea să vorbesc despre cum își vede copilul meu autonomia corpului din punct de vedere al acelui „toată lumea făcea asta". Aș fi atent la orice indicii legate de stima de sine și aș analiza dacă nu cumva copilul meu ar putea avea nevoie de un terapeut. De exemplu, durerea produsă de tatuaj a fost o eliberare a durerii emoționale? Aș vrea, de asemenea, să vorbesc despre ascunderea adevărului, dacă copilul meu chiar credea că nu voi observa un tatuaj făcut acasă și dacă și-a dat seama că a cere iertare în loc de-a cere voie însemna de la început că nu e o alegere bună.

În final, după ce am gestionat amenințările imediate, mi-aș lua timp să explorez posibile complicații pentru viitor. Aici m-aș concentra mai puțin asupra complicațiilor literale ale tatuajului (precum „Vei regreta această față zâmbitoare ciudată!") și mai mult asupra complicațiilor mai generale (precum „Pari atras de adrenalină și cred că ai putea continua să faci astfel de alegeri dacă nu te implicăm într-o activitate care să-ți satisfacă nevoia de aventură").

Cum rămâne cu *celălalt* copil?

Când vorbesc în școli, există aproape întotdeauna un părinte care ridică mâna șovăielnic și întreabă: „Ar trebui să fiu îngrijorat dacă copilul meu *nu* este impulsiv?"

Majoritatea părinților își fac griji pentru locul pe care îl ocupă copilul lor pe scara „normală" și, auzindu-mă vorbind despre normalitatea și necesitatea impulsivității și a asumării de riscuri, părinții copiilor care fac mereu lucrurile așa cum trebuie devin agitați. Oare copilul lor va sta pe gânduri atât de mult la fiecare decizie, încât va rămâne paralizat? Va rata ocazii pentru că nu este dispus să profite de ele?

Ceea ce le spun părinților este că unii copii își asumă riscurile cu îndrăzneală, în public, în timp ce alții fac asta în tăcere, în privat. Niciuna nu este mai bună sau mai rea decât cealaltă. Să ceri cu împrumut un creion de la băiatul drăguț din clasă nu pare o mutare foarte impulsivă, dar un preadolescent agitat poate percepe acest gest drept un risc uriaș. Nu presupune despre copilul tău că nu este impulsiv doar fiindcă nu vezi impulsivitatea la el. Însă, dacă ești îngrijorat că e prea rigid, poți să-i încurajezi impulsivitatea încercând anumite lucruri:

- Oferă-i un model de distracţie: „Tocmai am gătit această cină, dar ce naiba… hai s-o acoperim și să mergem să mâncăm îngheţată mai întâi! De ce nu?“
- „Spune-mi ce să fac.“ Oricare ar fi acţiunea pe care o ia în calcul copilul tău, schimbă rolurile. Joacă rolul personajului principal și cere-i să-ţi spună ce să faci.
- Gândiţi-vă la scenarii cu cel mai bun caz și cel mai rău caz. Cere-i copilului tău să-și imagineze care este cel mai rău lucru care se poate întâmpla dacă își asumă un risc. De exemplu, ce se poate întâmpla în cel mai rău caz dacă îţi depui candidatura ca președinte al clasei? Ce se poate întâmpla în cel mai rău caz dacă nu candidezi? Care este scenariul cel mai bun dacă faci asta? Dar cel mai bun dacă nu o faci?
- „Lasă în voia sorţii.“ Dacă este prea copleșitor să iei decizii, pune opţiunile într-o pălărie și alege una.

Sabotorii conversaţiei

Amintindu-ţi că preadolescenţii se simt probabil jenaţi sau vinovaţi după ce au fost prinși făcând o greșeală impulsivă, cel mai rapid mod de a deraia o conversaţie pe acest subiect este să le răpești orice șansă de-a păstra aparenţele. Iată câteva fraze care ar putea face asta în mod neintenţionat:

„Ce era în capul tău?“ Prin natura sa, impulsivitatea înseamnă să nu gândești și să acţionezi. Copilului tău îi va fi probabil extrem de greu să răspundă la această întrebare, așa că probabil va tăcea. Pentru a avea o înţelegere mai bună, încearcă: „Povestește-mi ce simţeai când s-a întâmplat asta“.

„Te-am crescut mai bine de atât." Ei bine, s-a întâmplat, așa că... ai crescut totuși pe cineva care a făcut asta. Dacă speri să transmiți dezamăgire, spune-o de-a dreptul. Apoi oferă o scăpare. „Sunt dezamăgit. În ce direcție mergem mai departe? Ai nevoie de sfaturi din partea mea ca să îndrepți ce-ai făcut?"

„Ei bine, asta o să-ți strice șansele/planurile/viitorul." Înțeleg nevoia de-a transmite gravitatea unor greșeli. Totuși, dacă te exprimi astfel, s-ar putea să sune atât de copleșitor, încât copilul să se închidă în el. În locul unei afirmații generale despre dezastru, vorbește despre detalii. Întreabă-l ce crede că va afecta acest lucru și completează cu detaliile care îi scapă.

„Ești mai isteț de atât. Credeam că știi mai bine." Așa nu faci decât să-i insulți inteligența. Chiar și oamenii deștepți fac alegeri proaste. Chiar și oamenii experimentați le fac. În schimb, încearcă asta: „Ești isteț. Așa că nu cred că s-a întâmplat fiindcă nu te-ai *putut* gândi mai bine. Cred că s-a întâmplat fiindcă nu te-ai oprit suficient cât să te gândești la urmările posibile. Spune-mi cum poți face mai bine data viitoare".

Te grăbești? Iată cursul tău rapid

- Comportamentul impulsiv are o reputație proastă, dar impulsivitatea în sine nu este nesănătoasă sau rea. Fără oameni impulsivi, am avea mai puțini eroi și inovatori.
- Nu trebuie să zdrobești impulsivitatea adolescentului tău, dar ar trebui să i-o explici și să-l ajuți să înțeleagă care situații necesită o acțiune rapidă și care necesită o analiză atentă.
- Impulsivitatea nu este lipsa luării de decizii. Este o formă de luare de decizii.

- Impulsivitatea din timpul adolescenţei este rezultatul unuia din două lucruri: incapacitatea de-a amâna satisfacţia (care se ameliorează treptat în timp) sau impulsul de-a încerca lucruri noi (care atinge apogeul la şaisprezece ani în cazul fetelor şi la nouăsprezece ani în cazul băieţilor).

- Preadolescenţilor şi adolescenţilor ar trebui să li se ofere ocazia de-a experimenta situaţii noi în mod independent. Valul de dopamină produs de „căutarea de senzaţii" ajută, de fapt, creierul adolescent să se dezvolte şi să devină capabil de-a gestiona experienţe mai complicate.

- Nu este necesar să simţi o teamă disproporţionată pentru siguranţa sau succesul viitor al preadolescentului tău impulsiv. Aproape toţi oamenii fac lucruri impulsive (nebuneşti/prosteşti) când cresc şi aproape toţi ajung bine.

- Atunci când reacţionezi la acţiunile impulsive ale copilului tău, este în regulă să trezeşti sentimente de vinovăţie, însă fii atent să nu stârneşti ruşine. Concentrează-te la ce ar putea face diferit data viitoare şi aminteşte-i că acţiunile sale reprezintă ce face, nu cine este.

- Foloseşte abordarea triajului ca să gestionezi urmările impulsurilor adolescenţilor: 1) ameninţări imediate asupra sănătăţii, 2) pericole serioase, dar mai puţin imediate şi 3) complicaţii posibile. Gestionează imediat şi rapid ce intră în prima categorie, dar ia-ţi timp ca să decizi ce faci cu restul.

- Nu poţi schimba personalitatea copilului tău, însă, dacă analizează lucrurile prea mult şi pierde ocazii, poţi încuraja puţină flexibilitate şi chiar impulsivitate arătându-i cum se face şi recompensând spontaneitatea.

CAPITOLUL

17

Cum să vorbeşti despre a-i ajuta pe alţii

În acest capitol vei înţelege de ce le este atât de greu tinerilor adolescenţi să pună în balanţă interesele altor oameni cu ale lor - mai ales atunci când apărarea cuiva îi poate pune în pericol -, cum se va transfera modul empatic în care îi vorbeşti copilului tău în capacitatea sa de-a avea grijă de alţii (ca să nu menţionez legătura surprinzătoare dintre a da dovadă de empatie şi a avea tărie de caracter), care sunt cele trei modalităţi esenţiale prin care oamenii au nevoie şi îşi oferă ajutor unul altuia, cum conversaţiile calme despre a lua apărarea altora îţi pot inspira copilul (dacă ai răbdare) şi cum discuţiile despre compromisuri îi pot readuce pe preadolescenţi la tradiţiile de sărbători ale familiei atunci când încep să se îndepărteze.

Cât de mândru te-ai simţi dacă ai afla despre copilul tău că a cules gunoiul când a trecut pe lângă el în curtea şcolii, că a eliberat drumul pentru un coleg de clasă în scaun cu rotile care încerca să traverseze un hol aglomerat sau că a refuzat plata după ce a avut grijă de pisica unui vecin în vârstă?

Incredibil de mândru! Și eu la fel. Să crești oameni buni include să-i înveți cum să recunoască și să răspundă la nevoile altora. Vreau să-mi știu copiii îngrijindu-se de planetă, de comunitatea lor, de familia extinsă, de prieteni și, sincer vorbind, de mine cândva. Mă bazez deja pe copiii mei să-mi explice multe lucruri, inclusiv cum funcționează televizorul, cel mai adesea. Dacă continui pe calea pe care am pornit, obsedată de seriale bune, iar tehnologia continuă și ea pe calea sa actuală, dezbină și cucerește distracția prin lucruri precum Netflix, Hulu, Amazon, YouTube, Disney+ și Apple TV, hobby-ul meu iubit va fi depășit de capacitatea mea de a-l găsi. Desigur, vreau să-mi știu copiii luptători puternici și generoși pentru dreptate socială. Nu cred că acest lucru trebuie să excludă ideea de-a mă asigura că, atunci când voi fi bătrână, mă voi loga corect ca să-mi urmăresc poveștile pe afișarea holografică a conținutului din balansoarul meu plutitor.

Este mai ușor să-ți imaginezi un balansoar plutitor decât acest viitor adult altruist al tău?

Poate fi dificil deoarece, mai ales la această vârstă, energia copilului tău se concentrează asupra unor afronturi extrem de specifice și personale cu care se confruntă doar el: cum ai putut uita iarăși să cumperi *pizza bagels* de la patiserie sau de ce nu poți pleca de la serviciu ca să-l iei mai devreme de la locuința prietenului său, deoarece nu i se mai pare distractiv de vreo zece minute.

Cum începi să ghidezi gândurile copilului tău departe de propriile sale nevoi, spre a avea un efect pozitiv asupra altora? Acest capitol îți va da câteva idei pentru a-i deschide ochii copilului tău asupra importanţei şi satisfacţiei oferite de a ajuta, comparativ cu a fi egoist.

Cum să creşti o persoană prosocială

Comportament prosocial este atunci când faci ceva pentru alţii fără gândul de-a obţine o recompensă personală. Frumos, dar... atunci când pare o sarcină herculeeană să-ţi convingi copilul de gimnaziu să-ţi asculte cea de-a zecea cerere de a-şi duce la el în dormitor mormanul de prostii de la baza scărilor, este cam dificil să-ţi imaginezi că îl poţi inspira să facă lumea un loc mai bun.

Ar trebui, pur şi simplu, să aştepţi până trece de etapa „eu, eu, eu" ca să-i arăţi efectul pe care îl poate avea asupra „noastră"?

Răspunsul este „într-un fel, dar nu chiar".

Oceanul social al adolescentului timpuriu este epuizant, complicat, imprevizibil şi, uneori, vicios. Îţi poţi învăţa copilul să înoate, îi poţi spune cât de mult se poate îndepărta sau când să stea pe nisip deoarece valurile sunt prea mari şi îl poţi veghea de pe mal, însă vor fi clipe în care cineva joacă prea dur sau copilul este prins de curent şi va uita tot ce i-ai spus. Deşi avem speranţe mari de la copiii noştri că vor fi cea mai bună versiune a lor atunci când înoată prin anii adolescenţei, nu ne putem aştepta să gestioneze torentul acestui mediu nou fără a lua decizii impulsive şi

> Pe măsură ce continui să-ţi sprijini copilul, îi întăreşti capacitatea de-a se gândi şi la alţii. Compasiunea pentru ceilalţi începe cu blândeţea faţă de sine.

fără a face greșeli mari. Și, deși ne dorim ca ei să fie buni și curajoși pentru alții, adesea sunt pur și simplu atât de preocupați să înoate și să rămână la suprafață, încât nu au prezența de spirit sau inspirația de a-i mai arunca între timp și altcuiva un colac de salvare.

Copiii pot fi prosociali atunci când se simt încrezători, în siguranță și la adăpost, iar majoritatea adolescenților tineri nu se simt așa. Pe măsură ce continui să-ți sprijini copilul, îi întărești capacitatea de-a se gândi și la alții. Compasiunea pentru ceilalți începe cu blândețea față de sine. Acești ani din viața copilului tău vor părea o perioadă foarte axată pe sine și indulgentă cu sine însuși, dar nu va fi de folos să lupți împotriva acestui lucru. În schimb, hrănește-i capacitatea de-a avea grijă de el însuși ca prim pas în a putea avea grijă de ceilalți.

Importanța empatiei

Am făcut recent un sondaj cu 312 părinți de adolescenți, cerându-le să identifice de care dintre următoarele cinci caracteristici vor cel mai mult să dea dovadă copilul lor: empatie, perseverență, respect, onestitate sau recunoștință. Instrucțiunile sondajului explicau că, deși ar putea dori toate aceste trăsături la copiii lor, părinții trebuie să aleagă trăsătura cea mai importantă; 55% au ales empatia, 28% au ales perseverența, 9% au ales recunoștința, 6% au ales onestitatea și 2% au ales respectul.

Dacă ești precum majoritatea părinților din sondaj, care au ales empatia ca fiind trăsătura cea mai importantă, ai putea fi interesat să știi că empatia nu este înnăscută. Este o abilitate care se învață și care trebuie predată. Dar cum?

Empatia ar putea părea ceva ușor de arătat copilului tău. Ai putea să inițiezi o discuție la cină despre problemele oamenilor fără adăpost, să strângi bani pentru un spital pediatric sau să duci mâncare gătită la un azil de bătrâni. Sunt lucruri minunate pe care să le discuți și să le faci. Nu uita că, dacă aceasta este abordarea ta, tânărul ar putea începe să asocieze empatia cu oamenii care sunt „altfel". Aud adesea părinții spunând că, dacă un copil este nerecunoscător sau se simte privilegiat, soluția este să facă voluntariat la un adăpost ca să înțeleagă cât este de norocos. Da, este un lucru minunat să faci voluntariat la un adăpost. Dar să faci asta pentru a-i arăta copilului cât este de norocos sună a turism de criză. Creează o mentalitate a lui „noi" și „ei" cu privire la ajutorare. Poate că această separare a „celorlalți" este chiar o modalitate superstițioasă de a ne feri de nenorocire. „Mie nu mi s-ar întâmpla asta, deoarece nu sunt precum acei oameni." Astfel, simpatizăm cu cineva care a avut „ghinion", fără a empatiza cu întreaga sa experiență.

Acest tip de distanțare este dușmanul empatiei și nu se limitează la oamenii pe care îi simțim străini de noi. În cadrul microsocietăților familiilor noastre, poate fi dificil să lăsăm loc empatiei atunci când atât de multe alte emoții (amărăciunea, resentimentul, gelozia și așa mai departe) ocupă spațiul. Dacă ai de crescut mai mult de un copil, gândește-te cât poate fi de dificil să-l convingi pe unul dintre ei să vadă o problemă din punctul de vedere al celuilalt. Când vine vorba de dezvoltarea empatiei, sper că părinții vor continua să-și scoată copiii din zona de confort și să le arate că mai mult se aseamănă cu ceilalți decât sunt diferiți, în ciuda circumstanțelor. Sper, de asemenea, că vor începe să dea exemplu de empatie la scară locală foarte mică, ascultându-i și făcând compromisuri cu oamenii cu care împart o baie, un frigider sau un X-box.

Am urmărit recent o discuție online pe subiectul unei dileme obișnuite în parenting, care cred că este strâns legată de dezvoltarea empatiei: când să-i permiți unui copil să renunțe la o activitate. Fiica de doisprezece ani a lui Amy, Rachel, a implorat-o să ia lecții de călărie, iar Amy a acceptat să-i cumpere un pachet de lecții. Când a ajuns la cinci lecții din pachetul de zece, Rachel a început să-și găsească scuze ca să nu se mai ducă și, după insistențe, a recunoscut față de mama ei că vrea să renunțe. Amy s-a înfuriat, deoarece plătise deja. Rachel crezuse că-i va plăcea să călărească, dar nu i-a plăcut. Când urca în șa, se simțea copleșită și temătoare. Ce să facă?

Părinții din discuție au răspuns rapid, 95% dintre ei sfătuind-o pe Amy să-și oblige fiica să termine tot cursul.

„Cum va învăța să termine ceea ce începe?"

„Se numește *angajament.*"

„Nu va înțelege niciodată sacrificiul financiar dacă o lași să renunțe."

Însă eu mă gândesc la banii cheltuiți deja ca și cum ar fi mâncarea din farfurie. Nu trebuie să fii membru în clubul farfuriilor goale ca să obții ce-ți trebuie de la o masă. De asemenea, nu trebuie să termini o activitate doar fiindcă ai plătit-o. Nici nu pot număra de la câte filme a trebuit să plec cu copiii când erau mici fiindcă nu puteau sta locului sau fiindcă promiteau că se descurcă, dar apoi se speriau sau începeau să vomite la mijlocul filmului, fiindcă îi durea stomacul. *Cu copiii, nu primești mereu lucrurile pentru care plătești.*

Lăsând banii deoparte, problema acestui scenariu este cum să înveți să fii perseverent. Cum poate Amy s-o învețe pe Rachel să găsească hotărârea și curajul de care are nevoie pentru a termina ce a început? Este util să te gândești la gimnaziu ca la un bufet. Nu este neapărat nevoie să termini totul, ci să încerci, vitejește, lucruri noi. Unii copii, atunci când ies în oraș ca să mănânce, comandă mereu paste cu unt sau gujoane de pui. Se tem să încerce ceva nou de teama că nu va fi bun. Însă, la începutul adolescenței, când copiii încep să-și dea seama ce le place și ce nu (separat de ceea ce aleg părinții de obicei pentru ei), este timpul să diversifici bufetul. Trebuie să guste câte puțin dintr-o mulțime de lucruri noi pentru a-și da seama ce le place, fără presiunea de a mânca o farfurie plină sau ceva ce nu le place. Poate că acele bucățele de gustat reprezintă audiția pentru o piesă, purtarea unei vestimentații îndrăznețe sau intrarea într-un club nou. Dacă copiilor li se spune că trebuie să termine tot ceea ce încep, acest lucru îi poate descuraja din a încerca ceva nou.

Acestea fiind spuse, copiii ar trebui, de asemenea, să-și dezvolte capacitatea de a face față provocărilor. Așadar, cum stabilesc părinții un echilibru între aceste noțiuni aparent conflictuale, dezvoltarea perseverenței și asumarea de riscuri noi? Am tendința să privesc perseverența ca fiind rezultatul acumulării de experiențe și un produs secundar al învățării – iarăși, în timp – că poți avea încredere în tine în circumstanțe dificile. Cum înveți să ai încredere în tine? Ascultându-ți vocea interioară și validând-o cu oamenii în care ai încredere. Perseverența crește cel mai bine atunci când este fertilizată cu empatie.

Dacă singurul mesaj al lui Amy este că „trebuie să termini ce ai început", Rachel ar putea auzi că nu poate să aibă încredere în instinctele sale. Acest lucru o poate deruta mai târziu, când se va afla în vreo situație incomodă și nu va ști cum să-și asculte vocea interioară. Îndrăznește să sară de pe pod în râul de dedesubt? Au bătut atâta drum până acolo... Sau are încredere în instinctul ei? Copiii trebuie să înveţe perseverenţa, dar trebuie, de asemenea, să audă de la noi că se pot opri din ceva atunci când îşi dau seama că nu li se pare sigur sau potrivit.

> Perseverența creşte cel mai bine atunci când este fertilizată cu empatie... Copiii trebuie să învețe perseverența, dar trebuie, de asemenea, să audă de la noi că se pot opri din ceva atunci când îşi dau seama că nu li se pare sigur sau potrivit.

Indiferent ce îndoieli are copilul tău, despre o activitate pe care a ales-o, un curs la şcoală sau o ceartă cu un prieten, tu *începe cu empatia*. „Pare o situaţie dificilă. Îmi pare rău că treci prin asta. Cum te pot sprijini?" Asta îi va arăta copilului tău cum să-şi asculte emoţiile şi cum să găsească o cale de-a le gestiona. Sugestia mea ar fi să îl asculţi când îţi oferă detalii despre ce i se pare dificil şi să validezi acele emoţii. Apoi întreabă-l când a făcut ceva dificil în trecut şi s-a surprins singur. Aminteşte-i copilului tău că a muncit din greu să înveţe să-şi lege şireturile, să meargă pe bicicletă sau să ajungă la nivelul următor din Minecraft. Întreabă-l apoi cum a perseverat atunci când i-a fost cel mai dificil. Pe ce talente sau abilităţi speciale se poate baza când situaţia se complică? Uneori, acest tip de instruire îţi va încuraja copilul să continue să încerce. Alteori va renunţa oricum.

Nu pot şti sigur dacă, lăsând-o pe Rachel să renunţe la lecţii, mama ei ar învăţa-o o lecţie valoroasă, că poate controla lucrurile care îi provoacă disconfort, sau dacă cerându-i să continue ar învăţa o lecţie diferită, dar tot valoroasă, că lucrurile devin uneori mai confortabile atunci când ne ţinem de ele. Ceea ce știu cu siguranță este că, orice ar decide Amy, secretul va fi să gestioneze problema cu empatie, nu cu furie, pentru ca „lecția din spatele lecției" să fie că, atunci când cineva se zbate, îi oferim sprijinul nostru. Astfel, empatia devine piatra care ascute cel mai bine perseverența.

Tipuri de ajutor

Dr. Kristen Dunfield, care cercetează comportamentul prosocial la Universitatea Concordia din Canada, a creat o clasificare a nevoilor umane de bază și a comportamentului prosocial. Oamenii au nevoie în general de trei tipuri de ajutor:

1. **Nevoie instrumentală:** să ajuți pe cineva cu o acțiune pe care nu o poate face singur. Spre exemplu, să ții deschisă ușa cuiva care are mâinile ocupate.

2. **Nevoia unei dorințe materiale neîmplinite:** să-ți dai seama că nu toată lumea dispune de aceleași resurse și să încerci să corectezi împărțirea. Asta ar putea însemna să te asiguri că toată lumea a luat o felie de pizza înainte de a-ți umple farfuria.

3. **Nevoia survenită din suferința emoțională:** să recunoști când cineva simte emoții supărătoare și să încerci să îl liniștești. Ar putea presupune să stai alături de copilul tău atunci când este stresat de un proiect și să îl încurajezi.

Drept răspuns la aceste trei categorii de nevoi, Dunfield a identificat cele trei modalități de a fi prosocial: să ajuți, să împarți și să alini.

Ca să crească dorindu-şi să-i ajute şi pe alţii, nu doar pe ei înşişi, mai întâi familia, apoi prietenii şi apoi comunitatea, copiii noştri trebuie să afle cum te simţi atunci când beneficiezi de acţiuni prosociale. Părinţii care dau dovadă de un comportament prosocial acasă, apoi în lume în general, îşi pregătesc copiii să fie prosociali la rândul lor. Facem acest lucru sprijinindu-i pe copii atunci când încearcă să facă singuri lucruri noi, ne împărţim cu ei resursele (hrana, îmbrăcămintea şi adăpostul nu sunt negociabile, dar este vorba şi despre mici acţiuni de sacrificiu, precum să-ţi dai jos geaca şi s-o dai peste masă la cină, când vezi că micuţului tău îi este frig), recunoaştem când suferă şi le oferim susţinere. Pe ultima vei avea o mulţime de ocazii s-o exersezi în timpul anilor de gimnaziu.

Cum să creşti viitori apărători

Părinţii îmi spun mereu că speră de la copiii lor să fie buni cu ceilalţi copii de la şcoală, mai ales cu cei care au nevoie cel mai mult de sprijin social. Şcolile au îmbrăţişat şi ele importanţa ideii de-a încuraja copiii să fie *apărători*, nu observatori, atunci când văd că un coleg este hărţuit. Un apărător este cel care ia cuvântul sau care intervine atunci când altcineva este hărţuit, spre deosebire de un observator, care, în mod evident, doar observă.

Acordarea de importanţă şi apreciere unei experienţe complete a copilului la şcoală este o abordare destul de recentă şi bine-venită în educaţie. Îmi place ideea de-a încuraja copiii să le ia apărarea celor care sunt hărţuiţi sau defavorizaţi, dar trebuie să recunoaştem faţă de copiii noştri, cu voce tare, că nu este atât de simplu pe cât pare. Pe de o parte, copiii de această vârstă se îngrijorează mult că vor atrage furia agresorului în direcţia lor, făcându-l să se răzbune fie prin acţiuni fizice, fie prin represalii sociale. Pe de altă parte, huliganismul nu se întâmplă de obicei în văzul lumii. Atunci când este subtil, manipulator şi ascuns, un copil nu-şi poate da seama mereu când să intervină.

Hai să vedem cum s-ar putea derula o conversaţie pe acest subiect.

Pune BAZELE paşnice

Părintele: *Pot să te întreb ce crezi despre un lucru? Se vorbeşte mereu la ştiri despre hărţuire şi sunt curios dacă tu crezi că este o problemă în şcoala ta sau dacă se exagerează.*

Copilul: *Cred că depinde. Poate fi o problemă gravă pentru unii copii. Dar nu sunt toţi hărţuiţi.*

Părintele: *Profesorii tăi vorbesc despre asta? Ai auzit vreodată termenul de* apărător, *de exemplu?*

Copilul: *Am avut şedinţe, dar profesorii noştri nu vorbesc de-adevăratelea despre asta. Dar ştiu că un apărător ar trebui să ia apărarea cuiva.*

RELAŢIONEAZĂ cu copilul tău

Părintele: *Da. Când eram de vârsta ta, oamenii vorbeau despre agresori într-un mod diferit de cum se face astăzi. Nici măcar nu exista conceptul de apărător. Cred că ar fi dificil să iei apărarea cuiva, chiar dacă ştii că este corect să faci asta, deoarece, dacă cineva este nesimţit, nu ştii dacă nu cumva îţi vei înrăutăţi singur situaţia spunând ceva.*

Copilul: *Este vorba mai mult despre faptul că nu vezi când se întâmplă. De obicei, când cineva e răutăcios cu tine, nu ţi-o zice în faţă, sau nu în faţa unei mulţimi.*

Părintele: *Ai mare dreptate.*

INTERVIEVEAZĂ pentru a aduna informații

Părintele: *Deci cum vezi că sunt tratați urât copiii la școală?*

Copilul: *Unii fac uneori glume proaste despre cineva. Dar copiii râd de obicei, și gata. Ca atunci când un copil îi dă un nume jignitor altuia, și nimeni nu spune: „Încetează!" Pur și simplu râzi și apoi gata, se termină.*

Părintele: *Pot exista avantaje în a nu-i oferi cuiva reacția pe care o vrea, satisfacția de-a te răni. Crezi că, dacă râzi atunci când cineva face o glumă răutăcioasă, îl încurajezi că continue să facă astfel de glume?*

Copilul: *Probabil.*

Părintele: *Ce crezi că ai face dacă ai auzi pe cineva care face mișto de greutatea cuiva, de exemplu?*

Copilul: *Cred că cea mai bună idee ar fi să-l ignor. E bine să nu râd.*

Părintele: *Dar când nu se întâmplă față în față? Vezi vreodată oameni care sunt atacați online? Într-un mesaj trimis pe grup sau pe rețelele sociale?*

Copilul: *Uneori vezi un comentariu răutăcios la postarea cuiva, precum „E o prostie", dar apoi cineva intervine și spune „Nu e o prostie". Și apoi alții adaugă „Tu ești prost" către persoana care a scris primul comentariu.*

Părintele: *Deci când este online și public, oamenii intervin. Dar când este vorba de un mesaj în grup sau altceva?*

Copilul: *Nimeni nu va spune ceva răutăcios cuiva în mesaj. Ceilalți ar crea pur și simplu un grup separat, fără acea persoană.*

Părintele: *Deci nu ai ști dacă cineva spune lucruri urâte despre tine într-un mesaj de grup, fiindcă nu ai fi inclus.*

Copilul: *Corect. Doar dacă nu-ți povestește cineva mai târziu.*

Părintele: *Se întâmplă asta?*

Copilul: *Uneori.*

Transmite ECOUL a ceea ce auzi

Părintele: *Pare mult mai complicat decât când eram eu la gimnaziu. E dificil să știi când poți spune ceva.*

Copilul: *Da.*

Oferă FEEDBACK

Părintele: *Îți mulțumesc că ai vorbit cu mine despre asta. Îmi fac griji pentru copiii lăsați pe dinafară, dar știu, de asemenea, că este greu să știi cum să-i sprijini.*

Ca să știi, sper că tu și toți ceilalți copii din familia noastră veți ajuta oamenii atunci când suferă. Dacă vezi la școală un copil care este marginalizat sau tachinat și nu știi sigur ce să faci, poți vorbi cu mine despre asta. S-ar putea să nu am nici eu răspunsul, dar te pot ajuta să analizezi situația. Ceea ce știu este că, dacă nimeni nu spune nimic, comportamentul urât nu se oprește. Și, dacă măcar o singură persoană spune ceva care le arată oamenilor că ceea ce se petrece nu este în regulă, mereu i se alătură mai multe persoane.

Și fii atent, când vine vorba despre a ajuta copiii din jurul tău, nu trebuie să faci fapte mari și eroice. Poți să-i zâmbești copilului care ți se pare singuratic. Dacă auzi pe cineva făcând o glumă răutăcioasă și nu te simți în largul tău să vorbești chiar atunci, te poți duce mai târziu la copilul de care s-a râs ca să-i spui: „Bună, ce-a făcut acea persoană n-a fost corect. N-o asculta". Dacă oamenii bârfesc pe cineva prin mesajele de pe un grup, poți spune: „Nu ar trebui să-l vorbim pe la spate", iar apoi schimbă subiectul. Este nevoie de o singură persoană pentru a schimba discuția și cred că acea persoană poți fi tu.

Caută modalități treptate prin care copilul tău poate exersa cum să fie apărător. Probabil că nu se va întâmpla într-un mod dramatic – deși unii adolescenți mai mari au tendința să se pricepă mai bine la gesturi mărețe după ce capătă ceva experiență. Între timp, caută modalități mai ușor de gestionat prin care copiii îi pot ajuta pe alții la sarcini, pot împărți resursele și le pot oferi sprijin emoțional celor care au nevoie.

Melancolia sărbătorilor

Ideea de a-i ajuta pe ceilalți apare probabil mai des de sărbători decât în orice altă perioadă a anului. Mulți dintre noi se luptă cu mesaje confuze (și sentimente confuze) despre materialism și spiritualitate, comunitate și familie, despre liste de dorințe și despre cum să dăruiești altora. Am simțit că această confuzie se transformă în disconfort de sărbători pe vremea când copiii mei erau la gimnaziu.

Îmi dădeam seama că preadolescenții mei încă își mai doresc să fie impresionați, dar nimic nu mai reușea să facă asta, nici cadourile, nici urșii cântători din centru, și nici momentele când ne adunam cu toții în pijamale și ne uitam la programe de sărbători. Ca părinte, în această perioadă te poți simți singuratic, dar ai încredere că în liceu copiii tăi își vor reveni. Între timp, nu renunța la tradițiile frumoase, la copt și la episoadele speciale de desene animate. Când adolescenții tăi vor fi mai mari și își vor aminti, vei afla că se bucură că i-ai obligat să păstreze anumite tradiții.

Unul dintre citatele mele preferate despre a fi părinte vine de la Claire Dunphy din serialul *A Modern Family* [*O familie modernă*]: „Să crești un copil este ca și cum ai trimite o rachetă pe lună. Petreci primii ani în contact constant și într-o zi, în anii adolescenței, ajunge pe partea întunecată a lunii și a dispărut. Și nu poți decât să aștepți acel semnal slab care spune că se întoarce". În gimnaziu, de sărbători este ca și cum copiii tăi au ieșit în afara zonei de contact, însă felul în care vorbești cu ei despre călătoria lor îi poate face să pară mai aproape decât credeai inițial.

Această mostră de conversație poate fi adaptată tradițiilor tale de sărbători sau de familie, fie că vorbim de Crăciun, Hanuka, Kwanzaa, Diwali, Festivus sau orice mod prin care îți sărbătorești familia și comunitatea.

Pune BAZELE pașnice

Părintele: *Mă uitam în calendar și intri în vacanța de iarnă pe douăzeci anul ăsta.*

Copilul: *Abia aștept!*

Părintele: *Și eu la fel! Va fi plăcut să petrecem un timp împreună.*

Copilul: *Facem ceva distractiv?*

RELAȚIONEAZĂ cu copilul tău

Părintele: *Păi, sper că da. Cred că ar trebui să vorbim despre ce ar fi distractiv pentru familie anul acesta.*

Copilul: *Putem merge la schi?*

Părintele: *Ar fi distractiv, dar e și scump și nu putem face asta anul acesta. Mi-ar plăcea să găsim alte lucruri pe care ar vrea să le facă fiecare dintre noi. Hai să începem cu tine.*

INTERVIEVEAZĂ pentru a aduna informații

Părintele: *În afară de schi, te poți gândi la alte lucruri care ar face această vacanță distractivă?*

Copilul: *Nu vreau să stau pe lângă casă. Vreau să fac ceva activ, cum ar fi să schiez. Putem măcar să încercăm să mergem?*

Părintele: *Înţeleg că este important pentru tine să fii activ. Vrei să caut câteva opţiuni mai ieftine care cred că ţi-ar plăcea? Poate formăm un grup ca să ne dăm cu sania şi să mergem undeva unde sunt dealuri mai bune? Sau să ne dăm cu colacul?*

Copilul: *Da, putem face asta?*

Părintele: *Mă voi interesa! Mă ajuţi să planific un calendar pentru vacanţă, pentru ca toată lumea să poată alege o activitate? Probabil că nu vrei să fac asta de una singură, deoarece aşa n-o să apuci să decizi prea multe lucruri. Eu vreau să coacem prăjituri în familie. Tu vrei să te dai cu sania sau cu colacul. Putem să vedem ce vor toţi ceilalţi şi să facem un program.*

Copilul: *Nu, hai să nu coacem prăjituri. Ia prea mult timp. Nu le putem cumpăra?*

Părintele: *Dacă aş spune da doar la ce vrei tu să faci şi nu la ce vrem să facem eu, tatăl şi sora ta, n-ar fi corect. Aşa că hai să vorbim despre câteva dintre tradiţiile pe care le urmăm de obicei de sărbători. Nu trebuie să le bifăm pe toate. Însă pe cele mai importante – pentru mine, prăjiturile – trebuie să le păstrăm. Care îţi plac cel mai mult?*

Copilul: *Cadourile, evident. Şi îmi place când facem lanţul de hârtie cu zilele care au rămas până la ziua cea mare.*

Părintele: *E comic – eu tocmai peste asta aş sări! Dar n-am să sar, pentru că ştiu că e un lucru important pentru tine.*

Copilul: *Însă chiar cred că e jenant să ne pozăm în pijamale asortate. Putem să nu facem asta? E tare jenant.*

Părintele: *Of. Asta îmi place. Însă... dat fiind că-mi place mai mult să coacem prăjituri, anul acesta voi scoate hainele asortate din program. Asta dacă eşti de acord să fii şi tu flexibil cu mine referitor la unele lucruri.*

Copilul: *Da!*

Părintele: *Deci avem două săptămâni libere. Pe lângă a pregăti lista cu activități distractive preferate de făcut în vacanță, ar trebui să ne gândim la un lucru pe care îl putem face în familie ca să-i ajutăm pe alții. Vor fi mulți oameni care au nevoie de ajutor în această perioadă a anului. Așadar, putem începe să ne gândim pe ce zonă ar fi bine să ne concentrăm: să ajutăm oamenii care au nevoie de haine groase sau de mâncare, să ajutăm copiii care s-ar putea să nu primească daruri, să ajutăm bătrânii care au nevoie de companie... spune-mi care dintre astea te ating cel mai mult și ne vom concentra asupra lor.*

Copilul: *În această clipă, cel mai trist mi se pare că unii copii nu primesc cadouri.*

Transmite ECOUL a ceea ce auzi

Părintele: *E foarte frumos. Se pare că avem un punct bun de plecare. Ca familie, vom da o mână de ajutor să ne asigurăm că vor avea cadouri unii copii care altfel n-ar primi nimic. Ca familie, vom crea și o listă cu activitatea preferată a fiecăruia pentru această vacanță și, dacă este în buget, fiecare persoană poate face acea activitate. Sună bine?*

Copilul: *Da, pot începe să caut locuri unde să mă dau cu colacul?*

Oferă FEEDBACK

Părintele: *Desigur! M-ar ajuta. Înainte să faci asta, vreau să-ți mai spun un lucru, ca să te ajut să-ți setezi așteptările pentru acest an. E posibil să simți sărbătorile altfel în următorii ani, deoarece crești. Nu vreau ca acest lucru să te ia prin surprindere. Am auzit că așa se întâmplă la această vârstă și este complet normal. Probabil că nu vei simți aceeași încântare* *nebună ca atunci când erai mic și asta te poate dezamăgi la început. Ai văzut vreodată un copil de șapte ani cum o ia razna pentru o jucărie ieftină din plastic? Sau pentru bomboane? Este greu să simți aceeași încântare când ai unsprezece, doisprezece sau treisprezece ani. Însă iată vestea bună – mă ai pe mine și ai o familie iubitoare, și vom continua să găsim modalități de-a simți magia sărbătorilor. Vom păstra aceleași tradiții și vom face tradiții noi. Vei începe să-ți asumi rolul de creator de magie pentru alți oameni, precum copiii pentru care vom cumpăra cadouri, iar asta e minunat. Și vei începe să faci și alte lucruri, mai de adulți – și asta e distractiv. De exemplu, dacă vrei să mergi să cumperi cadouri cu prietenii, nu cu un părinte, anul acesta poți face asta. Cadourile sunt distractive. Și le vei primi mereu. Dar vei începe să simți tot mai puțin magia lor, iar sentimentul plăcut pe care îl simți atunci când ai un efect pozitiv asupra altora va începe* la un moment dat *să te facă să te simți chiar mai bine decât jucăriile.*

Le e greu părinților atunci când copiii încep să nu mai simtă magia. Dar nu uita că le este dificil și copiilor. Poți ușura starea de resentiment și de dezamăgire a familiei recunoscând că lucrurile se schimbă și cât de incomod poate fi resimțit acest lucru, dar și faptul că schimbarea poate deschide ușa unor aventuri noi și recunoștinței.

Sabotorii conversației

„Mă aștept să faci ceea ce e corect." Viața socială a copilului tău se petrece într-un mediu nuanțat. Adesea, situația nu este albă sau neagră și, chiar și atunci când copilul tău simte că cineva este tratat urât, răspunsul corect nu îi este clar imediat. Nu este nimic greşit în a seta aşteptarea ca preadolescentul tău să găsească moduri de a-i ajuta pe alţii, însă „cum" s-o facă e ceea ce-i pune piedici. În schimb, recunoaşte cât este de dificil să ajuţi şi invită-ţi copilul să discute cu tine sau cu un membru de încredere al comunităţii, precum un vecin, o rudă sau un prieten de familie, arunci când are nevoie de ajutor să-şi dea seama ce să facă. Foarte adesea, copiii ne ascund aceste poveşti de teamă că nu vom înţelege sau că îi vom forţa să facă ceva jenant ca să ajute. Asigură-i că eşti disponibil să asculţi şi, dacă vor, să le sugerezi idei, dar nu să îi obligi la acţiune.

„Trebuie să începi să fii mai recunoscător!" Sunt sigură că am spus lucrul acesta, în diferite versiuni, de o sută de ori şi tot de o sută de ori a fost degeaba, nu mi-a făcut copilul mai recunoscător. Niciodată n-a avut o revelaţie care să-l facă să spună: „Ai dreptate, mamă. Gândeam egoist". Este greu să umpli sacul altcuiva atunci când simţi că nevoile tale nu sunt îndeplinite. Atunci când copilul tău este nerecunoscător, încearcă să-l întrebi: „Ce-ţi trebuie cel mai mult în momentul ăsta?" Când îţi spune, ia-i în considerare răspunsul. Apoi spune-i ce-ţi trebuie ţie cel mai mult, după care întreabă cum vă puteţi satisface amândoi nevoile. Ce compromisuri se pot face de ambele părţi? Aceasta e o cale prin care îţi poţi face copilul să se gândească mai departe de nevoile sale.

„Încearcă să te gândeşti şi la altcineva, măcar o dată." Dacă copilul tău nu a fost mereu o fiinţă extrem de egoistă, cel mai probabil nu e o problemă de caracter, ci mai degrabă o etapă prin care trece. E util să recunoşti că va trece prin câţiva ani de comportament extrem de egoist, ca parte a procesului de creștere. În loc să atragi atenția asupra neajunsurilor sale în această zonă, încearcă să găsești momentele în care face ceva pentru altcineva și laudă-l pentru asta. „M-ai ajutat foarte mult atunci când ți-ai adus hainele murdare din cameră. Îți mulțumesc că m-ai scutit să bat drumul, deoarece mă doare spatele. Ești o persoană grijulie." Da, e cam exagerat, însă preadolescenții răspund bine la lauda ta și îi ajută să se dezvolte, în timp ce critica îi face să se închidă în sine.

A fi de ajutor s-ar putea să nu vină în mod natural la începutul adolescenței, însă, spre finalul liceului, dacă ai dat dovadă de empatie față de problemele copilului tău, dacă i-ai oferit ocazia de-a colabora cu tine acasă la rezolvarea de probleme și i-ai pregătit ocazii în care să aibă ceva de spus cu privire la modul în care îi sprijiniți pe oamenii din afara familiei voastre, adolescentul tău va fi pregătit să-și asume un rol mai important în a-i ajuta pe ceilalți. Astfel își dezvoltă acel trio de inteligență emoțională, hotărâre și curaj de care are nevoie nu numai ca să-și ia apărarea sie însuși, ci și altora care au nevoie de acest sprijin.

Te grăbești? Iată cursul tău rapid

- Ne dorim cu toții să creștem copii prosociali (copii care fac lucruri pentru alții, nu doar pentru ei înșiși). Tinerii adolescenți sunt egoiști în mod natural (este în regulă!), dar asta înseamnă că uneori le lipsește capacitatea de-a se gândi mai departe de propria lor persoană. Acest lucru se ameliorează pe măsură ce cresc.

- Lucrează la dezvoltarea empatiei pentru a-i face pe copii să se gândească mai departe de propria lor persoană. Axează-te pe cele trei modalități prin care construim comportamentul prosocial: să ajuți, să împarți și să alini.

- Fii atent să nu transformi oamenii care au nevoie de ajutor în „ceilalți". Evită să folosești nenorocul altora pentru a-ți face copilul să se simtă recunoscător.

- Empatia este strâns legată de perseverență. Perseverența, abilitatea de-a avea încredere în tine că vei trece peste provocări, se învață ascultându-ți vocea interioară. Această voce este hrănită de empatia parentală.

- Să fii un apărător, o persoană care ia apărarea altcuiva, nu este atât de ușor sau de simplu precum pare. Începe cu pași mărunți. Dacă copilul tău nu se simte în largul lui să confrunte un agresor, poate să-i spună în privat ceva frumos celui care a fost ținta agresiunii. Cu exercițiu, va fi capabil să facă și să spună mai multe.

- Sărbătorile cu tinerii adolescenți trezesc mereu sentimente de singurătate pentru părinți și pierderea „magiei" pentru preadolescenți. Încearcă să negociezi tradițiile importante cu preadolescentul tău și fii deschis la noi căi prin care poate crea magie pentru alții.

Şi acum ce urmează?

La începutul acestei cărţi, ţi-am descris experienţa citirii ei drept un fel de joc „Alege-ţi propria aventură". Acum, că ai terminat de citit, sper că o vei păstra în inimă când te vei gândi la zilele şi la anii care vor urma. Ultimii ani de liceu sunt cei în care adolescenţii îşi creează prietenii mai confortabile, identifică activităţi noi pe care le consideră interesante, îşi găsesc slujbe, se implică în mai multe evenimente ale comunităţii şi încep să-şi planifice serios independenţa. Vor discuta cu tine despre aceste lucruri dacă ai arătat că nu îi judeci, că le susţii procesul decizional şi că eşti interesat de gândurile lor.

Câteva lucruri de reţinut pe măsură ce mergi mai departe:

Perfecţiunea, după cum se spune, este duşmanul binelui. Când copiii mei erau mici şi îşi vărsau apă pe bluză sau dărâmau din greşeală un turn de jucărie, i-am învăţat să ridice din umeri şi să repete o mantra pe care am face bine s-o spunem cu toţii spunem mai des: „Asta e!"

Copilul tău a rezistat la jumătate din conversaţie, după care s-a ridicat şi a plecat? Asta e!

Sperai ca să se deschidă mai mult în faţa ta, dar ţi-a dat doar răspunsuri monosilabice? Asta e!

Te aşteptai să te descurci mai bine, apoi te-ai trezit că vorbeşti ca un robot sau că nu-ţi poţi găsi cuvintele potrivite? Asta e!

Aceste conversaţii nu sunt un test pe care tu şi copilul tău trebuie să îl treceţi. Sunt un exerciţiu şi, la fel ca atunci când faci yoga, forţa este duşmanul progresului. Mândreşte-te cu paşii mărunţi. Permite relaţiei voastre să ia, în mod treptat şi natural, o nouă formă. Într-o zi, fără să-ţi dai seama exact când s-a întâmplat, îţi vei da seama că aţi început să purtaţi conversaţii bune împreună. Trebuie doar să continui să vorbeşti şi, cel mai important, să asculţi.

Între timp, îndreaptă-ţi urechea şi către interior. Pe măsură ce copilul tău începe să ofere prioritate oamenilor şi intereselor care nu te includ, este timpul să începi să-ţi asculţi propriile nevoi şi dorinţe. Redescoperă hobby-uri vechi sau interese noi. Conectează-te cu prietenii sau cu partenerul tău. Fii atent la lucrurile care îţi fac plăcere pe lângă a fi părinte. Gândeşte-te la toate lucrurile distractive despre care veţi putea vorbi.

În final, dacă ţi-a plăcut ce ai citit aici, putem continua conversaţia. Mă poţi găsi pe grupul meu privat de Facebook, Less Stressed Middle School Parents, sau pe pagina mea publică, Author Michelle Icard. Sper să te văd acolo.

ANEXĂ

Cum să începi conversații mărunte

Să reușești să cunoști pe cineva mai bine prin conversații mărunte poate fi o cale distractivă, productivă și utilă de-a clădi legături mai apropiate. Mai jos sunt întrebări și începuturi de conversație pe care le poți folosi pentru a purta discuții rapide, distractive și uneori revelatoare cu copiii tăi. Pe lângă ideile distractive, am inclus și o secțiune despre preferințe. Pe măsură ce te pregătești pentru schimbarea dinamicii părinte-copil, ar fi util să stabilești noile preferințe referitoare la gestionarea conflictelor, emoțiilor și așteptărilor.

Părintele către copil:

- Dat fiind unde locuim, care crezi că va fi primul tău serviciu?
- Dacă i-ai face un tur al școlii tale unui elev nou, care parte a școlii l-ar impresiona și peste care parte ai sări pur și simplu?
- Ce le place prietenilor tăi atunci când vin la noi acasă și ce-ți place ție când te duci la ei acasă?

- Care cântec i-ar încânta pe majoritatea copiilor dacă ar răsuna în difuzoare în timpul prânzului?

Copilul către părinte:

- Care a fost primul tău serviciu? Care a fost serviciul tău cel mai prost?
- Care a fost materia ta preferată în liceu? Și/sau care a fost specialitatea ta la facultate și de ce ai ales-o?
- Spune-mi un lucru cool pe care l-ai făcut înainte să mă nasc.
- La ce se pricepeau foarte bine părinții tăi?

Părintele către copil și copilul către părinte:

- Dacă ai putea petrece timp cu oricine din afara familiei noastre, cine ar fi?
- Ce te face să râzi, deși probabil nu ar trebui?
- La ce ești cel mai priceput din familia noastră?
- Ce ți-ai dori să facă mai mult prietenii tăi?
- Dacă brusc ai avea mâine o zi liberă cu zero responsabilități, ce-ai face?
- Care este sarcina ta cea mai neplăcută?
- Care a fost cel mai recent lucru înfricoșător pe care l-ai văzut la televizor sau l-ai citit într-o carte?
- Ce anume despre casa noastră știi doar tu?
- Dacă ai putea modifica un lucru din orașul nostru, ce ai schimba?
- Cu ce persoană faimoasă spun oamenii că semeni?
- Dacă ai câștiga un concurs și ai putea întâlni o vedetă misterioasă, pe cine ți-ai dori? Cine ți-ai dori să nu fie?
- Gândește-te la oamenii cu care îți petreci timpul în afara familiei noastre. Dacă ai putea alege unul cu care să semeni mai mult, cine ar fi și de ce?

Preferințe

- Atunci când ți se întâmplă ceva bun, îți place să primești multă atenție sau puțină? Diferă în funcție de locul unde se întâmplă? (În public față de acasă, de exemplu.)
- Atunci când te simți trist, vrei să vin să văd ce faci sau preferi să te las în pace?
- Când ai avut o zi grea, cum aș putea să ți-o fac mai ușoară?
- Atunci când apreciez un lucru pe care l-ai făcut, cum ai vrea să ți-o spun? O îmbrățișare, batem palma, un mesaj drăguț, un compliment față în față sau un cadou scump și o vacanță luxoasă?
- Atunci când vreau să mă laud cu tine, cui îi pot spune? Doar familiei, anumitor prieteni, lumii întregi pe rețelele sociale?
- După ce ne certăm, preferi să vorbim despre asta imediat după aceea sau mai târziu? Cât de târziu?
- Atunci când am nevoie să faci ceva, vrei să-ți spun sau să-ți scriu un bilețel?
- Atunci când trebuie să discutăm o problemă, preferi să facem asta în camera ta, în camera mea, în mașină sau altundeva?
- Atunci când prietenii tăi vin în vizită, cât de mult vrei să vorbesc cu ei?

Note

Capitolul 1

„Cazurile de suicid au crescut"

Sally C. Curtin *et al.*, „Increase in Suicide in the United States, 1999-2014", NCHS Data Brief, nr. 241 (aprilie 2016), https://www.cdc.gov/nchs/products/databriefs/db241.htm.

„Până la vârsta de cincisprezece ani"

Substance Abuse & Mental Health Data Archive, „National Survey on Drug Use and Health 2018". Accesat pe 22 februarie 2014, https://www.datafiles.samhsa.gov/study-dataset/national-survey-drug-use-and-health-2018-nsduh-2018-ds0001-nid18758.

„Rata elevilor de gimnaziu care au încercat vaparea"

Comunicat de presă, „Results from 2018 National Youth Tobacco Survey Show Dramatic Increase in E-Cigarette Use Among Youth over Past Year", U.S. Food and Drug Administration, 15 noiembrie 2018, https://www.fda.gov/NewsEvents/Newsroom/PressAnnouncements/ucm625917.htm.

„Diagnosticele de depresie clinică la adolescenți"

R. Mojtabai, M. Olfson, B. Han, „National Trends in the Prevalence and Treatment of Depression in Adolescents and Young Adults", Pediatrics 2016; doi: 10.1542/peds.2016-1878.

„Un studiu realizat asupra bărbaţilor“

Stephanie Burnett *et al.*, „Adolescents' Heightened Risk-Seeking in a Probabilistic Gambling Task“, *Cognitive Development* 25, nr. 2 (aprilie 2010): 183-196, https://www.ncbi.nlm.nih.gov/pmc/articles/PMC2896475/

Capitolul 6

„Celor unu la sută dintre voi“

A.C. Hartl *et al.*, „A Survival Analysis of Adolescent Friendships: The Downside of Dissimilarity“, *Psychological Science* 26, nr. 8 (august 2015): 1304-1315, https://www.ncbi.nlm.nih.gov/pubmed/26187246.

Capitolul 7

„Un studiu din 2010 realizat asupra a 1.500 de directori executivi“

IBM Institute for Business Value, *Redefining Competition: Insights from the Global C-suite Study – The CEO Perspective* (Somers, NY: IBM Global Business Services, 2016), https://www.ibm.com/downloads/cas/L5QQOADW.

Capitolul 8

„Potrivit unui studiu din 2010“

Kristen G. Anderson și Sandra A. Brown, „Middle School Drinking: Who, Where, and When“, *Journal of Child and Adolescent Substance Abuse* 20, nr. 1 (2010): 48-62, https://www.ncbi.nlm.nih.gov/pmc /articles/PMC4543295/

„În timp ce ne bucuram“

Kathleen A. Ethier *et al.*, „Sexual Intercourse Among High School Students: 29 States and United States Overall, 2005-2015“, *Weekly* 66, nr. 5152 (5 ianuarie 2018): 1393-1397, https://www.cdc.gov/mmwr/volumes/66/wr/mm665152a1.htm.

„Un studiu din 2016 a arătat"

E- Cigarette Use Among Youth and Young Adults: A Report of the Surgeon General (Rockville, MD: U.S. Department of Health and Human Services, 2016), https://e-cigarettes.surgeongeneral.gov/documents/2016 _SGR_Exec_Summ_508.pdf.

„Când am scris iniţial acest capitol"

„Outbreak of Lung Injury Associated with the Use of E-Cigarette, or Vaping, Products", Centers for Disease Control and Prevention, https:// www.cdc.gov/tobacco/basic_information/e-cigarettes/severe-lung-disease.html.

„Cercetările au descoperit că"

P.L. Kerr *et al.*, „Nonsuicidal Self-Injury: A Review of Current Research for Family Medicine and Primary Care Physicians", *Journal of the American Board of Family Medicine* 23, nr. 2 (martie-aprilie 2010): 240-259, https://www.ncbi.nlm.nih.gov/pubmed/20207935; şi John Peterson *et al.*, „Nonsuicidal Self-Injury in Adolescents", *Psychiatry* 5, nr. 11 (noiembrie 2008): 20-26, http://www.ncbi.nlm.nih.gov/pmc/articles/PMC2695720/.

„Discuţiile despre sinucidere reprezintă astăzi o altă parte considerabilă"

„10 Leading Causes of Death by Age Group, United States – 2016", National Center for Injury Prevention and Control, https://www.cdc.gov/injury/wisqars/pdf/leading_causes_of_death_by_age_group_2016–508.pdf.

„Cu alte cuvinte, poţi"

T. Dazzi *et al.*, „Does Asking About Suicide and Related Behaviours Induce Suicidal Ideation? What Is the Evidence?",

Psychological Medicine 44, nr. 16 (decembrie 2014): 3361-3363, https://www.ncbi.nlm.nih.gov/pubmed/24998511.

Capitolul 9

„Un studiu din anul 2017 realizat de Colegiul Dartmouth"

„Study: Teens' View of Fairness Shifts as Brain Develops," Dartmouth College Office of Communications, 20 septembrie 2017, https://news.dartmouth.edu/news/2017/09/study-teens-view-fairness-shifts- brain-develops.

Capitolul 10

„Revista de Medicină de Urgență"

Gary Smith, „Knife-Related Injuries Treated in United States Emergency Departments, 1990-2008", *Journal of Emergency Medicine* 45, nr. 3 (septembrie 2013): 315-323, https://www.ncbi.nlm.nih.gov/pubmed/23849364.

„Common Sense Media a publicat"

Technology Addiction: Concern, Controversy, and Finding Balance (San Francisco, CA: Common Sense, 2016), https://www.commonsense media.org/sites/default/files/uploads/research/csm_2016_technology_addiction_research_brief_1.pdf.

Capitolul 11

„Un studiu din 2017 realizat de"

Paul Green Jr., Francesca Gino și Bradley Staats, „Shopping for Confirmation: How Disconfirming Feedback Shapes Social Networks", Harvard Business School, lucrarea nr. 18-028 (15 septembrie 2017), https://www.hbs.edu/faculty/Publication%20Files/18-028_5efa4295-edc1–4fac–bef5–0111064c9e08.pdf.

Capitolul 12

„Mai exact, oamenii care“

Walter Kaye, „Neurobiology of Anorexia and Bulimia Nervosa“, *Physiology and Behavior* 94, nr. 1 (22 aprilie 2008): 121-135, https://www.ncbi.nlm.nih.gov/pmc/articles/PMC2601682/; și Suzanne N. Haber *et al.*, „Reward-Related Cortical Inputs Define a Large Striatal Region in Primates That Interface with Associative Cortical Connections, Providing a Substrate for Incentive-Based Learning“, *Journal of Neuroscience* 26, nr. 32 (9 august 2006): 8368-8376, https://www.ncbi.nlm.nih.gov /pubmed/16899732.

Capitolul 13

„Legat de supraviețuire, un studiu recent“

Report on the Economic Well-Being of U.S. Households in 2018 (Washington, D.C.: Board of Governors of the Federal Reserve System, mai 2019), https://www.federalreserve.gov/publications/files/2018-report-economic-well-being-us-households-201905.pdf.

„Pune în valoare“

William A. Rothenberg *et al.*, „Grateful Parents Raising Grateful Children: Niche Selection and the Socialization of Child Gratitude“, *Applied Developmental Science* 21, nr. 2 (2017): 106-120, https://www.ncbi.nlm.nih.gov/pubmed/28943753.

„Recunoștința are de asemenea legătură“

Hannah Reckart *et al.*, „A Preliminary Study of the Origins of Early Adolescents' Gratitude Differences“, *Personality and Individual Differences* 116 (1 octombrie 2017): 44-50, https://www.researchgate.net/publication/ 316356012_A_preliminary_study_of_the_origins_of_early_adolescents'_gratitude_differences.

„O persoană obişnuită vede"

Louise Story, „Anywhere the Eye Can See, It's Likely to See an Ad", *New*

York Times, 15 ianuarie 2007, https://www.nytimes.com/2007/01/15/business/media/15everywhere.html.

Capitolul 14

„Se pare că 19%"

Comunicat de presă, „Half of All Teens Feel Uncomfortable Talking to Their Parents About Sex While Only 19 Percent of Parents Feel the Same, New Survey Shows", Planned Parenthood, 30 ianuarie 2014, https://www.plannedparenthood.org/about-us/newsroom/press-releases/half-all-teens-feel-uncomfortable-talking-their-parents-about-sex-while-only-19-percent-parents.

„Un studiu recent a descoperit"

Amanda Holman şi Jody Koenig Kellas, „«Say Something Instead of Nothing»: Adolescents' Perceptions of Memorable Conversations About Sex-Related Topics with Their Parents", *Communication Monographs* 85, nr. 3 (2018), https://nca.tandfonline.com/doi/full/10.1080/0363377521.2018.1426870.

„Există totuşi cercetări"

Michele Ybarra şi Kimberly Mitchell, „Exposure to Internet Pornography Among Children and Adolescents: A National Survey", *Cyberpsychology and Behavior* 8, nr. 5 (octombrie 2005): 473-486, https://www.ncbi.nlm.nih.gov/pubmed/16232040.

„Şcolile care creează"

„Lesbian, Gay, Bisexual, and Transgender Health", Centers for Disease Control and Prevention, https://www.cdc.gov/lgbthealth/youth.htm.

„Centrul de Prevenire și Control al Bolilor citează"

Laura Kann *et al.*, „Sexual Identity, Sex of Sexual Contacts, and Health-Related Behaviors Among Students in Grades 9-12 – United States and Selected Sites", *MMWR Surveillance Summaries* 65, nr. 9 (12 august 2016): 1-202, https://www.cdc.gov/mmwr/volumes/65/ss/pdfs/ss6509.pdf.

Capitolul 15

„Potrivit unui studiu realizat"

Lene Arnett Jensen, „The Right to Do Wrong: Lying to Parents Among Adolescents and Emerging Adults", *Journal of Youth and Adolescence* 33, nr. 2 (aprilie 2004): 101-112, http://www.jeffreyarnett.com/articles /articles/ARNETT_the_right_to_do_wrong.pdf.

„Un studiu din 2018 al"

S. Madigan *et al.*, „Prevalence of Multiple Forms of Sexting Behavior Among Youth: A Systematic Review and Meta-Analysis", *JAMA Pediatrics* 172, nr. 4 (1 aprilie 2018): 327-335, https://www.ncbi.nlm.nih.gov/pubmed/29482215.

Capitolul 16

„Impulsivitatea nu înseamnă pur și simplu să acționezi"

Daniel Romer *et al.*, „Beyond Stereotypes of Adolescent Risk Taking: Placing the Adolescent Brain in Developmental Context", *Developmental Cognitive Neuroscience* 27 (octombrie 2017): 19-34, https://www.sciencedirect.com/science/article/pii/S1878929317301020?via%3Dihub?xid=PS_smithsonian#bib0945.

„Să știi că primul tip"

Wouter van den Bos *et al.*, „Adolescent Impatience Decreases with Increased Frontostriatal Connectivity",

PNAS 112, nr. 29 (21 iulie 2015): E3765-774, https://www.pnas.org/content/112/29/E3765.

„Diferit de nevoia"

Romer *et al.*, „Beyond Stereotypes", https://www.sciencedirect.com /science/article/pii/S1878929317301020?via%3Dihub?xid=PS_smithsonian

„Dopamina guvernează dezvoltarea"

Lauren M. Reynolds *et al.*, „DCC Receptors Drive Prefrontal Cortex Maturation by Determining Dopamine Axon Targeting in Adolescence", *Biological Psychiatry* 83, nr. 2 (15 ianuarie 2018): 181-192, http://biologicalpsychiatryjournal.com/retrieve/pii/S0006322317316694.

„Deciziile impulsive pe care le-am luat"

Elizabeth A. Kensinger, „Negative Emotion Enhances Memory Accuracy: Behavioral and Neuroimaging Evidence", *Current Directions in Psychological Science* 16, nr. 4 (1 august 2007): 213-218, https://www2.bc.edu/elizabeth-kensinger/Kensinger_CD07.pdf.

Capitolul 17

„Dr. Kristen Dunfield, care cercetează"

Kristen A. Dunfield, „A Construct Divided: Prosocial Behavior as Helping, Sharing, and Comforting Subtypes", *Frontiers in Psychology* 5 (2014): 958, https://www.ncbi.nlm.nih.gov/pmc/articles/PMC4151454/.

Mulțumiri

Le sunt recunoscătoare tuturor celor care m-au ajutat în timp ce scriam această carte.

Mulţumesc, Quinn Davidson, pentru că mă ajuţi în întreaga mea activitate din spatele cărţii, fără să ai nicio funcţie trecută pe cartea de vizită, din moment ce faci totul, şi pentru că îţi asumi chiar şi mai mult pentru ca eu să pot scrie fără să fiu întreruptă. Corabia aceasta se menţine la suprafaţă datorită ţie. Ești Liderul Loialității și în fiecare zi mă simt recunoscătoare că lucrez cu tine.

Mulţumesc, Anna Sproul-Latimer, agentul meu literar, pentru că ai crezut în acest proiect încă de la început, pentru că eşti sufletul meu pereche în ceea ce priveşte cultura pop şi pentru că mă iei cu tine la Neon, unde ador să fiu intimidată de toţi acei puşti *cool*, deştepţi şi gata să dea replica la masa ta de prânz. Încă nu pot să cred că ai bătut uşor cu palma scaunul de lângă tine şi mi-ai spus că mi-ai ţinut un loc acolo.

Mulţumesc, Marnie Cochran, editor la Harmony, pentru că ai spus da cu atâta entuziasm la propunerea mea, pentru că mi-ai răspuns la e-mailuri cu viteza fulgerului, pentru că ai o sensibilitate de New England care mă face să mă simt acasă și pentru că ai răspunsuri fantastic de inteligente la întrebările mele.

Mulțumesc, Betsy Thorpe, care mi-ai fost întotdeauna un editor extraordinar, pentru că m-ai lăudat cu entuziasm, m-ai înțeles și m-ai ajutat să-mi dezvolt vocea și m-ai convins că sunt amuzantă chiar și atunci când eu n-am crezut asta. Am încredere implicită în *feedback*-ul tău.

Mulțumesc, Jill Dykes, specialistă în PR, pentru că știi cele mai bune trucuri ale meseriei, pentru că întotdeauna vezi punctele de interes, pentru că ai făcut să mi se împlinească visul de a avea un show TV și pentru că este o plăcere să fiu în preajma ta.

Mulțumesc, membri ai grupului meu privat de Facebook, Less Stressed Middle School Parents, pentru că sunteți o parte uriașă din motivația mea de fiecare zi, pentru că ne amuzăm împreună în momentele când stau pe Facebook în loc să scriu și pentru că vă petreceți timpul vostru prețios vorbind cu mine și între voi despre bucuriile și provocările de a crește adolescenți.

Mulțumesc, Erin Mills și Wendy-Marie Norwood, pentru că ați venit acasă la mine să scrieți după dictare atunci când eram prea slăbită ca să pot scrie singură. Mulțumesc și echipei de medici care s-au depășit pe ei înșiși străduindu-se să mă facă bine.

Vă mulțumesc, dr. Kristin Daley, dr. Dawn O'Malley, dr. Melissa Miller și dr. Amanda McGough, pentru că sunteți niște specialiste în psihologie extraordinare și mi-ați îngăduit să mă consult cu voi adesea în privința subiectelor atinse în carte.

Mulţumesc, dr. Trish Hutchison şi dr. Melisa Holmes, co-fondatoare Girlology, pentru prietenia voastră şi opiniile despre cum să creştem adolescenţi cu idei sănătoase despre trup, sex şi sexualitate.

Şi mai ales vă mulţumesc vouă, cei trei membri ai familiei noastre de patru, Travis, Ella şi Declan, pentru că sunteţi cei mai grozavi oameni pe care îi cunosc, pentru că reparaţi toate lucrurile stricate, sunteţi maeştri ai comediei, vă place să faceţi liste, sunteţi loiali tovarăşilor de drum şi aventurieri curajoşi, pentru că vă place să vă uitaţi la seriale urmărind mai multe episoade la rând, pentru că participaţi, deşi cu nenumărate reţineri, la Sistemul de Spălare al Vaselor şi pentru că sunteţi nişte suporteri profesionişti. Vă sunt foarte recunoscătoare pentru sprijinul vostru şi sunt extrem de mândră de familia mea.

Cuprins

În colecţia EDUCAŢIE CU BLÂNDEŢE au mai apărut:

1. Janet Lansbury, *Nu există copii răi*
2. Jesper Juul, *Copilul tău competent*
3. Bruno Bettelheim, *Psihanaliza basmelor*
4. Deborah Carlisle Solomon, *Copiii ştiu cel mai bine*
5. Dr. Ross Greene, *Cum să creştem fiinţe umane*
6. Anna Whitehouse, Matt Farkuharson, *Parenting de râsu'-plânsu'*
7. Isabelle Filliozat, *Nu există părinte perfect*
8. Jesper Juul, *Partener şi tată*
9. Martin L. Kutscher, *Copiii erei digitale*
10. Sil Reynolds, Eliza Reynolds, *Cum să fii o mamă bună/ Cum să fii o fiică bună*
11. Mira Loghin, *Grădiniţa pentru totdeauna*
12. Janet Lansbury, *Cum să educăm copiii mici cu respect şi blândeţe*
13. Kristina Kuzmič, *Rămâi aşa cum eşti, dar mergi înainte*
14. Jesper Juul, *Nu!: arta de a spune „nu" cu conştiinţa împăcată*
15. Jesper Juul, *Adolescenţa – când educarea nu mai e posibilă*